高等院校公共基础课规划教材

公关礼仪与口才

邢志勤　王淑娟　主　编

清华大学出版社

北京

内 容 简 介

本书主要包括公关礼仪基础、公关人员礼仪、涉外礼仪、旅游社交礼仪、导游口才、命题演讲、即兴演讲、辩论口才、求职口才与谈判口才等内容。本书紧密结合时代,内容实用,案例丰富,可读性、可操作性强。适合作为高校公关礼仪、口才演讲相关专业的教材。

本书内容突出实用性,将传统的礼仪类教材与演讲类教材进行整合,在编写中贯彻"以知识的掌握为基本目标,以技能的提升为根本指向"原则,结合实际的生活需求,将所涉及的内容进行归纳阐述。

图书在版编目(CIP)数据

公关礼仪与口才/邢志勤,王淑娟主编. —北京:清华大学出版社,2017(2020.11重印)
(高等院校公共基础课规划教材)
ISBN 978-7-302-47488-3

Ⅰ.①公… Ⅱ.①邢… ②王… Ⅲ.①公共关系学-礼仪-高等学校-教材 ②口才学-高等学校-教材 Ⅳ.①C912.3 ②H019

中国版本图书馆 CIP 数据核字(2017)第 142045 号

责任编辑:张龙卿
封面设计:徐日强
责任校对:李 梅
责任印制:刘海龙

出版发行:清华大学出版社
   网   址:http://www.tup.com.cn,http://www.wqbook.com
   地   址:北京清华大学学研大厦 A 座   邮 编:100084
   社 总 机:010-62770175   邮 购:010-62786544
   投稿与读者服务:010-62776969,c-service@tup.tsinghua.edu.cn
   质量反馈:010-62772015,zhiliang@tup.tsinghua.edu.cn
   课件下载:http://www.tup.com.cn,010-62770175-4278
印 装 者:三河市龙大印装有限公司
经 销:全国新华书店
开 本:185mm×260mm   印 张:12.25   字 数:282 千字
版 次:2017 年 7 月第 1 版   印 次:2020 年 11 月第 3 次印刷
定 价:39.00 元

产品编号:073717-02

前言

当今是开放的社会,每一个社会组织和个人都需要在广泛的、频繁的社会交往中谋求自身的发展,争取事业的成功,而公关礼仪也正在企业的公共关系、形象宣传、品牌推广和市场营销等领域发挥着越来越重要的作用。著名礼仪专家金正昆说:"礼仪是解析公关的密码",公关礼仪无疑是连接"客户—消费者—市场"的桥梁和纽带,因此,掌握公关礼仪已成为现代社会、现代人必备的素质之一。

本书以礼仪的基本含义及基本规范为出发点,以社会组织为主体,围绕所介绍的各项活动应遵循的有关礼仪规范展开阐述。结构上力求简练,主线清晰,并附有众多古今中外有关礼仪个案,力图突出本书的实用性与指导性。

我们相信,本书将以全新的思维方式和现代意识,培养并强化公关意识,自然而然地由注重组织形象进而注重个人形象,提高自身素质;培养尊重他人的观念,使读者时刻受到他人的尊重;强调真诚的沟通,使身边的矛盾逐一化解;传授公共关系和礼仪知识,提高组织领导能力、创新能力、社交能力、表达能力、控制能力、应变能力和实际操作能力;教授许多工作技巧与方式方法,给读者有益的启迪,在工作中事半功倍,事业兴旺发达。

本书可作为应用型本科、高职高专以及成人院校提高大学生基本职业素养的教材和训练用书。同时它也是公共关系人员、市场营销人员、商业服务人员、广告策划人员、行政管理人员以及广大公务员的礼仪培训用书和难得的优秀读物。

本书由邢志勤、王淑娟担任主编,和丽清担任副主编。

因作者学识有限,书中的不足之处,敬请广大读者朋友多多指正。

编　者
2017 年 4 月

目录

第一章　公关礼仪基础

第一节　礼仪的起源与发展

中国古代素以"礼仪之邦"闻名于世。礼的精神、礼的原则,贯穿于中国古代社会政治、经济、军事、文化、宗教等各个方面。大而言之,礼是治国理民的根本大法;小而言之,礼是人人都必须遵守的行为规范。《左传》曰:"礼,经国家,定社稷,序民人,利后嗣者也。"

《礼记·礼运》曰:"礼者,君之大柄也,所以别嫌明微,傧鬼神,考制度,别仁义,所以治政安君也。"礼仪是中国传统文化的重要组成部分,不了解中国古代的礼仪,就不可能真正认识中国古代的社会。

一、中国礼仪的起源与发展

（一）中国礼仪的起源

"礼"是如何产生的? 关于礼的起源,说法不一。归纳起来大致有五种:一是天神生礼仪;二是礼为天地人的统一体;三是礼产生于人的自然本性;四是礼为人性和环境矛盾的产物;五是礼生于理,起源于俗。

（1）从理论上说,礼的产生,是人类为了协调主客观矛盾的需要

首先,礼的产生是为了维护自然的"人伦秩序"的需要。人类为了生存和发展,必须与大自然抗争,不得不以群居的形式相互依存,人类的群居性使得人与人之间相互依赖又相互制约。在群体生活中,男女有别,老少有异,既是一种天然的人伦秩序,又是一种需要被所有成员共同认定、保证和维护的社会秩序。人类面临着的内部关系必须妥善处理,因此,人们逐步积累和自然约定出一系列"人伦秩序",这就是最初的礼。

其次,起源于人类寻求满足自身欲望与实现欲望的条件之间动态平衡的需要。人对欲望的追求是人的本能,人们在追寻实现欲望的过程中,人与人之间难免会发生矛盾和冲突,为了避免这些矛盾和冲突,就需要为"止欲制乱"而制礼。

（2）从具体的仪式上看,礼产生于原始宗教的祭祀活动

原始宗教的祭祀活动都是最早也是最简单的以祭天、敬神为主要内容的"礼"。这些祭祀活动在历史发展中逐步完善了相应的规范和制度,正式成为祭祀礼仪。随着人类对自然与社会各种关系认识的逐步深入,仅以祭祀天地鬼神祖先为礼,已经不能满足人类日益发展的精神需要和调节日益复杂的现实关系。于是,人们将事神致福活动中的一系列行为,从内容和形式扩展到了各种人际交往活动,从最初的祭祀之礼扩展到社会各个领域的各种各样的礼仪。

（二）中国礼仪的发展

礼仪在其传承沿袭的过程中不断发生着变革。从历史发展的角度来看，其演变过程可以分四个阶段。

1. 礼仪的起源时期：夏朝以前（公元前 21 世纪前）

礼仪起源于原始社会，在原始社会中、晚期（约旧石器时代）出现了早期礼仪的萌芽。整个原始社会是礼仪的萌芽时期，礼仪较为简单和虔诚，还不具有阶级性。内容包括：制定了明确血缘关系的婚嫁礼仪；区别部族内部尊卑等级的礼制；为祭天敬神而确定的一些祭典仪式；制定一些在人们的相互交往中表示礼节和表示恭敬的动作。

2. 礼仪的形成时期：夏、商、西周三代（公元前 21 世纪—前 771 年）

人类进入奴隶社会，统治阶级为了巩固自己的统治地位把原始的宗教礼仪发展成符合奴隶社会政治需要的礼制，礼被打上了阶级的烙印。在这个阶段，中国第一次形成了比较完整的国家礼仪与制度。如"五礼"就是一整套涉及社会生活各方面的礼仪规范和行为标准。古代的礼制典籍亦多撰修于这一时期，如周代的《周礼》《仪礼》《礼记》就是我国最早的礼仪学专著。在汉以后 2000 多年的历史中，它们一直是国家制定礼仪制度的经典著作，被称为礼经。

3. 礼仪的变革时期：春秋战国时期（公元前 771—前 221 年）

这一时期，学术界形成了百家争鸣的局面，以孔子、孟子、荀子为代表的诸子百家对礼教给予了研究和发展，对礼仪的起源、本质和功能进行了系统阐述，第一次在理论上全面而深刻地论述了社会等级秩序划分及其意义。

孔子对礼仪非常重视，把"礼"看成治国、安邦、平定天下的基础。他认为"不学，无以立"，"质胜文则野，文胜质则史。文质彬彬，然后君子"。他要求人们用礼的规范来约束自己的行为，要做到"非礼勿视，非礼勿听，非礼勿言，非礼勿动"。倡导"仁者爱人"，强调人与人之间要有同情心，要相互关心，彼此尊重。

孟子把礼解释为对尊长和宾客严肃而有礼貌，即"恭敬之心，礼也"，并把"礼"看作人的善性的发端之一。

荀子把"礼"作为人生哲学思想的核心，把"礼"看作做人的根本目的和最高理想，"礼者，人道之极也"。他认为"礼"既是目标、理想，又是行为过程。"人无礼则不生，事无礼则不成，国无礼则不宁。"

管仲把"礼"看作人生的指导思想和维持国家的第一支柱，认为礼关系到国家的生死存亡。

4. 强化时期：秦汉到清末（公元前 221—公元 1911 年）

在我国长达 2000 多年的封建社会里，尽管不同朝代的礼仪文化具有不同的社会政治、经济、文化特征，但有一个共同点，就是一直为统治阶级所利用，礼仪是维护封建社会的等级秩序的工具。这一时期的礼仪的重要特点是尊君抑臣、尊夫抑妇、尊父抑子、尊神抑人。在漫长的历史演变过程中，它逐渐成为妨碍人类个性自由发展、阻挠人类平等交往、窒息思想自由的精神枷锁。

纵观封建社会的礼仪,内容大致有涉及国家政治的礼制和家庭伦理两类。这一时期的礼仪构成中华传统礼仪的主体。

(三)现代礼仪的发展

辛亥革命以后,受西方资产阶级"自由、平等、民主、博爱"等思想的影响,中国的传统礼仪规范、制度受到强烈冲击。"五四"新文化运动对腐朽、落后的礼教进行了清算,符合时代要求的礼仪被继承、完善、流传,那些繁文缛节逐渐被抛弃,同时接受了一些国际上通用的礼仪形式。新的礼仪标准、价值观念得到推广和传播。新中国成立后,逐渐确立以平等相处、友好往来、相互帮助、团结友爱为主要原则的具有中国特色的新型社会关系和人际关系。改革开放以来,随着中国与世界的交往日趋频繁,西方一些先进的礼仪、礼节陆续传入我国,同我国的传统礼仪一道融入社会生活的各个方面,构成了社会主义礼仪的基本框架。许多礼仪从内容到形式都在不断变革,现代礼仪的发展进入了全新的发展时期。大量的礼仪书籍相继出版,各行各业的礼仪规范纷纷出台,礼仪讲座、礼仪培训日趋红火。人们学习礼仪知识的热情空前高涨,讲文明、讲礼貌蔚然成风。今后,随着社会的进步、科技的发展和国际交往的增多,礼仪必将得到新的完善和发展。

二、东、西方礼仪的差异

东方礼仪主要指以中国、日本、朝鲜、泰国、新加坡等为代表的亚洲国家所代表的具有东方民族特点的礼仪文化。西方礼仪主要指流传于欧洲、北美各国的礼仪文化。

1. 在对待血缘亲情方面

东方人非常重视家族和血缘关系,"血浓于水"的传统观念根深蒂固,人际关系中最稳定的是血缘关系。

西方人独立意识强,相比较而言,不很重视家庭血缘关系,而更看重利益关系。他们将责任、义务分得很清楚,责任必须尽到,义务则完全取决于实际能力,绝不勉为其难。处处强调个人拥有的自由,追求个人利益。

2. 在表达形式方面

西方礼仪强调实用,表达率直、坦诚。东方人以"让"为礼,凡事都要礼让三分,与西方人相比,常显得谦逊和含蓄。

在面对他人夸奖所采取的态度方面,东、西方人不相同。面对他人的夸奖,中国人常常会说"过奖了""惭愧""我还差得很远"等字眼,表示自己的谦虚;而西方人面对别人真诚的赞美或赞扬,往往会用"谢谢"来表示接受对方的美意。

3. 在礼品馈赠方面

在中国,人际交往特别讲究礼数,重视礼尚往来,往往将礼作为人际交往的媒介和桥梁。东方人送礼的名目繁多,除了重要节日互相拜访需要送礼外,平时的婚、丧、嫁、娶、生日、提职、加薪都可以作为送礼的理由。

西方礼仪强调交际务实,在讲究礼貌的基础上力求简洁便利,反对繁文缛节、过分客套造作。西方人一般不轻易送礼给别人,除非相互之间建立了较为稳固的人际关系。在送礼形式上也比东方人简单得多。一般情况下,他们既不送过于贵重的礼品,也不送廉价的礼品,但非常重视礼品的包装,特别讲究礼品的文化格调与艺术品位。

同时在送礼和接受礼品时,东西方也存在着差异。西方人送礼时,总是向受礼人直截了当地说明:"这是我精心为你挑选的礼物,希望你喜欢",或者说"这是最好的礼物"之类的话;西方人一般不推辞别人的礼物,接受礼物时先对送礼者表示感谢,接过礼物后总是当面拆看礼物,并对礼物赞扬一番。而东方人则不同,中国人及日本人在送礼时也费尽心机、精心挑选,但在受礼人面前却总是谦虚而恭敬地说"微薄之礼不成敬意,请笑纳"之类的话。东方人在受礼时,通常会客气地推辞一番。接过礼品后,一般不当面拆看礼物,唯恐对方因礼物过轻或不尽如人意而难堪,或显得自己重利轻义,有失礼貌。

4. 在对待"老"的态度方面

东西方礼仪在对待人的身份地位和年龄上也有许多观念和表达上的差异。东方礼仪一般是老者、尊者优先,凡事讲究论资排辈。

西方礼仪崇尚自由平等,在礼仪中,等级的强调没有东方礼仪那么突出,而且西方人独立意识强,不愿老,不服老,特别忌讳"老"。

5. 在时间观念方面

西方人时间观念强,做事讲究效率。出门常带记事本,记录日程和安排,有约必须提前到达,至少要准时,且不应随意改动。西方人不仅惜时如金,而且常将交往方是否遵守时间当作判断其工作是否负责、是否值得与其合作的重要依据,在他们看来这直接反映了一个人的形象和素质。

遵守时间秩序,养成了西方人严谨的工作作风,办起事来井井有条。西方人工作时间和业余时间区别分明,休假时间不打电话谈论工作,甚至在休假期间断绝非生活范畴的交往。相对来讲,中国人使用时间比较随意,时间观念比较淡漠。包括改变原定的时间和先后顺序,中国人开会迟到,教师上课拖堂,开会做报告任意延长时间是经常的事。这在西方人看来是不可思议的,他们认为不尊重别人拥有的时间是最大的不敬。

6. 在对待隐私权方面

西方礼仪处处强调个人拥有的自由(在不违反法律的前提下),将个人的尊严看得神圣不可侵犯。在西方,冒犯对方"私人的"所有权利,是非常失礼的行为。因为西方人尊重别人的隐私权,同样也要求别人尊重他们的隐私权。

东方人非常注重共性拥有,强调群体,强调人际关系的和谐,邻里间的相互关心,问寒问暖,是一种富于人情味的表现。

三、礼的概念与内涵

(一) 礼、礼貌、礼节与礼仪

1. 礼

礼的本意为敬神,后引申为表示敬意的通称。礼的含义比较丰富,它既可以指表示敬意和隆重而举行的仪式,也可泛指社会交往中的礼貌礼节,是人们在长期的生活实践中约定俗成、共同认可的行为规范。还特指奴隶社会、封建社会等级森严的社会规范和道德规范。在《中国礼仪大辞典》中,礼定义为特定的民族、人群或国家基于客观历史传统而形成的价值观念、道德规范以及与之相适应的典章制度和行为方式。礼的本质是"诚",有敬重、友好、谦恭、关心、体贴之意。"礼"是人际间乃至国际交往中,相互表示尊重、亲善和友好的行为。

2. 礼貌

礼貌是人们在交往过程中相互表示敬意和友好的行为准则和精神风貌,是一个人在待人接物时的外在表现。它通过仪表及言谈举止来表示对交往对象的尊重。它反映了时代的风尚与道德水准,体现了人们的文化层次和文明程度。

3. 礼节

礼节是指人们在日常生活中,特别是在交际场合中,相互表示问候、致意、祝愿、慰问以及给予必要的协助与照料的惯用形式。礼节是礼貌的具体表现,具有形式化的特点,主要指日常生活中的个体礼貌行为。

4. 礼仪

礼仪包括"礼"和"仪"两部分。"礼",即礼貌、礼节;"仪"即"仪表""仪态""仪式""仪容",是对礼节、仪式的统称。

礼仪是人们在各种社会的具体交往中,为了相互尊重,在仪表、仪态、仪式、仪容、言谈举止等方面约定俗成的、共同认可的规范和程序。

从广义的角度看,它泛指人们在社会交往中的行为规范和交际艺术。

狭义来说,礼仪通常是指在较大或隆重的正式场合,为表示敬意、尊重、重视等所举行的合乎社交规范和道德规范的仪式。

(二)礼、礼貌、礼节、礼仪之间的关系

礼是一种社会道德规范,是人们社会交际中的行为准则。礼、礼貌、礼节、礼仪都属于礼的范畴,礼貌是表示尊重的言行规范,礼节是表示尊重的惯用形式和具体要求,礼仪是由一系列具体表示礼貌的礼节所构成的完整过程。"礼貌""礼节""礼仪"三者尽管名称不同,但都是人们在相互交往中表示尊敬、友好的行为,其本质都是尊重人、关心人。三者相辅相成,密不可分。有礼貌而不懂礼节,往往容易失礼;谙熟礼节却流于形式,充其量只是客套。礼貌是礼仪的基础,礼节是礼仪的基本组成部分。礼是仪的本质,而仪则是礼的外在表现。礼仪在层次上要高于礼貌礼节,其内涵更深、更广,它是由一系列具体的礼貌礼节所构成;礼节只是一种具体的做法,而礼仪则是一个表示礼貌的系统、完整的过程。

四、礼仪的功能

1. 教育功能

礼仪是人类社会进步的产物,是传统文化的重要组成部分。礼仪蕴含着丰富的文化内涵,体现着社会的要求与时代精神。礼仪通过评价、劝阻、示范等教育形式纠正人们不正确的行为习惯,指导人们按礼仪规范的要求去协调人际关系,维护社会正常生活。让国民都来接受礼仪教育,可以从整体上提高国民的综合素质。

2. 沟通功能

礼仪行为是一种信息性很强的行为,每一种礼仪行为都表达一种甚至多种信息。在人际交往中,交往双方只有按照礼仪的要求,才能更有效地向交往对象表达自己的尊敬、敬佩、善意和友好,人际交往才可以顺利进行和延续。热情的问候、友善的目光、亲切的微笑、文雅的谈吐、得体的举止等,不仅能唤起人们的沟通欲望,彼此建立起好感和信任,而且可以促成交流的成功和范围的扩大,进而有助于事业的发展。

3. 协调功能

在人际交往中,不论体现的是何种关系,维系人与人之间沟通与交往的礼仪,都承担着十分重要的"润滑剂"作用。礼仪的原则和规范,约束着人们的动机,指导着人们立身处世的行为方式。如果交往的双方都能够按照礼仪的规范约束自己的言行,不仅可以避免某些不必要的感情对立与矛盾冲突,还有助于建立和加强人与人之间相互尊重、友好合作的新型关系,使人际关系更加和谐,社会秩序更加有序。

4. 塑造功能

礼仪讲究和谐,重视内在美和外在美的统一。礼仪在行为美学方面指导着人们不断地充实和完善自我并潜移默化地熏陶着人们的心灵。人们的谈吐变得越来越文明,人们的装饰打扮变得越来越富有个性,举止仪态越来越优雅,并符合大众的审美原则,体现出时代的特色和精神风貌。

5. 维护功能

礼仪作为社会行为规范,对人们的行为有很强的约束力。在维护社会秩序方面,礼仪起着法律所起不到的作用。社会的发展与稳定,家庭的和谐与安宁,邻里的和谐,同事之间的信任与合作,都依赖于人们共同遵守礼仪的规范与要求。社会上讲礼仪的人越多,社会便会更加和谐稳定。

第二节 公关礼仪的含义与特征

我们知道,礼仪的内容是由主体、客体、传媒体及环境四个基本要素组成,其中主体是具体礼仪活动的计划及实施者,客体是指礼仪活动的对象,传媒体则是实施礼仪活动所必须依托的中介物,它可以是人也可以是某种设备、服饰,环境是指礼仪活动得以进行的特定时空条件。在实务礼仪活动中,我们按照礼仪的主体不同,可以将其分为公关礼仪、个人礼仪;按照礼仪活动的主体与对象侧重不同,还可分为政务礼仪、商务礼仪、社交礼仪、涉外礼仪等几个分支。需要指出的是,政务礼仪、商务礼仪因其所代表的主体是社会组织(前者为政府组织,后者为企业组织),所以都属于公关礼仪范畴。此外,公关礼仪也离不开个人礼仪。可以说,公关礼仪是整个礼仪体系的一个细化分支,是伴随着公共关系学科的产生而形成的一门新型实用性学科。

一、公关礼仪的含义

我们知道,所谓公关或公共关系是指组织主体为塑造自身的良好形象而有计划、有意识地采取各种措施,改善自身行为的价值取向,保证组织主体与公众之间的良好传播与沟通,进而寻求公众对组织的理解与信任的一种管理实务。

公关礼仪就是指公关人员为树立(或维系)组织主体良好形象而在与公众交往过程中,所应遵循的合乎社会规范和道德规范要求的各种礼仪规范与准则。

比较礼仪与公共关系礼仪两个概念,我们不难得出这样一个结论:有共性,但更有差异性。

共性表现在以下两个方面。

(1) 目的相同。都是寻求"人和"境界,希望达成主体与社会环境的和谐。

(2) 前提一致。所有行为都必须合乎社会规范和道德规范的要求。

差异性表现在以下几个方面。

(1) 主体不同。前者的主体为一般自由人,后者的主体则是社会组织。换句话说,前者是试图使自己成为一个受人尊重、受社会欢迎的人,而后者则是为组织主体营造一个"和谐"的社会大环境。

(2) 方式方法不同。一般礼仪注重的是个人自身的修养、素质的培养与提高,以及对各种礼仪规范的掌握和了解,而公关礼仪则需要公关人员代表组织主体主动与公众进行沟通,采取各种主动的针对性措施,引起公众的注意,主动让公众了解你、喜欢你。

(3) 侧重点不同。一般礼仪侧重传统性与民族性,而公关礼仪更侧重于时代性与国际性。也就是说,一方面公共礼仪要尊重历史传统习惯与本民族的特点,如在公关活动的时间安排上,适当结合我国的一些传统佳节就能达到更好的宣传效果;在一些活动方式选择上,运用一些国内民众喜闻乐见的传统性活动,如庆典中用喜庆锣鼓、舞狮;用传统戏剧作为宣传媒体;请国内名人作形象代表等,能更容易被接受和认同。另一方面,公关礼仪更不可忽视时代性与国际性,在经济日趋繁荣的信息化社会,任何一个社会组织如果不能紧跟时代发展的步伐,不与国际发展潮流接轨,就不可能有更美好的明天。随着我国加入WTO,外向型经济格局正逐步形成,市场竞争已呈白热化态势,不能"领先一步",就只有被动挨打,道理是显而易见的。

(4) 难度不同。公关礼仪除了一般礼仪要求当事人有良好的修养、优秀的素质、得体的谈吐、高雅的举止等条件外,还对其所代表的社会组织主体有更高的要求:诚信的服务、优良的产品品质、一如既往地追求卓越、始终如一地视公众为"上帝"的态度,这些需要组织主体的长期不懈努力。

公关礼仪在实际操作过程中,主要是由公共关系工作人员执行的,因此,公关礼仪的内容也主要围绕公关工作者展开。

① 公关人员形象礼仪:指公关人员应具备的礼仪修养及仪容、仪表、仪态等个人形象。

② 公关语言礼仪:语言是人际交往的最主要方式,也是公关礼仪的重点,包括口头语言、书面语言、体态语言及情感语言。

③ 公关活动礼仪:指公关人员在组织(或参与)各类社交活动时应遵循的礼仪,包括接

待、宴请、会晤、拜访、电话、会议及各种仪式。

二、公关礼仪的作用

随着人类文明程度的不断提高，礼仪在人际交往中的作用正日益凸显，甚至可以说，已到了有"礼"走遍天下，无"礼"寸步难行的地步。

1. 提高公关工作者的综合素质

作为组织主体公关活动的直接"当事人"，公关人员首先感觉到讲究礼仪的紧迫性，一方面要尽快提高自身文明修养，使自己向有思想、有道德、有知识、懂礼仪的方向发展，成为一个秀外慧中的、受人尊重的优秀公关工作者；另一方面作为一个组织的形象代表，公关人员也必须随时注意自己的言行，做到"日三省吾身"，处处以礼仪规范要求自己、约束自己，并逐步化为自觉自发的行为，这就是公关礼仪的教化作用。

从另一角度分析，公关礼仪要求公关工作者熟悉各国、各地风土人情、特定习俗；准确地了解、把握不同交际对象的心理活动规律，掌握对方需求；学习用最佳的方法与各种不同类型的人交往，从而大大丰富公关工作者的知识面，开阔视野，做到博闻广见。

从公关礼仪内涵分析，公关工作者综合素质的核心点是德与诚，它是公关礼仪的最深层含义与升华。"德"是公关礼仪的根基和最高表现形式，无论是干事业，还是做学问，首要的是要先学会做人，而做人的首要条件是要讲公德和职业道德，没有"德"，礼仪也就没有了存在的基础，就会演化成虚伪、厚黑。汪精卫可以说曾是一位知识渊博、举止文明、知书达理的文明先生，可当他卖国求荣时，所有的尊严都被剥去，唯留下一个"汉奸"的臭名。"诚"是公关礼仪被人愉悦接受的先决条件，"待人以礼、待人以诚"是我国的商界古训，也是每个公关工作者必须牢记的，唯有诚信为本，才能让人真正尊重你、喜欢你。

2. 帮助组织主体树立良好公众形象

作为组织主体的形象代言人，公众会随时依据公关工作者的礼仪表现，对该组织主体的形象进行"定格"。从某种角度上说，公关礼仪是组织主体形象的"化妆师"，没有出色的"化妆师"，很可能就无法体现出你的"天生丽质"，正如俗话讲的"三分长相，七分扮相"。

当然，我们承认组织主体的良好公众形象关键要靠自身有过硬的产品或服务品质，"王婆卖瓜"，如果没有好瓜，她也照样卖不出去。但正如公共关系中常讲的要宣传与展示，保持全面的信息双向沟通那样，也要随时保持良好的礼仪状态，让每一个交往对象都能为我们的礼仪行为所折服，都能从中体会到尊重的满足感，进而获得公众对组织主体的喜爱。

这里要注意两个问题：其一，公共关系强调全员"PR（Public Relations，公共关系）"，对任何一个组织团队而言，团队中的每一个人都是该团队的形象代表，他在公共场合的言行举止都会影响到公众对该组织主体形象的评价。因此，公关礼仪的宣传与实施也应该是全员范围的；其二，团队决策者更应注意公关礼仪，作为一个"主角"，会更多地出现在社交场合，与更多的公众进行更广泛的接触，也会更多地给组织主体打上形象"烙印"。

我国已故的周恩来总理是世界公认的最有风度的领导人和外交家，人们常用"富有魅力""无与伦比"等优美词汇赞美他的翩翩风度。美国前总统尼克松曾这样写道："他待人很谦虚但沉着坚定，他优雅的举止、直率而从容的姿态都显示出巨大的魅力和泰然自若的风度。"前美国国务卿基辛格博士也感慨地说："与周恩来先生彬彬有礼的音容笑貌相比,自己好像是从蛮荒中走来的野人。"周恩来总理的光辉形象也为祖国赢得了光荣与骄傲。

2012年3月7日,大连市召开市软环境建设年活动动员部署大会,同时市委、市政府制定了《大连市软环境建设年活动方案》并下发。方案针对目前市软环境建设中存在的主要问题,确定重点围绕整治"浮庸散奢"作风、提升窗口单位服务质量、提高行政审批效率、认真解决损害群众利益的突出问题等七个方面的内容组织开展活动。

3. 推进诚信建设,提高全社会文明水平

孔子在《礼记》中提出:"道德仁义,非礼不成。教训正俗,非礼不备。分争辩讼,非礼不决。君臣、上下、父子、兄弟,非礼不定。宦学事师,非礼不亲。班朝治军,莅官行法,非礼威严不行。祷词、祭祀,供给鬼神,非礼不诚不庄。是以君子恭、敬、撙、节、退、让以明礼。"

社会秩序的维系需要法治,更需要礼仪规范,需要诚信的辅助,在我国经济建设高速发展的今天,诚信建设已逐步成为国民经济良性、有序发展的润滑剂。

市场经济发展初期,一些投机分子钻市场机制不完善的空子,道德沦丧,以次充好,以假充真,诈骗事件屡有发生,甚至假药横行,假酒使人丧命,使整个社会的文明礼仪都受到直接伤害。随着国家法治建设的不断推进,市场经济体制也日趋完善,人们懂得了诚信为生存之本这个基本道理,也使公关礼仪有了更大的发展空间。

"千里寻人,只为还债"诚信温商谢岩斌的故事,在温州全市各界引起了关注。1997年,谢岩斌从汕头的生意伙伴——林先生和辛先生两人那里购入了总计价值约32万元的羊毛衫。不料生意失败,谢岩斌不得不将积压的存货低价甩卖,但仍没能补上货款。之后的几年,谢岩斌陆续地还了一些钱。到2002年,还剩下18万余元的尾款没有还清,谢岩斌却与两名债主失去了联系。

近几年,谢岩斌的生意渐渐有了起色,这笔债却始终如鲠在喉。2014年2月4日,也就是正月初五,谢岩斌独自一人从温州出发,途经800多公里,在2月5日赶到了汕头。由于过去曾在两名债主家里做过客,谢岩斌试图凭记忆寻找两人当年的住所。但十多年来,债主们所在的汕头澄海区的面貌已经发生了翻天覆地的变化。最终,民警通过信息网络,联系上了两名债主,让谢岩斌终于还掉了这笔钱。而此时,两人甚至都已经忘记了谢岩斌这个人,更别提欠债的事了。

谢岩斌表示,诚信是做人之本,也是温州人的立业之基。在今后的日子里,他依然会把诚信放在首位,做到无愧于心。可以说,当公关礼仪真正成为每一个社会组织的重要管理职能之时,我们的社会将更加文明,更加繁荣。

三、公关礼仪与其他学科的关联

要真正了解公关礼仪这样一个新派生的实用性分支在公关活动中的作用,首先要掌握公关礼仪与相关学科之间的关联。

1. 公关礼仪与人际关系

虽然都是广交朋友、广结"人缘",都是研究人际交往活动的艺术,但仍有明显区别。

（1）支点不同：前者的支点是社会组织主体，后者则是个人自己。

（2）目标不同：前者是以树立组织主体良好形象为目标，后者则是为塑造个人自身良好形象为目标。

（3）方式不同：前者除运用人际传播的各种方式外，更多的还需运用大众传媒及其他特殊传媒，如大型庆典活动的综合性传媒进行传播。

2. 公关礼仪与美学

"爱美之心，人皆有之。"美学是一门研究什么是美、美的标准、美的鉴别及美的一般规律的专业性学科。公关礼仪也讲究美，提倡美，尤其是在公关人员形象礼仪中，许多内容都是围绕美而展开的，而且也提倡公关人员要有美学修养、能树立正确的审美观。但两者之间的关系如劳动者与劳动工具一般，不能等同。换言之，公关礼仪需要美学知识，但仅具备了美学知识还不能称为掌握了公关礼仪全部内容，更何况公关礼仪中美的标准更多的是讲究大众性，而很少特立独行的。

3. 公关礼仪与民俗学

礼仪的民族性与地方性决定了民俗学在公关礼仪中同样占有相当重要的地位，一个不懂各国、各地风土人情、历史习俗的人是不能成为一名合格的公关工作者的。从伊斯兰的"斋月"到西方"万圣节"，从中国人的"粽子"到朝鲜人的"打糕"，等等，都对公关工作者提出要求：只有熟悉、了解、掌握民风民俗，才是成功公关礼仪的坚实保证。

4. 公关礼仪与心理学

俗话说："察言观色。"在交际活动中，要尽量地了解对方并赢得他人的尊重与好感，正确地掌握对方心理显得非常重要。为此公关工作者也要掌握较完整的心理学知识，了解一般心理反应过程及心理行为特点，学会如何洞察他人的心理，能"读"懂对方，了解对方内心的真实需求，才能达到把握对方心理、尊重对方人格的目的。

5. 公关礼仪与动作语言学

"眼睛是心灵的窗户"，这是指对他人的心理活动是可以通过眼睛"读"出来的，成语"眉头一皱，计上心来"，我们也可理解为对方皱眉就表示他在思考，这就是动作语言。在人际关系过程中要面对各种各样的人，认识的、不认识的，要迅速准确地判断出他（她）在想什么，关心什么，就要学习动作语言。反过来也一样，当自己有些要求或疑惑不宜用口头语言表达时，动作语言就能帮你"排忧解难"，这也是公关工作者所必需的技能。

第三节　礼仪与公关礼仪的关系

分析礼仪与公共关系、礼仪与公关礼仪的关系，旨在加深对公关礼仪的理解。

一、礼仪与公共关系的关系

礼仪和公共关系都是适应社会发展和人际交往的需要而产生的，它们具有众多相同的功能，它们之间的关系主要表现在以下三方面。

1. 个人形象与组织形象的统一

礼仪主要是指个人与个人交往中的行为规范,树立的是个人形象。公共关系是特指组织与公众的沟通与联系,它以树立组织形象为目标。公共关系除了个人以组织身份出现的人际交往活动外(如国家元首的互访,厂长经理的社交活动等),还有组织与组织的沟通与联系,通过大众媒介与公众的沟通与联系,这些沟通与联系比个人之间的联系更广泛、更深刻。但是组织与组织之间的联系和个人与个人之间的联系是不能分离的,有时是互相交叉在一起的。如个人与群体的信息沟通与联系通过大众传播向社会发布信息,既是树立个人形象,又是组织形象的再造。从一定意义上说,先有个人形象,然后才有组织形象,个人形象是组织形象的基础。公共关系应该借助个人的礼仪行为树立良好的组织形象。

2. 互尊互敬与双向互动的一致

礼仪要求人与人在交往过程中互尊互敬,形成相互尊敬的社会风尚。公共关系强调组织与公众的双方互动,组织必须确立公众意识,树立公众至上的观念。只有互利互惠、服务公众,才能使公众信任组织、支持组织,与组织采取合作行为。因而,礼仪的互尊互敬与公共关系的双向互动具有一致性,只是前者指一切人际交往活动,而后者特指组织与公众的交往活动,礼仪的指向对象比公共关系更为宽广。公共关系借助礼仪的手段能促进组织与公众双方互动过程的发展,有效公共关系的双向互动必然是建立在共同礼仪互尊互敬的基础上。

3. 社会交往与传播机制的契合

礼仪是社会交往中形成的道德规范和行为准则,是个人与他人发生联系的纽带。没有交往,就没有社会联系和人与人的相处,也就不会有礼仪这一社会规范。公共关系依靠传播媒体作为中介,使组织与公众相联系、交流和沟通观点与信息。如果没有传播媒介的作用,这种沟通和联系就会中断。礼仪和公共关系通过社会交往这个共同点,紧紧联系在一起。实践证明,礼仪和公共关系所体现的交往与沟通都要以一定的媒介符号为载体,而语言符号(包括书面语言、口头语言和体态语言)恰恰是礼仪和公共关系共同拥有的载体,只不过礼仪要求使用的语言符号更加规范,更加符合程序,更富有人情味。公共关系要实现组织与公众的沟通,除利用现代大众媒介外,必须与礼仪行为相结合,增强社会组织对公众的亲和力和人情味。因此,公共关系的产生和发展孕育着公共关系礼仪产生之必然。

二、礼仪与公关礼仪的关系

礼仪这一概念早已有之,人们通常将在社会交往中涉及的各种各样的礼仪形式统称为交际礼仪。公关礼仪是伴随着公共关系学在我国的诞生而产生的,人们通常将组织在社交活动中涉及的各种各样的礼仪形式称为公关礼仪。

礼仪与公关礼仪是两个相互包容、联系非常密切的概念。这主要是因为公关活动离不开人际交往,因而礼仪是公关礼仪的基础。但是,公关礼仪和礼仪就其主体、客体、内容和产生的效果等方面是有明显区别的。

1. 两者的主体和客体不同

礼仪的主体是个人,客体也是个人,是人与人之间在交往过程中的行为规范及其相应活动中的礼仪;礼仪属于个人行为范畴。而公关礼仪的主体是社会组织,是一个依法存在、能担负一定的社会职能、有着特定的社会目标、构成一个独立单位的社会群体,其客体则是广大的社会公众;公关礼仪属于组织行为范畴。

2. 两者的内容不同

礼仪的内容主要包括人们在交往过程中约定俗成的各种礼节、礼貌、仪式、风俗习惯等。如见面的礼节、言谈举止礼貌、日常生活习俗、婚丧嫁娶仪式等。而公关礼仪的内容则包括了在社会组织履行职责活动中形成并需遵循的各种礼仪规范。如公关活动中的各种仪式、舞会礼仪、公共礼仪、涉外活动礼仪等。

3. 两者产生的效果不同

礼仪所产生的效果是人与人之间彼此相互尊重、友好相处,有助于提高人们的文明素养,其影响范围相对较小;而公关礼仪所产生的效果则是组织与其相关的社会公众和睦相处,加深了解和增进友谊,促进彼此合作,其影响范围相对较大,它不仅有助于提高人们的文明素养,而且能净化社会风气,提高整个社会的文明程度,促进精神文明建设。礼仪和公关礼仪都是文明的显现,都对人类社会的文明、进步与发展起促进和推动作用。

第二章　公关人员礼仪

第一节　公关人员的礼仪形象

一、仪容仪表礼仪

仪容是指人的容貌,包括五官的搭配和适当的发型衬托。旅游服务人员在进行公关活动中,个人的仪容是最受公众注视的部位。旅游服务人员可以借助于大方得体的容貌反映自身的精神面貌、朝气与活力,从而传达给公众最直接、最生动的第一信息。旅游服务人员要塑造良好的自我形象,首先应该考虑通过有效的手段,发挥自身容貌的优势,弥补自身的缺陷与不足。仪表是指人的外表,是一个人总体形象的统称,除容貌、发型之外,还包括个人的服饰、身材以及姿态等,是形体美、服饰美、发型美、仪容美的有机综合。仪容仪表是一个旅游服务人员精神面貌的外观体现,也是公关人员道德修养、文化水平、审美情趣和文明程度的综合表现。

(一)服饰礼仪

服饰是一种文化,整洁、大方、美观的服饰有一种无形的魅力,恰当得体的服饰可以对旅游服务人员起到"画龙点睛"的作用。旅游公关活动具有礼仪礼节性极强的特点,因此对旅游服务人员的基本要求是:稳重、得体、端庄、恬静,能充分体现出服饰与环境、职业身份、身材、肤色、年龄以及审美情趣等方面的协调,符合本国的道德传统和常规做法,在整体上尽可能做到完美、和谐,体现着装的整体美,掌握着装的 TPO 原则。TPO 是英文 Time(时间)、Place(场合)、Object(目的)的缩写,是指人们的穿着打扮要兼顾时间、场合、目的并相互适应。旅游服务人员由于职业上的特点,其着装主要有西装和制服。

1. 西装礼仪规范

西装是一种国际性服装,是世界通行的正统服装,已成为现代公关活动中最得体的服装。西装七分在做,三分在穿,非常讲究礼仪,旅游服务人员在穿着西装时,需要注意以下一些基本问题。

(1)讲究规格,注意搭配。男士西装有两件套、三件套之分,穿着时必须整洁、挺括。正式场合应穿同一面料、同一颜色的套装,搭配单色衬衫,系领带,带领夹,穿皮鞋。新西装第一次穿着前,要取下袖口的西装商标。裤管应盖在鞋面上,并使其后面略长,裤线应熨烫挺直。

(2)穿好衬衫。衬衫的领子要有领座,领头硬扎挺括,衬衫下摆要塞进裤子里。领口、袖口要分别高于和长于西装 1~2 厘米。衬衣内一般不穿棉毛衫,正式场合,衬衫外面不加毛背心或毛衣,如果天气较冷,可在衬衣外面穿羊毛衫,以一件"V"字领羊毛衫为宜。

(3)系好领带,夹好领夹。领带处于西装驳领间的 V 字区,是整套西装最为显眼的中心部位,因此领带的色彩、图纹要根据西装的色彩和质地进行合理的搭配。领带的领结要饱满,与衬衫的领口吻合要紧凑,领带的长度以系好后,垂到皮带扣处为宜,穿羊毛衫时,领带应放在羊毛衫内。领带夹一般夹在衬衫的第三和第四个纽扣之间。

(4)用好口袋。西装上衣两侧的口袋只做装饰用,不可装物品,左上外侧衣袋只可放装饰性手帕,手帕装入口袋三分之一,上衣内袋用于存放证件、名片、香烟等物品。背心的四个口袋用于存放怀表等珍贵小物件,左胸口袋可用于插放钢笔。西装裤袋用作插手,不可装物品,以求裤型美观,左后裤袋可放手帕,右后裤袋用于存放零钱或轻薄之物。

(5)系好纽扣。西装有单排扣、双排扣之分。双排扣西装在正式场合应全部扣好纽扣。单排两粒扣只系第一粒或"风度扣",也可全部不系,正式场合要求把第一粒纽扣系上,坐下可解开。单排三粒扣只系中间一粒或第一、二粒扣。

(6)穿好皮鞋、袜子。穿西装一定要穿皮鞋,不能穿旅游鞋、轻便鞋、布鞋或凉鞋,皮鞋的颜色要与西装颜色协调。女士着西装时不宜穿高跟皮鞋,而应该穿中跟皮鞋。应穿深色袜子,不可穿白色或色彩鲜艳的花袜子。

2. 制服礼仪规范

制服是旅游服务人员职业性的标志,公关人员穿着得体的制服,不仅是对公众的尊重,也便于公众辨认,同时也使公关人员有一种职业的自豪感、责任感和可信度。旅游服务人员在穿着制服时的基本要求如下。

(1)整齐、大方。制服必须整齐、合身。款式简练、高雅,线条自然流畅,便于旅游服务人员从事公关活动。注意四长:即袖至手腕、衣至虎口、裤至脚面、裙至膝盖;四围:即领围以插入一指为宜,胸围、腰围及臀围以穿一套羊毛衣裤为宜。内衣不能外露;不挽袖卷裤;不漏扣、掉扣;领带领结与衬衣领口吻合紧凑、端正;名牌佩戴在左胸正上方。

(2)清洁、挺括。制服应该无污垢、油渍、异味;领口、袖口要勤洗,保持干净;制服穿前要烫平,穿后要挂好,做到上衣平整、裤线笔挺,不起皱。

(3)讲究文明。根据旅游服务人员礼仪的基本要求,旅游服务人员身着制服时不仅要展示旅游企业的公众形象,还要显示出自身文明高雅的气质,因此在穿着制服时还应讲究文明。避免过分裸露,胸部、腹部、腋下、大腿是公认的不准外露的四大禁区,尤其是女士穿着裙装时,更应注意。制服衣料不应过分透薄,以避免内衣透出,使人尴尬。制服尺寸避免过分肥大或瘦小,影响旅游服务人员的整体形象。

3. 饰品的选择与佩戴

饰品是人们在穿着打扮时所使用的装饰物,它可在服饰中起到烘托主题和画龙点睛的作用。服装饰品包括两大类:一类是实用性为主的附件,如帽子、鞋子、眼镜等;另一类是属于装饰性为主的饰物,如领带、项链、手镯、戒指等。旅游服务人员在饰品的选择和佩戴上应该注意遵循以下原则。

(1)符合身份。旅游服务人员的工作主要是面向旅游者和公众,因此一切要以服务对象为中心,在工作岗位上,选择和佩戴饰品一定要符合公关人员的工作身份,摆正自己和顾客之间的相互关系,切忌在饰品佩戴上和顾客攀比。

(2)点到为止。旅游服务人员在工作中佩戴饰品应该和生活中区分开,应该少而精、点到为止。一味贪多求全,不仅起不到装饰作用,还会画蛇添足,破坏服装的整体美感。

(3)区分种类。旅游服务人员因职业身份、工作性质的原因,在饰品的选戴时有局限性,所以应该对不同种类的饰品进行区别对待。一般来讲,可以选择佩戴的饰品种类如下。

① 领带和领结。旅游服务人员在穿着西装时,必须佩戴领带或领结。在选择和佩戴领带或领结时,应注意面料和颜色要与西装搭配。

② 胸花。又叫胸针,一般佩戴在女士的上衣左侧胸前或衣领上。旅游服务人员在外出进行公关活动时可佩戴,但是在工作时间若佩戴有身份牌时,不宜同时佩戴胸针。

③ 首饰。旅游服务人员在工作中佩戴的首饰较为简单,男士一般只允许在无名指上佩戴结婚戒指,女士除戒指外,其他首饰如项链、耳环、手镯等要少带,或者酌情佩戴。

④ 发饰。常见的发饰有头花、发带、发箍、发卡等,旅游服务人员在佩戴发饰时,更多强调其实用性,头花以及其他鲜艳、花哨的发饰都不宜在工作中选用。

⑤ 皮包。因工作和个人生活需要,旅游服务人员也需要携带皮包,尤其是外出工作时。男士一般可以选用款式大方的黑色皮包,女士皮包的颜色和款式应该注意与服装色彩、体型相协调。

4. 个人用品的选择

个人用品通常为服务人员的必备品,在旅游公关活动中往往是不可缺少的,唯有随身携带,方可有备无患。

(1)工作用品。包括身份牌、书写笔、记事本等,方便工作中随时记录各种重要的信息资料。

(2)形象用品。是旅游服务人员用以维护、修饰自我形象所必需的用品。包括纸巾、梳子、化妆盒、擦鞋纸等,随时保持个人的自我形象。

(二)仪容礼仪

在旅游公关活动中,公关人员的仪容会对公众产生一定的心理影响,端庄、秀丽的仪容会在公众心目中留下美好的印象,从而有利于公关活动的开展。因此旅游行业公关人员的仪容,是体现旅游企业整体形象的窗口。

1. 旅游服务人员仪容礼仪的基本要求

(1)男士。注意面部整洁,勤洗脸,勤剃须;发不过耳,不染发;勤洗澡,勤换内衣,保持个人卫生;指甲常修,皮鞋应该常亮常光。

(2)女士。需要注意面部皮肤的修饰和保养;掌握基本面部美容化妆知识;注意头发的护理和保养。

2. 发型礼仪

发型是有关头发的造型艺术,是体现人的审美需求和性格情趣的直观形象,是自然美和装饰美的有机结合,大方、合适的发型会使旅游服务人员的精神面貌得以提升。旅游服务人员首先必须保持头发的清洁,每周必须清洗三次,必要时需每日清洗。半个月到一个月修剪一次头发,保持发型。常备一把梳子,经常梳理头发,保证头发顺滑,梳理头发时应避开外人,梳理的断发头屑不可随手乱扔。

女士发型要求美观、大方、整洁、实用为原则,旅游服务人员的发型基调是:活泼开朗、朝气蓬勃、干净利落、持重端庄。一般不宜留长发,发不遮脸,刘海儿不能过低,也不可染发,避免使用色彩鲜艳的发饰。另外,旅游服务人员的发型还应注意与脸形、体形、年龄相协调。

男士发型基本要求是:头发不能触及后衣领,不留鬓角,不烫发。发型要与脸形、体形和服装搭配。

3. 面部礼仪

（1）面部修饰的原则

① 洁净。其标准是无灰尘、无污垢、无分泌物、无其他不洁之物。勤洗脸,洗脸时要耐心细致、完全彻底、面面俱到。

② 卫生。旅游服务人员在进行个人面部修饰时,要注意个人卫生健康状况,面部的卫生要兼顾讲究卫生和保持卫生两方面。面部出现明显的过敏症状、疖子、痤疮、疱疹等,必须及时治疗,避免与顾客进行正面接触。

③ 自然。旅游服务人员面部修饰的关键是要做到"秀外慧中",保持清新自然而不过分做作。

（2）面部化妆与修饰

对于旅游服务人员来说,面部化妆要少而精,强调和突出自身所具有的自然气质,减弱或掩盖容貌上的某些缺陷,一般以淡妆为宜,避免使用气味浓烈的化妆品。面部化妆要注意和肤色、脸形匹配。

① 眼部。眼睛是心灵的窗户,旅游服务人员在进行眼部修饰和化妆时,首先应重视眼部的保洁,及时除去眼角分泌物,注意眼部卫生,预防眼病。旅游服务人员如果需要佩戴眼镜,应选用质地优良、款式大方的眼镜,注意保持镜片清洁,定期清洗镜架。

② 鼻部。旅游服务人员要保持鼻部周围以及鼻腔清洁,经常清理鼻腔,修剪鼻毛,切忌在公众面前有挖鼻孔、拔鼻毛等不文雅行为。

③ 口部。保持口腔清洁是旅游服务人员讲究礼仪的先决条件。要采用正确的刷牙方式,做到"三个三"即:每天刷牙三次,每次刷牙在餐后三分钟进行,刷牙时间不少于三分钟。公关人员在上班前不喝酒,忌吃大葱、大蒜、韭菜、虾酱等有刺激性气味的食物,进餐时应闭嘴咀嚼,不可发出声响,餐后保持唇部干净,避免唇边残留食物。平时注意呵护嘴唇,尤其是干燥严寒的冬季,可以用专用唇膏避免唇部干裂、爆皮。男士还应注意每日上班前剃须。

4. 肢体礼仪

（1）上肢。上肢即手臂,是旅游工作中运用得最为频繁的身体部位,通常被视为公关人员的"第二脸面",一双保养良好、干净秀美的手臂,会给工作增加美感和协调,因此,旅游服务人员应注意上肢的修饰和礼仪。一方面,旅游服务人员要注意手臂的保洁。保持手臂无污痕,无烟渍、油渍、墨水等污垢。务必做到"六洗":工作之前要洗手;弄脏之后要洗手;

接触特殊物品或入口之物之前要洗手；去过卫生间之后要洗手；下班前要洗手；企业规定洗手之时要洗手。工作中不可乱用双手做诸如揉眼睛、掏耳孔、抠鼻、剔牙、搔头发、抓痒、脱鞋、四处乱摸等不文雅行为。另一方面，旅游服务人员还要注意手臂的修饰。公关人员不许蓄长指甲，指甲不应长过指尖，要养成"三天一修剪，每天一检查"的良好习惯，及时清除指甲周围的死皮。女士要注意不能涂彩色指甲油，不穿露出肩膀的服装，某些场合需要露出肩膀时，要剃去腋毛和手臂上比较浓密的汗毛。

（2）下肢。下肢即腿脚部，人际交往中有"远看头，近看脚"的习惯，旅游服务人员多数情况下都是直接面对顾客，因此，必须讲究下肢的修饰和礼仪。要保持下肢的清洁，需要特别注意三个方面：勤洗脚，勤换袜子，不要穿不透气、易生异味的袜子；注意保持鞋面、鞋跟、鞋底的干净，定期擦油，使其一尘不染。注意下肢的礼仪，旅游服务人员不能光腿，女士穿裙子时必须选择接近肉色的长筒丝袜且袜口不得短于裙摆边；不光脚穿鞋，不穿露脚趾的凉鞋或拖鞋。

二、言行举止礼仪

（一）礼貌用语

语言是社会交际的工具，是人们表达情感、意愿、思想的媒介。旅游公关工作离不开语言，只有使用礼貌的语言，才能和公众进行良好的沟通。礼貌用语是旅游服务人员用来向公众和宾客表达意愿、交流思想感情和沟通信息的重要交际工具，是一种对公众和宾客表示友好和尊敬的语言。旅游服务人员在使用礼貌用语时，应遵循目的性、对象性、诚实性、适应性原则，即在运用礼貌用语时，必须目的明确，言随旨意，避免信口开河；要根据特定的对象，因人而异，切忌千篇一律；以诚为本，讲真话实话，在语言的表达上，力求表里如一；注意语言的特定环境和具体场景，兼顾和适应当时的具体语言环境以及双方的情绪变化。礼貌用语使用是否得当将直接影响旅游公关活动的结果，因此，旅游服务人员需要掌握礼貌用语的规范和礼仪。

1. 常用的礼貌用语

（1）称呼用语。称呼用语是在旅游公关活动中对宾客的尊称，要注意国内外不同的常用称呼，做到及时、准确、恰当。在工作中的称呼应该体现正式、规范和庄重。一般可用职务性称呼，如果加上姓氏表示关系更密切，连名带姓的用在极其正式的场合，如："张总""李克强总理"等；也可以用职称性称呼，如：教授、博士、工程师等；还可以用行业性称呼，如：医生、老师、教练等。

对外交往中可根据不同对象采用不同的称呼。一般的成年人，男宾无论其年龄大小与婚否，可统称为"先生"；女宾若已婚可称"夫人"或"太太"，未婚可称"小姐"，婚姻状况不明可称"小姐"或"女士"，以上称呼还可冠以姓名或职务，如：张先生、王女士；对地位高的政府官员、外交使节、军队中的高级将领，按不同国家的习惯可称"阁下"，加军衔或先生，以示尊重，如："部长阁下""总统阁下""将军先生阁下"等，美国、墨西哥、德国等国家习惯称"先生"，不称"阁下"；对军人一般称军衔，或军衔加先生，知道姓名的可冠以姓名，如："上校先生""布朗少校""查尔斯中尉先生"；对宗教人士可称其神职，如："牧师先生""莫利神父"等；对君主制国家，国王和王后称"陛下"，王子、公主和亲王称"殿下"，有爵位的称爵位，如：

"公爵先生"。

（2）问候用语。问候用语主要适用于旅游服务人员和顾客在相见之初，彼此向对方询问安好，致意或表达关切之意。旅游服务人员必须要根据时间、场合和对象的不同使用规范化用语，主要分为标准式用语和时效式用语两种。标准式用语是直截了当的向对方问候，其常规做法是问好之前加上适当的人称代词或尊称，如："女士们，先生们，欢迎你们的光临"，"您好，见到您很高兴"等。时效性用语是在一定的时间范围内的问候用语，具有一定的时效性，问候时要体现当时的具体情况，加上具体时间："您早""下午好""晚安"等。问候用语在使用过程中还应注意以下问题。

首先，要注意问候的次序。一般情况下，应由旅游服务人员向顾客问候，如果被问候者不止一人时，可采取以下三种方法：一是集中问候，不再一一具体到每个人，如"大家好"；二是采用由尊而卑的礼仪惯例，先问候身份高者，再问候身份低者；三是按照由近及远的次序进行问候，首先问候与本人距离近者，然后依次问候其他人。

其次，在举办旅游公关活动中，需要同时与许多顾客进行交流时，要注意"接一顾二招呼三"。在接待第一顾客时，招呼一下第二个，同时通过眼神或表情向第三个传递问候，从而使顾客感到被尊重。

最后，在使用问候语时，要简练而规范，根据具体情况灵活运用，不要采用单一呆板的问候。如"好久不见"，"很高兴又见到您"等，使语言富于变化。

（3）应答用语。应答用语是在工作中用来回应顾客的，或是答复其询问时所使用的礼貌用语。基本要求是：随听随答，有问必答，灵活应答，热情周到。旅游服务人员在实际工作中常用的应答用语有肯定式、谦恭式和谅解式三种类型。

肯定式的应答用语主要用来答复顾客的请求，如："好的，听清楚了，请您放心""是的，我明白您的意思"；谦恭式的应答用语主要是在顾客对提供的服务表示满意，或直接对公关人员进行口头表扬、感谢时采用的语言，如："谢谢，您过奖了""承蒙夸奖，这是我们应该做的"；谅解式的应答用语是当顾客向自己致以歉意时，公关人员予以接受并表示谅解时采用的语言，如："没关系，这算不了什么""不要紧，我不介意"等。

（4）请托用语。请托用语是旅游服务人员向顾客提出某种要求或寻求帮助时使用的礼貌用语。标准式的请托用语是在向顾客提出具体要求前面加上"请"字，使对方很容易接受，如"请稍后""请让一下"等；求助式的请托用语是在寻求对方帮助时，通常在具体要求前加"劳驾""拜托""打扰"等词语，以显诚意。

（5）迎送用语。迎送用语是顾客光临或离开时使用的礼貌用语。最为常见的欢送语言是"欢迎""再见""慢走""一路平安"。在使用欢迎语言时，如果是初次见面，可以使用"欢迎光临""见到您很高兴"等；如果是再次见面，应在欢迎语前面加上对方的尊称，或其他专用词，以表示记得对方，给顾客以被重视的感觉，如："张先生，很高兴又见到您""欢迎您再次光临"等。另外，在使用欢迎语言时，通常应一并使用问候语言，必要时需要向顾客施以点头、微笑、鞠躬、握手等见面礼。

（6）征询用语。征询用语是在旅游活动中，旅游服务人员为获得必要的信息对公众进行调查、了解公众需求、启发对方思路、征求对方意见时所使用的礼貌用语，在具体使用时务必把握好时机，兼顾对方，以获得真实有效的信息。可分为开放式征询用语，如："您需要什么样的服务?""我能为您做点什么?"封闭式征询用语,如:"您对我们的线路设计还满意吗?"

（7）赞赏用语。赞赏用语是旅游服务人员为了改善或促进双方之间的人际关系,对对方正面肯定,激励对方时所用的礼貌用语,使用赞赏语言时要恰到好处、少而精。旅游服务人员要在顾客发表见解的同时,及时给予正面的赞赏,如:"您真有眼光""看来您是一位内行""没错,您说的对极了"等。

（8）祝贺用语。在旅游活动中,根据一些特殊的场合适时给予顾客一些祝贺用语,不仅是一种礼貌,也可以加强彼此的沟通和联系。祝贺用语时效性很强,主要用在节日、庆典等喜庆日子;如:"新年好""祝您福如东海,寿比南山""新婚快乐,百年好合""祝您生意兴隆"等。

（9）道歉用语。道歉用语是在工作中因某种原因给他人带来不便,或妨碍、打扰对方时,向对方表达自己的歉意所使用的礼貌用语。常用的道歉用语有:"抱歉""对不起""失礼了""不好意思,多多包涵""请原谅",等等。

2. 旅游服务人员用语规范

（1）文明用语规范。旅游服务人员在使用语言时,应该遵守文明用语规范,从而表现出良好的文化素养、待人处世的礼貌态度,令人产生高雅、脱俗之感。旅游服务人员的用语规范如下。

① 声音优美、语言标准。旅游服务人员一般采用普通话和外语,特殊场合下,为方便与顾客的沟通可使用方言;咬字清晰,声音动听,以增加语言的感染力和吸引力;音量适度,以顾客听清楚为准,切忌大声喧哗;语调婉转、抑扬顿挫、富有情感;语速适中。

② 表达恰当、言简意赅。旅游服务人员在使用语言时,力求语言完整、准确、贴切,切忌喋喋不休、做不必要的解释;注意根据顾客的语言习惯、文化层次、地方习俗等选择合适的词句。

③ 表情自然、举止文雅。旅游服务人员在面对顾客说话时,要距对方 1 米左右,面带笑容,目视客人眼鼻三角区,以示尊重;说话时举止文雅,避免指手画脚。

（2）行业用语规范。旅游行业用语是旅游行业所使用的专门用语,旅游服务人员恰到好处地使用必要的行业用语,不仅能说明某些专业性、技术性的问题,还能显示个人的业务能力,赢得顾客的理解和信任。旅游服务人员的专业用语规范如下。

① 善用专业术语。由于专业术语的特殊性,旅游服务人员在运用专业术语时要注意时机和场合,交谈之前注意对顾客进行必要的观察了解,根据具体情况,因人而异,善于根据具体情况的变化加以调整应变,当深则深,当浅则浅。

② 忌用服务忌语。旅游行业属于服务行业,其专业用语大多属于服务用语,因此旅游服务人员在使用专业用语时,忌用服务忌语。包括不尊重之语、不友好之语、不耐烦之语以及不客气之语。

（3）书面用语规范。书面用语是指使用文字、符号所书写出来的语言,旅游服务人员在从事公关活动中,经常需要书写一些函件、合同、书信、说明、告示等书面文件。为了保证书面用语能够准确传递信息,需要遵守以下书面用语规范。

① 正确无误。书面用语首先要正确无误,尤其是在写一些重要的合同、发票等文件的

时候,一点笔误都会造成企业的重大损失;还要注意具体的行文规范,不同的行文都有不同的行文格式,做到语句完整、结构完整、表达准确;应使用标准的简化字,忌用繁体和不规范的字体,外文的书写要做到语法、拼写准确。

② 工整清晰。书面文件要注意正确的书写习惯,保持文件的整体美观,善于整体布局,力求字体的大小恰到好处。

(二)举止礼仪

举止是指人的动作和表情,它是通过人的肢体、动作和表情来表达思想感情的语言,这种语言的表达效果比起有声的口头语言,有时候会更丰富、更生动,更能表达真实诚恳的心态。旅游服务人员可以通过文明优雅的举止向公众传达自身的个性、情趣、品质、修养,从而给公众留下深刻而美好的印象,提高与公众的沟通效果。

1. 站姿礼仪

站立是旅游服务人员最基本的举止,站姿是静力造型动作,体现的是静态美,又是训练其他优美体态的基础,其基本要求是:端正、自然、亲切、稳重、挺拔,即"站如松"。

(1)站姿的礼仪规范。立正站直,头、颈、身躯和双腿应与地面垂直,身体的重心在两腿之间;头正目平,面带微笑,双肩放松,双臂自然下垂,手指稍许弯曲,指尖朝下;腰部直立,挺胸、收腹、提臀;双腿相靠,双膝与双脚跟部紧靠一起,肌肉略有收缩感,双脚呈"V"形分开。站立太累时,可变换姿势,将重心移在左脚或者右脚上,切忌身躯歪斜、弯腰驼背、趴扶倚靠、半坐半立、全身乱动等不良站姿。正式场合还要避免做有失庄重的小动作,如:摆弄衣服、咬指甲等。

(2)站姿的种类。旅游服务人员的站姿有四种。侧放式是男女通用的站姿,要领是:脚掌分开呈"V"字形,脚跟靠拢,双膝并拢,双手放在腿部两侧,手指稍弯呈空心拳状;后背式是男士常用的站姿,要领是:双腿分开与肩同宽,双脚平行,双手轻握放在后腰处;前腹式是女士常用的站姿,要领是:脚掌分开呈"V"字形,脚跟靠拢,双膝并拢,右手搭在左手上,贴在小腹部;丁字式是女士专用的站姿,要领是:一脚在前,脚跟靠于另一脚内侧,双脚尖向外展开呈"丁"字,双手在腹前相交,重心在双脚上。

2. 坐姿礼仪

优雅的坐姿是体现旅游服务人员姿态美的主要内容,要求是:端正、稳重、亲切、自然,给人以舒适感,即"坐如钟"。

(1)坐姿的礼仪规范

① 入座与离座的礼仪要求。入座时,轻而缓,从座位的左侧走近座椅,背对其站立,右腿后退一点,以小腿确认座椅位置,顺势就座,女士入座时,要用手把裙子向前拢平再就座;要在他人之后入座,要坐在椅、凳等常规位置,不能坐在桌子、窗台、地板等处;与他人同时就座时,要注意座位的尊卑,上座留给客人;就座时,若有熟人,应主动打招呼,对陌生人点头示意;坐下后需要及时调整体位,使坐姿端正舒适。离座起身时,动作轻缓,避免弄响座椅,或将椅垫带到地上;身旁如有人在座,需以语言或动作示意以后,方可起身;与他人同时离座时,需注意起身先后次序,身份高者先起身;离开座椅后,站定从左侧离开。

② 坐下的礼仪要求。上身正直,头正目平,面带微笑,双手相交放在腹部或双腿上,双

脚平落地面,男士双膝间距离一拳,女士双膝不可分开。切忌双腿叉开过大、架二郎腿、双腿过分伸张、腿部抖动摇晃等不雅的腿姿,以及不知所措的手姿,如以手触脚、手置于桌下、双肘支于桌上、双手抱腿、手夹在腿间等。

（2）坐姿的种类

坐姿要根据有无扶手与靠背以及凳面的高低来调整,并注意双手、双腿、双脚的正确摆法。

① 双手摆法。有扶手时,双手轻搭或一搭一放;无扶手时,双手交叉或八字形置于腿上,或右手搭右腿,左手搭左腿。

② 双腿摆法。凳面高度适中时,双腿相靠或稍分,不能大于肩宽;凳面高时,一腿略搁于另一腿上,脚尖向下;凳面低时,双腿并拢,自然倾斜于一方。

③ 双脚摆法。脚尖脚跟靠拢,或一靠一分,也可一前一后;或右腿放在左腿外侧。

3. 蹲姿礼仪

蹲姿是由站姿转变为双腿弯曲和身体高度下降而来的相对静止的姿态,是旅游服务人员在比较特殊情况下所采取的一种暂时性的姿态,时间不宜过久。如整理工作环境时、给予客人帮助时或捡拾地面物品时。

（1）蹲姿的礼仪规范。由于蹲姿是暂时性的姿态,因此下蹲时速度切勿过快,应与他人保持一定的距离;在他人身边下蹲时,不能面对他人或背对他人,应与之侧身相向;女士下蹲时,要注意保护隐私。

（2）蹲姿的种类。旅游服务人员常用的标准蹲姿有四种。

① 高低式蹲姿:基本特征是双膝一高一低。要求是:左脚在前,完全着地,小腿垂直于地面;右脚稍后,脚掌着地,右膝内侧靠于左小腿内侧,形成左膝高右膝低的姿态;臀部向下,以右腿支撑身体。

② 交叉式蹲姿:多为女士采用,基本特征是蹲下后双腿交叉在一起,造型优美典雅。要求是:右脚在前全脚着地,右小腿垂直于地面;右腿在上,左腿在下,双腿交叉重叠;左膝由后下方伸向右侧,左脚在后,脚掌着地,左脚跟抬起;双腿前后靠近合力支撑身体,上身略前倾,臀部向下。

③ 半蹲式蹲姿:多为行进中使用,基本特征是身体半立半蹲。要求是:上身稍许弯下,与下肢成钝角;双膝略微弯曲;臀部向下,重心在一条腿上。

④ 单跪式蹲姿:是非正式蹲姿,多用于下蹲时间较长时,基本特征是双腿一蹲一跪。要求是:一腿单膝点地,脚尖着地,臀部坐在脚尖上;另一腿全脚着地,小腿垂直于地面;双膝同时向外,双腿尽力靠拢。

4. 行姿礼仪

行姿是在行走时所采取的一种动态姿势,以站姿为基础,是站姿的延伸动作,旅游服务人员在行走中要保持正确的节奏,才能体现优雅稳重的动态美。其基本要求是:上身挺直,头正肩平,双臂自然摆动,双腿直而不僵,步伐从容,即"行如风"。

行姿的礼仪规范。旅游服务人员在行走时,首先要方向明确,双眼平视,挺胸收腹,脚尖正对前方,使行走的路线呈一条直线;保持相对稳定的速度,一般每分钟走 60 到 100 步为宜；行进时注意步幅不要过大或过小，应与本人一只脚的长度相近，即男士每步40厘米，女士每步36厘米；注意重心，身体保持协调，行进中，脚跟先着地，膝盖伸直，使身体的重心随着脚步的移动，不断向前过渡，落在前脚上。要避免一些错误的行进姿态，如：横冲直撞、抢道先行、摇头晃脑、连蹦带跳、制造噪声、步态不雅等。

5. 手势礼仪

手势是旅游活动中富有表现力的一种动态语言，得体适度的手势可帮助旅游服务人员增强感情的表达，起到锦上添花的作用。其基本要求是：庄重含蓄、彬彬有礼、优雅自如、规范适度。

（1）手势的礼仪规范。手势是国际交往中用得较多的动态语言，因此在使用手势时，应符合国际规范、国情规范、大众规范和服务规范，才不会引起交往对象的误解；使用手势时要注意区域性差异，在不同的地区，人们使用的"手语"会有很大差别；公关人员的手势宜少不宜多，动作幅度也不宜过大。旅游服务人员在使用手势时还应避免使用不恰当的手势，如：指指点点、随意摆手、端起双臂、双手抱头、摆弄手指、手插口袋、搔首弄姿、抚摩身体等。

（2）常用的手势。旅游服务人员常用的手势有以下几种。

① 引导手势。多用于介绍某人，或为宾客引路指示方向时。引导时，五指伸直并拢，掌心斜向上方，腕关节伸直，手与前臂形成直线，以肘关节为轴，弯曲140度左右，上身稍倾，面带微笑，以眼神关注目标方向，并兼顾宾客。

② 握手。握手是见面之初常用的手势。握手时首先走近对方，由地位高者向地位低者先伸手，右手向侧下方伸出，双方互握对方的手掌，目视对方，握手时力量适中，时间以3至6秒为宜，尤其是与女士握手时，更应注意时间不宜过长。

③ 鼓掌。主要用于欢迎宾客到来，他人发言结束或观看比赛演出时。用右手手掌拍左手掌心，力度和时间视当时情况灵活变化。

④ 递接物品。递送物品时，应用双手或右手递送，切忌用左手递接；递接过程中，应为对方留出便于接取物品的地方；带有文字的物品递交时，以正面朝向对方，方便对方阅读；带尖、刃或易于伤人的物品递接时，应使尖、刃朝向自己或别处。

⑤ 展示物品。展示物品时，将被展示物品放在身体一侧，正面朝向观众，并举到一定高度，不能挡住本人头部，注意展示时间，观众多时，还应变换不同角度，方便观众观看。

⑥ 举手致意。举手致意多在打招呼、道别或引起他人注意时使用。举手致意时，目视对方，全身直立，面带微笑，手臂上伸，掌心向外，同时配以"您好""再见"等礼貌用语。

6. 表情礼仪

表情是指通过人的面部形态变化所表现出来的神情态度，来表达人的内心思想感情。其基本要求是：谦恭、友好、适时、真诚。旅游服务人员常通过眼神和微笑来表达内心丰富的情感。

（1）眼神。眼睛是心灵的窗户，因此，旅游服务人员应掌握眼神的有关礼仪，懂得合理、适当地运用不同眼神来帮助表达情感，促进人际沟通。

注视的部位。注视对方的双眼表示对对方全神贯注，或洗耳恭听；注视对方的面部常用于与对方长时间交谈时,最好是对方的眼鼻三角区,以散点柔视为宜;注视对方的全身适用于与对方距离较远时。

注视的角度。正视对方是一种基本礼貌,表示重视对方;平视对方表示双方地位平等,不卑不亢;仰视对方表示对对方尊重、信任。

旅游服务人员与宾客进行交流时,忌用冷漠、傲慢、轻视的眼神;不得左顾右盼、挤眉弄眼;不可白眼或斜眼看人;不可长时间盯着对方,尤其是女性;不可上下打量别人,含有轻视的意味;不可心怀敌意,带有挑衅性地盯视。

(2)微笑。微笑是旅游行业最基本的礼仪要求,是运用最广、最具魅力的一种形式。美国喜剧演员博格说:"笑是两个人之间的最短距离",美国沟通学家卡耐基的"被人喜爱的六个秘诀"之一就是"用微笑对待他人"。微笑在传达亲切温馨的情感、有效地缩短双方的心理距离、增强人际吸引力等方面的作用显著,因而在服务行业,微笑服务尤其受到推崇。在旅游工作中,微笑是最富有吸引力、最有价值的体态语。微笑能强化有声语言沟通的功能,增强交际效果;微笑还能与其他体语相结合,代替有声语言的沟通。

微笑作为一种表情,不仅是形象的外在表现,也是人的内在精神的反映。不仅有助于营造和谐、宽松的社会氛围,还有助于保持积极乐观的心态,进而利于身心健康。

① 微笑语运用技巧如下。

A. 掌握微笑要领。面含笑意,嘴角微微翘起,嘴唇呈弧形,在不牵动鼻子、不发声、不露齿的前提下,轻轻一笑。还可借助于一些单词如:"茄子""Cheese"等,达到最佳的微笑效果。

B. 注意整体配合。微笑是面部各部位的综合运动,整体协调的微笑应该是目光柔和发亮,双眼略微睁大,眉头自然舒展,眉毛微微翘起。

C. 力求表里如一。微笑应该发自内心,需要和良好的心境与情绪相配合,才能表现出亲切、自然、大方、真诚的笑容。

D. 兼顾具体场合。旅游服务人员在微笑时,还应注意具体的场合,不能任何时候都以微笑面对宾客,必须注意对方的具体情况。如宾客有某种缺陷时、宾客出洋相时、宾客满面哀愁时或其他比较庄重严肃的场合,都不适宜微笑。

② 微笑语的锻炼如下。

A. 微笑语的动作技术性练习如下。

- 一般微笑是嘴角挂着一丝笑容的状态,基本做法是面部肌肉放松,两边嘴角向上略微提起,不露齿,不出声。
- 练习双颊肌肉向上抬,嘴角外拉上翘,口里默念普通话的"一""茄子"或英文单词"Cheese"、英文字母"g"等。
- 训练眼睛的笑容。面对镜子,用一张厚纸遮住眼睛以下的脸部,想象美好的情境、回忆快乐的时光,使笑肌抬升收缩,嘴两角上翘,做出微笑的口型,然后面部肌肉放松,眼睛随之恢复原状。这样经常反复练习,达到自我感觉最佳的状态为止。

B. 微笑内在情绪的自我调节。首先要培养敬业、乐业的思想,勤奋进取、勇于奉献的精神,热情助人、乐于服务的高尚职业情操,以积极进取的态度对待工作。其次,自尊、自信,培养乐观开朗的处事态度。此外要加强心理素质的锻炼,增强自控力。每个人不可避免都会有烦恼和痛苦,但是这种情绪不要带到工作中去。

第二节　公关人员的礼仪修养

个体形象的优劣取决于两方面,即内敛的精神、修养和外显的气质、风度。前者是指个体本身的道德、学识、技艺、人生道理等方面,通过学习磨炼及陶冶,而逐渐形成的个体素质和能力,也可称之为人格魅力,这是个体形象的核心。修养与外部环境的结合(和谐)就形成了个体的气质、风度。奥地利著名精神分析学家弗洛伊德认为,人是由本我、自我、超我三个类型构成,本我是无意识层面的,不受理性约束,没有礼仪道德准则,只根据唯乐原则满足本能需要;自我是有意识的,且很大程度上是与环境相互作用的产物;超我是理想的自我,来源于社会(主要是父母)的道德引导、理想吸引,实际上是父母的道德价值在自己内心的化身。礼仪就是由自我和环境相互作用的产物,由超我强化而成的。从中也不难看出,影响个体礼仪的关键就是自我,即自我觉悟、自我意识及自我道德观。

一、素质要求

1. 品德修养

"君子以德服人","德"是为人之本。法国启蒙思想家孟德斯鸠说:"品德,应该高尚些;处世,应该坦率些;举止,应该礼貌些。"品德是公关礼仪人员的核心素质要求。这里又包括优秀的个人品德和良好的职业道德两部分,其中,品德是指人的品质与道德,是人们在长期社会活动中逐步形成的。优秀公关礼仪人员应具备哪些品德呢?

(1) 真诚。讲究以诚待人,以诚相见,心口如一;对朋友投桃报李,不求锦上添花,但能雪中送炭;宁可人负我,不可我负人。实际上也只有真心相对才能让他人感受到你的真情,反之表里不一,阿谀奉承,缺乏诚意的沟通,即使在礼仪形式上做得天衣无缝,也难获对方的真正信任。

(2) 公正。视所有公众为你的朋友,一视同仁,不以衣貌取人,不以地位取人,更不能厚此薄彼。在个人利益与组织利益相矛盾时,能义无反顾地放弃个人利益,当组织利益与公众利益相冲突时,应全力兼顾双方利益,力求双赢,不能将组织利益的获取建立在对公众利益损害的基础上。

(3) 热忱。公关礼仪人员应蕴含火一般的热忱,使人感到温暖亲切。热忱能迅速弥补人际交往距离,使他人产生一种被吸引感,尤其是在一些公众场合,主动热情地结识新朋友,更能显示自己的人格魅力。当然这里的热忱建立在真诚公正的基础上,而不是虚情假意应付式的热忱。

(4) 宽容。即要学会容人,要有宽广的胸怀,尤其是在随时面对着各种思想不同、性格各异、志趣不一的交际对象时,对对方的误解甚至无礼要有气量,宽大为怀。同时也应允许不同观点的存在,求同存异,允许别人保留不同意见。

甘地曾经精辟地指出:"假如我们大家都把'以眼还眼,以牙还牙'作为生活的准则,那么人就要变成'瞎子'了。"从根本上来说,宽容是有力量的象征,坚强的表现。它以爱为动力,去打破"坚冰",驱散"乌云",迎来和煦的"春风"。一个不肯原谅别人的人,就是不给自己留有余地,要知道每个人都有犯过错需要人们原谅的时候。宽容之所以被大力提倡,就因为它是一种治愈精神创伤的"灵丹妙药"。

众所周知,马克思和恩格斯之间有着长期纯洁高尚的革命友谊,他们生死与共,相依为命。然而他们之间也曾因交际失误引起过感情冲突。

1863年1月6日,恩格斯的夫人玛丽·白恩士去世,这对中年的恩格斯造成了极大的精神刺激。1月7日一早,精神极度紧张和沮丧的他立即将这一噩耗告诉了马克思。马克思在接到恩格斯这封信的时候,自己家里的状况也十分令人心焦,经济的拮据正困扰着这个家庭。虽然他心里也非常同情恩格斯,但异常苦恼的他在回信中竟然没有给因失去妻子而痛苦万分的恩格斯以应有的体贴和安慰,只是在这个问题上轻描淡写了几句就笔锋一转,滔滔不绝地谈起了自己的事情。他谈及自己家庭的经济危机,要求恩格斯寄一笔钱给他。恩格斯接到这封信时玛丽还没有下葬,读信后他大为失望。沉思一星期后他回信道:"我的一切朋友包括相识的庸人在内,在这种使我极其悲痛的时候对我表示的同情和友谊,都超出我的意料之外,而你却认为这个时刻正是表现你那冷静的思考方式的卓越性的时机,那就听便吧。"他们之间的伟大友情大有一触即溃之势。

马克思接到恩格斯的来信后感到了深深的内疚,他立即写信给恩格斯,诚恳地检讨了自己的过失和疏忽:"从我这方面来说,给你写那封信是个大错,信一发出我就后悔了。然而这绝不是出于冷酷无情,我的妻子和孩子都可以做证。我收到你的那封信(清晨寄到的)时极为震惊,就像我最亲近的一个人去世了一样。而到晚上给你写信的时候,则是完全处于绝望的状态之中。"通情达理的恩格斯接信后马上回了信:"不过不要紧,你最后的这封信已经把前一封信所留下的印象消除了,而我感到高兴的是,我没有在失去玛丽的同时再失去自己最老和最好的朋友。"

于是,一对好朋友又握手言欢,和好如初了。

(5)无私。俗话说,心底无私天地宽,在平时生活中我们经常会遇到许多烦恼,细究其原因,有相当一部分是自己心底的"私"字在作怪,是它让你拿不起、放不下,也是它让你在个人与组织、自己与他人、名利与成功之间惶恐不安,一旦悟通这个道理,思想境界就会上升到一个新的高度,学习、生活、工作会更加光明磊落,也能正确地把握自己行动的方向。

品德是对一个人思想品质和人际关系处理能力的全面要求,品德高尚的人,必定是深明大义、胸怀广阔、深谙事理的人,既能坚持自己的立场,又能顺应社会环境要求,明辨是非、弃恶扬善、以礼待人、以理服人,也只有这样才具备公关礼仪人员的合格素质。

2. 能力素质

公关人员要求具有较高的能力素质,如思维能力、领导管理能力、写作能力、与人交往并使对方信任的能力、表达能力、创造能力、传播能力、幽默感等。

(1)思维能力。要求公关人员具有较高的政策分析水平和对新情况、新问题的敏感性,提高发现问题的思维能力、推理预测的思维能力、协调关系的思维能力及角色转换的思维能力。

《晏子春秋》中记载着一段晏子出使楚国的故事,表现了他非凡的应变能力:晏子出使楚国,楚国人觉得晏子个子矮小,想羞落他,就让他从大门旁的小门进去,晏子不干,说:"出使到狗国的人才从狗门进,现在,我出使到楚国,不该从这个门进。"接待他的人只好打开大门让他进去了。

见到楚王,楚王想羞辱晏子,就说:"齐国没有人了吗?怎么派你来呢?"晏子马上回答说:"齐国人多得很,只不过我们齐国派遣使臣,各自都有所担负的使命,他们之中的贤明的人被派遣出使到有贤明君主的国家,不贤明的人被派遣出使到有不贤明君主的国家,我晏婴是最不贤明的,所以适合出使到楚国。"

(2)领导管理能力。要求公关人员具备企业家的战略眼光和组织主体各个职能部门、各生产业务环节、保持畅通的信息交往,了解产品和服务、内外部环境变化、同行、竞争对手的情况,真正起到决策参谋作用。公关人员还要提高组织协调能力,因为组织、筹办各种公关活动是公关人员的经常性工作。

(3)写作能力。编辑写作是公关工作的一个重要方面,公关人员要编写各种宣传资料以沟通内外公众,要撰写具有发表水平的新闻稿以供新闻媒体选用,要汇编公关情报通报、各种总结、简报,要草拟各种报告、演讲稿等,都需要公关人员具有较强的写作能力。

(4)与人交往并使对方信任的能力。要求公关人员具有广泛的兴趣爱好和随机应变的才能,了解并遵循各种社交场合的礼仪规范要求。

(5)表达能力。对语言体系自身可利用的各种技能性有所通晓和把握;把握语言运用的具体环境、特点并能及时适应,具备实际表达才能。

(6)创造能力。公关工作是有计划、有步骤的活动,而公关活动的新颖独创、别出心裁则会使其成效大增,也会使其因具有较高的新闻价值而成为新闻"主角"。

(7)传播能力。了解大众传播、人际传播的优劣,合理利用传播技巧,使公众对传播的信息充分理解和接受,也是公关人员应具备的能力。

(8)幽默感。曾经有调查机构访问了数千名女士,问其心目中理想男士的标准是什么,在候选的十多条标准中,"具幽默感"这一条在问卷中居榜首。俗话说"一句话可以把人说得跳起来,也可以把人说得笑起来",如果我们在日常生活中能做到谈吐幽默风趣,使他人觉得因为有你而开心、快乐,并能从你身上得到启发和鼓励,你就会成为一个交往核心,一个人人都喜欢的"开心果",自然你的"人和"状态就会很快建立起来。

3.文化素养

公关礼仪人员要经过相当程度的文化教育,并非仅仅是一个"好人""知礼之人"就够了,而应该有一定的文化涵养和较广博的知识。文化涵养是思维的基础,也是掌握公关技巧的基础;从搞好公关礼仪工作所需知识范围来说,广博的知识包括语文写作知识、新闻编辑知识、广告学知识、美学知识、心理学知识、传播学基础、营销学知识、管理学知识、礼宾知识、艺术修养,并懂一到几门外语。有了这些,公关礼仪人员在实际工作中,就能写,会说,什么人都能交,什么工作都会干。反之,如果没有一定的文化知识,连写公关书信都不会,如何结交朋友、如何主动与人交往都有障碍,又怎么能胜任本职工作呢?

当然,知识重在灵活运用,否则即使拥有几张文凭也无济于事,这里我们更看重的是掌握知识并运用知识的能力。先贤子夏有云："贤贤易色,事父母能竭其力,事君能致其身,与朋友交言而有信,虽曰未学,吾必谓之学矣。"

二、优良个体修养的培养

你适合从事公关礼仪工作吗? 如果你热爱该项职业,那又如何能使自己的素质符合要求呢? 我们知道,优良的公关礼仪人员素质来自后天的培养与自身的努力,这也告诉我们,只要有志向、有目标,定能"心诚则灵""功到事成"。

(一)消除不良个性心理障碍

一些存在于公关礼仪工作者身上的不良个性心理倾向会严重妨碍正常人际交往,这是首先应注意的。

1. 自卑心理

在公关交往中,身材矮小、容貌丑陋、性格内向、不善言谈等,都会引发当事人的自卑心理。尤其是当他们面对着漂亮、身材修长的公关小姐、英俊潇洒的公关先生,看着他们自如而自信地与交往对象侃侃而谈时,更为自惭形秽,悲从中来。自卑心理源自心理上的一种消极的自我暗示,常常表现为对自我价值的否定,因而悲观、缺乏勇气,他们害怕被别人轻视与排斥,不敢表现自己,也不能自如地与他人交往,这样,往往会给公关工作带来负面影响。

实际上,外表是天生的。虽然外表会给你的人际交往带来一定影响,但绝非是决定性的,更何况自身形象的关键在于内蕴素质。晏子身高不满六尺却能说服六国"合纵";"二桃杀三士"的故事也告诉我们,空有堂堂外表又有什么用呢? 这就要求每个公关工作者,能扬长避短,培养自己的特长,展现独特的人格魅力。

2. 情绪障碍

每个人都有喜怒哀乐等情绪,有时候会高兴,有时候会沉闷不快,有时候会生气。把这些个人情绪带到公关工作中,就容易出现这样的情况:高兴时快人快语,不假思索;沉闷不快时一声不吭,把客人晾在一边;生气时遇见客人有求,态度生硬,甚至无理拒绝等,都会对公关工作产生不良影响。公关工作要保持稳定的情绪,安详、和蔼、愉快、平等地待人,不能为个人情绪所左右,而要学会调节、控制自己的情绪。

在个体交往中情绪互为影响,一旦导入情绪僵局,就很难扭转,所以我们提倡不将情绪带入工作中。踏入办公室时,先把自己的情绪调整到兴奋点,忘掉不快(可以在家里、在空旷处高喊几声,发泄一番)。遇见客人情绪低落时,要耐心劝导,切勿同病相怜抱头痛哭,而应在充分同情、同感的基础上,保持一份冷静心态,不能过于投入。

3. 社交恐惧

公关交往很多情况下表现为人际直接交往,而有些人缺少社交经验,在与人交往,特别是公众场合下露面时,会脸红、心慌、冒汗、浑身不自在。正是由于这种体验,使得有社交恐惧心理的人,在行动上竭力避免参加社交活动,回避出头露面的大型场合,显然不利于公共关系工作的开展。这就要求对社交存有恐惧心理的人,应自觉克服这种心理,在交往中不必过多地考虑别人会怎么看,解脱心理上的束缚;并注意学习各种待人接物的技巧,增强自信心；在交往前，对需要自己做的，应做好充分准备，包括仪表、言谈、举止等，这样才能有把握地进行交往。

记得疯狂英语的创始人李阳吗？他曾经是一个严重的社交恐惧者，还有口吃；戴尔·卡耐基是世界人际关系学权威，在踏入社会初期，因不善言辞、心理恐惧而找不到工作。对于一个初次踏入社会的人来说，社交恐惧是一种正常心理现象，关键是自己能保持正确的社交心态，树立"自我尝试、自我表露、自我推销"的观念；抛弃"个人本位、自我中心"的思想，宽以待人、助人为乐、热情主动、善待他人，培养自身健康的心理素质。

（二）优良个人修养的标志

1.培养开朗的社交性格

开朗、活跃、率直、热情是人际交往中较受欢迎的交际性格，你要成为交际的主动者，要让他人尽快熟悉你、了解你、喜欢你，就应该学会主动展示，当然这里也应注意因人而异、因地制宜。

（1）充满信心

你可能会说："我从小怕生""我不敢当众讲话""我说不好"。不！你实际上比自己想象得更强，在你身上有座尚未开发的富矿，只不过你束缚了自己，没有将其发掘出来。无数事实证明，成功者在凯旋之前大都自信必成，这种信念给予人神奇的力量，使其百折不挠。

可以说自信是成功的钥匙，只要你已准备充分，只要你已具备了一定的素质，掌握了公关礼仪基本规范，你就应相信自己一定能成功。

（2）掌握风格

言语有各种风格：大众的风格、艺术的风格、科学的风格和机关的风格。你的风格多半由生活环境决定，但在面对不同的交谈对象时，你应该适当选择，正所谓在什么山上唱什么歌，你应事先了解参与活动的对方是哪一类层面的公众？什么性格？爱好如何？他们所习惯的表达方式是什么？再有针对性地采取"讨公众喜欢的"风格，成功的希望就大了许多。

（3）扬长避短

每个人都有自己的言语优势：有的以思想性取胜，说话富于哲理，含义深刻；有的以逻辑性取胜，层次分明，条理清晰；有的以情感取胜，富有感染力，以情动人；有人则以声调取胜，抑扬顿挫，引人注意。你应当了解自己的特长，发挥自己的优势。平时的知识积累很重要。如果对方是一个性格豪爽者，善于主动表达，你就不妨做一个聆听者，仔细分析他的"话外音"，对于对方表达得不完善处和纰漏，可在适当时间以适当方式指出："您讲得太好了，我也这么想，但我觉得……您说呢？"既显示自己的力量，也可以避免对方因你是一个"听众"而轻视你。

（4）事先预演

语言表达能力、演讲才华都不是生来就拥有的，需要平时的刻苦训练，可以对着空旷地大声地喊出你想说的（旁若无人）；也可以找几个朋友听你讲故事；或者参与同人的辩论会，逐步培养自己在公众环境不怯场的心理。可以使用这样的训练方法：每次读报，把最重要的或最有趣的消息告诉一两个人；跟三四个人谈家常；和朋友讨论一下共同感兴趣的电视节目和电影、戏剧。到月底检查一下执行情况,看看自己的表达能力是否提高了。如果提高了,再进一步训练"独白"能力、即兴讲演能力;如果提高得不多,就要继续训练复述和随机交谈的能力,鼓足勇气去实现这个计划,你的表达能力一定会迅速提高。

2. 把握合理的交往尺度

公关礼仪交往中一个很重要的问题,就是交往尺度的把握,所谓"当止即止,过犹不及",热情过分了,对方会烦你;话太多了,"语多必失",也令对方不快,为此要注意下列几方面。

(1) 自尊,也要尊重他人。自尊是可贵的,但在社交中不能只尊己而不尊人,应把自尊和尊人统一起来,应具有有礼有节、不卑不亢的风范。

(2) 信任但不轻信。信任对方是获得对方信任的前提条件,但是信任要有一定限度,切忌轻信盲从,否则往往上当受骗,正像俗话说的:害人之心不可有,防人之心不可无。

(3) 表现自己但不贬低别人。社交中适当表现自己是完全应该的,但若清高自负,有意贬低别人,就会使社交变得失去意义。记住:社交是广交朋友,不是竞争,更不是"斗牛"。用矫饰的表情、夸张的动作来表现自己,更会令人反感。

(4) 坦诚但不粗鲁。与人交往需要坦诚,但坦诚不等于粗率,信口开河,哪怕对方是个徒有其表、举止粗鲁的人,你也不能拂袖而去,更不能直言相斥。

(5) 谦虚但不虚伪。谦虚是人类的美德,谦虚使人进步,也能讨人喜欢,我们不是常用"谦谦君子"来赞扬一个人吗?在人际交往中适当的谦虚更易赢得他人的尊重,但谦虚要有度,否则就变成虚伪了。

(6) 活泼但不轻浮。谈吐幽默风趣,举止愉快活泼是交往的良好触媒,尤其在一些陌生的社交场合,相互间不熟悉容易冷场,能以幽默风趣的语言引出话题活跃气氛,最能引起他人的注意与好感。但活泼不是轻浮,不能在社交场合随意表现出轻浮、庸俗的行为。如漠视身边上年纪的长辈,却故意找年轻女性搭话;众人都在静静等待或悄悄商议,你却旁若无人,大发议论;随意迟到、早退主办方盛情相邀的社交活动。

(7) 严以律己又善待别人。对自己要高标准严要求,对别人则要宽宏大量,人敬我一尺,我敬人一丈。甚至在一些社交场合,你可以容忍他人的不礼貌举止,谅解别人的失态,但自己则须保持一分理智、一分清醒和一分谦和。

这里要指出一点,即不要牺牲原则去讨好别人,更不必献媚、阿谀奉承。帮助人、理解人、谅解人都是应该的,但为了讨好别人而故作姿态是毫无必要的,社交活动是广交朋友,但朋友必须平等相待,无原则的退让、牺牲也不是交友之道。

把握合理交往尺度的关键是要学会"察言观色""随机应变",要随时注意交际环境的冷热变化,关注其他参与人的神色,特别是眼神,正所谓"眼睛是心灵的窗户",仔细观察你就能从对方的眼神、举止中读出他(她)在想什么?兴趣转移了没有?使你能主动保持社交环境的良好气氛。

3. 显示良好的自我修养

许多良好的修养行为我们会在后面结合具体仪容、仪表及仪态分别介绍,这里介绍心理学家所推荐的一些常用的交际要点。

衣着要整洁大方、得体，与你本人身份和所参与的社交环境相吻合。衣冠不整本身是对主人的一种不礼貌行为。"首创科技"董事长刘小光先生曾说过这样一件事：创业初期他带了一个部下去中国香港融资，在进入对方大厦时，发现穿着还不够档次，与一个要去融资数亿元的老总身份不配，怎么办？他和下属把身边所有的钱都掏了出来（大概一万余港币），买了一套西装，再进去拜会客户。

言行举止要讲文明礼貌，不要以为是"小事"而不在乎。互敬才能互爱，人际交往最看重的就是这类不是"小事"的"小事"，因为你的言行举止都在传递给对方一种信息：我是否在乎你，我是否尊重你。

不要当众揭人短处，或讲别人忌讳的事情。社交也是一种"面子"之交，切忌让他人感到失"面子"，而记恨你一辈子。记住：真正的朋友是平等的，又是互敬的。

（1）不要不懂装懂。不懂装懂也是一种虚伪，是无知的表现，有时承认自己不懂，虚心向他人请教比被别人揭穿你的不懂装懂要主动得多，也有利得多。

（2）讲信用，守时间。诚信是礼仪的首要原则，不要轻易承诺，更不要随意表态，但一旦承诺了就应义无反顾地兑现，这就是诚信，也是你做人的价值。

（3）不要问不该知道的事情。要尊重他人隐私权，每个人都有权保留属于自己的秘密，有权拥有一片属于自己的净土，即使是最亲密的朋友也不应刨根问底。

（4）为人不要过分敏感。有时需要大智若愚，要学会"难得糊涂"，对于他人在背后议论与你有关的事情，只要不是需要去澄清的，一般就可当作耳旁风，随遇而安。记住：豁达的为人也是赢得尊重的一个有效手段。

（5）力戒有失风度的事。在任何社交场合都要保持一份外松内紧的心情，无论是谈话、聊天还是正式酒会，都要保持高度的清醒，你可以装糊涂，切不可真糊涂，公众场合的失态、失礼都是有失风度、有损自身形象的，应尽力避免。

（6）待人要亲切，要有人情味。这是礼仪真诚、热忱原则的基本要求，对方有困难应尽力帮助；对方有苦闷，如自己愿意，应给他倾诉的机会，必要时当一个好的聆听者，"与人交往情为先"。

（7）做事要光明磊落，堂堂正正，不要以卑鄙、狡猾的手段去达到自己的目的。"路遥知马力，日久见人心"，一个投机行为可能会换来一次成功，但不会永远成功，更主要的是你会失去最重要的"诚信"这个无价之宝。

（8）与人交往时，应客观、谦逊地表示自己的意见，不要固执。即使对方观点你完全不能同意，也不能"据理力争"，记住这是社交场合，不是谈判。实际上，谈判也讲究"利益"之争，而不是"面子"之争。

（9）勇于承担责任。错了就应立即承认，并主动道歉，勇于承担责任，可以很快让对方谅解，避免不必要的误解和麻烦，找借口为自己的错误辩解，只会增加别人的不满和反感。

（10）珍惜对方的时间。时间对双方都很宝贵，现代信息社会的快节奏更要求我们惜时如金，办事拖拉，谈话无边无际，都不符合现代人际交往的要求。当然这里并不是说，除了办正事就不能说其他的话，不做其他的事了，与人交往必要的聊天或办闲事还是需要的，它能培养双方的感情，消除陌生感，能为下一步办正事提供条件，这其实也是正事，关键是要把握度。

4. 要拘小节

在公关礼仪交往中，人的修养往往反映在那些不太引起自己重视的小节上，事实上，也往往有人因为不注意某些小节，致使自己的良好形象毁于一旦，"阴沟里翻了船"。"不拘小节"是一句中性语，褒义上指这个人大大咧咧，比较随和、直率；贬义上则指这个人缺乏修养，太粗鲁。在注重礼仪的社会里，不注意小节的人是不受欢迎的。

当有人来单位找某位同事时，来人走后，如果该同事不向你介绍来人，就不要询问他（她）是谁。同时也不要谈论来人的长相、言行、穿戴等。

当接到别人给同事打来的电话时，如果其本人在，就不要打听对方是谁，在哪个单位工作，应立即请本人接电话；当他们对话时，不要在旁边有意倾听，等挂上电话后，也不要追问对方是谁，说的什么事，这属于隐私，外人无权干预，除非对方主动告诉。

当对方在写私人信件时，不要在一旁走来走去，或打听给谁写信等；如果对方刚接到寄来的信件拆看时，不要凑过去，更不要问："谁写来的？什么事？"

当路遇熟悉的人正与其他人散步或攀谈时，与对方打完招呼后，不要长时间唠叨个没完，更不要询问有关情况。

当要挽留客人或朋友时，千万不要以扣留他人的行李或车锁、钥匙等来表示自己的好意，这样会适得其反。很明显，只要你是真诚相邀，对方如无其他要紧事务，一般都会允诺，除非他有不能说的苦衷或其他想法（如对你身边的人有成见），这时最好顺其自然。

当出差办事到了该吃饭的时候，不要突然赶到朋友家中，因为这样会打乱对方的饮食计划，使其措手不及，除非是非常亲密的朋友。因为对方的饮食也属个人隐私，贸然上门会让主人觉得狼狈。

上班找领导汇报工作时，应事先电话请示，同意后方可进入，不能随意闯入，而且汇报的内容要有所准备，不可想说什么就说什么。

上下班遇到同事时应主动打招呼，互致问候，哪怕曾在工作中闹过不快也应放得下，礼多人不怪。

有客来访，应先打招呼、问好，手头确有急事也应请客人先坐下，并表示歉意请他稍等，切忌不理不睬，对方向你主动打招呼了，你也只是随便"嗯"一声，头都不抬。

与客人交谈时，身体应坐直，不能摇晃着说话，更不能脱下鞋子，露出光脚。古人匆匆迎接客人时还要"倒屣相迎"，在国内，边说话边脱鞋是对客人的极不尊重。

上门拜访时，有烟瘾者请事先留意一下，对方家里是否允许抽烟；同样，有女士来与你会晤，你也应事先问一下："我能抽烟吗？"

与异性交往不可直视对方眼睛或一些敏感部位，以免引起对方紧张和不自在。

在酒宴上敬酒时，应注意就座者身份及年龄，做到上下有序、长幼有序，不能随心所欲。

众人一起闲聊为融洽气氛，可以讲一些幽默、风趣的小故事、短信息助兴，但千万注意不可有所指向或带有黄色成分，尤其是在座中有长者、领导和异性的时候。

总之，良好的公关礼仪修养是公关礼仪人员优良素质的体现，也是公关礼仪工作能否正常展开的基础。

第三节　公关人员的职业素养

公共关系活动是一项复杂、艰巨的系统工程。公关从业人员的舞台是全方位、多角度的,能否在纷繁复杂的社会关系网络中应付自如,创造性地开展公共关系工作,在很大程度上取决于公共关系人员的职业素养。"向阳花木易为春",只有具有较高的素养,才能更好地开展公共关系礼仪活动,实现公共关系目标。

一、成熟的人格形象

成熟而健全的人格是认知、情绪、价值、信仰等因素整体良好的产物,它着眼于身心系统的平衡和调适,涉及诸如性格、举止、风度、品德、心理等方面。美国一位心理学家曾对1500个智力超常儿童进行了多年的跟踪考察,最后发现成功者和失败者的智商(IQ)不相上下,导致他们事业产生巨大反差的是性格、情感、意志、自我意识等非智力因素——情商(EQ)。EQ能力是人格能力的一个重要部分,它包括个人对自身心理能量的支配和整合。一个成功者知道如何调适自己的情绪,如何设身处地根据自身的经历体验,通过观察判断而认知他人内心的情感体验,知道如何建立良好的人际关系以及培养自发的心灵动力等,有自知之明和有知人之智,方能于人际沧海中脱颖而出。美国心理学家奥尔波特的研究表明,在陌生人群中,初次见面最具吸引力的是人良好的个性特征。正如另一位心理学家马斯洛所言:"也只有当人成为更纯粹、更个别化的他自己时,他也就更能够同世界融合在一起。"最有特征才最具吸引力,良好的人格形象是一个人外秀内慧的统一,是一种无形资产,从而成为人际吸引的重要资源。

作为一名公共关系人员,每天要与各类社会公众打交道,与社会各界联系沟通,言谈举止、待人接物、处世方式等,无一不在展示公关人员的自身形象。成熟、自信、稳健、热情的人格形象,能给公众留下深刻而美好的印象,产生好感,并形成"晕轮效应",进而有助于公共关系人员顺利地开展活动。相反,胆怯、冷漠、孤僻、自私等不良个性,不仅无助于公共关系人员形象的树立,也不利自身的心理平衡,更无助于从事公关传播沟通工作。公共关系人员的人格形象应表现为以下几点。

1. 充满自信,开朗健谈

自信是一个公关人员人格形象的核心,也是人的气质所在。充满自信的公关人员能在任何情况下应付自如,敢于面对生活工作中的任何挑战,不骄不躁,凭借智慧与经验,圆满完成各项任务。正如法国哲学家卢梭所言:"自信心对于事业简直是奇迹,有了它,你的才智可以取之不尽、用之不竭。一个没有自信心的人,无论他有多大才能,也不会有成功的机会。"

自信心的培养与树立,首先应表现为在任何社交场合始终保持不卑不亢的良好心态。在强者面前不自卑,在弱者面前不傲慢,绝不会因自己的阅历、地位或其他条件胜于或弱于他人而产生盛气凌人或卑躬屈膝的行为。其次,要通过各种社会场合,锻炼自己的社交能力,多与名人、长者接触,增强自我意识,消除胆怯心理。最后,言谈举止要落落大方,说话行事要充分表达出自信而又谦恭、热情而又稳重的精神风貌。

开朗健谈是对公关人员素质的又一要求。公关人员的从业环境和工作性质决定了公关人员必须具有开朗健谈、宽厚待人、性情幽默等特点。一方面,公关人员要注意与公众的感情交流,活泼善谈,尽快消除陌生感,使自己与公众之间建立一种平等、信任的和谐气氛。另一方面,公关人员应做个耐心的听众和说服者,善于听取对方的建议。为此,善解人意和宽容他人是公关人员在从事公关活动中所不可缺少的。作为公关从业人员,在原则问题上应坚持立场,在非原则问题上应宽宏大量、不计小节。在尴尬的场合中,善于用幽默的语言调节气氛,缓解矛盾,消除隔阂;在冲突的环境中,能保持冷静克制的态度,妥善处理,化干戈为玉帛。良好的性格素质能够促使公关人员在处理复杂琐碎的事务中保持身心平衡,提高在交际场合随机应变的能力。

2. 真诚公正,品德高尚

"真诚公正,品德高尚"是对公关人员人格形象塑造的道德要求。作为公关人员,所体现出的形象应该是公正无私、光明磊落、不谋私利、讲究信用、以诚感人。公关人员与公众交往的过程是长期的,倘若以一时的夸夸其谈、弄虚作假骗取公众的暂时信任,达到了个人目的,久而久之,公众一旦明白事实真相,必然对公关人员失去信任,进而影响到组织的形象和信誉。

公关人员还必须具备高尚的道德品质,严格遵守职业道德规范,时刻注意维护组织形象,绝不能假公济私、以权谋私、行贿受贿、索取回扣。作为公关从业人员,应该以兢兢业业的工作态度和讲究信誉、诚实待人的可贵品质去获得公众的依赖,为组织创造更多的经济效益和社会效益。

3. 情绪饱满,精力充沛

公关工作是一项需要人们付出大量智力和体力劳动的艰辛工作,并非如某些人所想象的,整天徜徉在高级宾馆与美酒佳肴中。一个公关人员每天所要面临的工作可能是日常性事务处理,也可能是从事大型的专题宣传活动。在公关人员的时间表里,8小时工作制常常是不存在的,往往在一般从业人员下班回家或享受的时候,公关人员还在辛勤地工作,或招待客户,或加班加点为第二天开幕式布置会场、撰写讲稿。如此超负荷的工作量,没有充沛的精力和热情,是很难胜任的。为此,正确驾驭自己的情绪活动,在紧张繁忙的工作中保持健康的心理、充沛的精力,是公关人员提高工作效率的一个关键因素,是公关人员塑造自身形象的重要方面。

情绪饱满能使公关人员精神焕发,对工作投入热情,对事物的变化有一种敏感性,并随时根据客观环境的变化做出相应举措,工作中能充分发挥创造力和想象力,处变不惊,冷静、理智地处理突发事件。精力不足、萎靡不振、情绪起伏过于频繁,往往在公关活动中处于被动局面,不仅不会主动地开展创造性工作,还可能因情绪波动、失去理智而做出后悔莫及的事情。公关人员拥有饱满的工作情绪和热情,还能使其在与公众接触的过程中不断收集各种各样的信息,留心公众对组织形象和产品形象的评价,不断拓展工作渠道和活动范围,扩大组织影响。公关人员良好的情绪和工作作风,也深深影响着周围公众,成为他人评价公关人员以及组织形象的"窗口"。

为此,公关人员在注意控制和调节自己情绪的同时,要提高适应各种生活的能力,努力做到心胸豁达、宽宏大量,保持乐观和健康向上的情绪,遇到不顺心的事情善于排解、正确对待。面对一系列繁杂的工作事务,公关人员还应通过合理安排时间、计划行事,根据事情的轻重缓急着力解决问题,力求高效率,以腾出时间放松自己。另外,公关人员在与各类公众交往的过程中,应善于从中寻求工作的乐趣,享受与众多朋友相识、相交的乐趣,把工作当作人生的一大享受。总之,既要有敬业精神,又要有乐业精神,这样才能保持乐观、旺盛的精力和情绪。

4. 举止文雅,仪表端庄

"举止文雅,仪表端庄"是完善公关人员自我形象的外在要求。一个人的穿戴打扮、举手投足,不管是有意还是无意,总能反映出一个人的修养、习性、性格和爱好,也会给周围公众留下不同印象,是仪态大方、稳重、质朴,还是缺乏修养、轻浮、花哨。为此,公关人员在衣着打扮、举止风度方面必须注意客观效果。

二、完整的知识体系

完整的知识体系是公关人员整体职业素质的又一要求。公关人员知识体系的完善,需要掌握公关专业知识以及相关学科知识,包括个人运用自己的智力对知识加以吸收内化处理的环节。如同蜜蜂采蜜,要善于将各种知识有选择性地输入、储存、加工。相反,杂乱无章的知识堆积,将无助于公关工作水平的提高。

1. 公共关系的基本理论和实务知识

公共关系的基本理论是指导公共关系实践的法宝。它包括以下内容:公共关系的基本概念、定义及特征;公共关系的产生、发展史;公共关系的主要职能及其在决策管理中的作用;公共关系的工作原则和实施程序;公众的分类及影响方法;公共关系的类型及设置原则;公共关系从业人员的素质及培训等。

公共关系是一门应用性很强的学科。公关人员除了掌握基本理论之外,还应熟悉各种公共关系实务知识。公共关系实务知识包括以下内容:公共关系大众传播与人际传播的种类、特点及传播技巧;公共关系调查分析的方法与步骤;公共关系策划知识;公共关系评估途径与方法;社交礼仪常识;撰写公关文书的技巧;演讲的运用;专题公关实务活动的选择与开展;几种常见的行业公共关系等。

2. 公共关系的边缘学科知识

公共关系是一门新兴的边缘学科,而且是"聚合型"的边缘科学。因此,它与众多学科之间有着极为密切的相关性。认识和了解公共关系学与其他学科之间的相关性,不仅有助于扩大知识面、开阔眼界,还能加强对公共关系本身更深层次的理解和认识。

与公共关系密切相关的学科有以下几类:现代管理类学科,包括管理学、经济学、市场学、营销学等;语言文字类学科,包括中文写作、新闻学、英文等;社会科学类学科,包括社会学、心理学、法学等;传播学类学科,包括传播学、媒介学、广告学、动作语言学、组织环境学等。

3. 有关组织自身的知识

不管是公关部还是公关顾问公司,在从事公关服务活动中,都必须对自己所属组织或所服务的组织做全面的了解:组织的从业性质、生产方式、服务特点;组织的长远发展目标和近期工作目的;组织自身的发展史;目前的运作情况;竞争对手的实力;组织内部员工的文化素质;现有的生产能力……对组织情况了解得越多,越能客观全面地分析问题、解决问题。相反,对组织情况一无所知或一知半解,公关人员就很难做出符合客观情况的结论和决策。

4. 开展特定公关工作所需要的专业知识

开展特定公共关系工作所需要的专业知识,主要是指公关人员在工作中时常会根据环境变化和工作需要,从事某些特定公共关系活动。例如,处理某化工厂与所在社区间因环境污染问题而造成的纠纷,必然要涉及一定的环保知识和某些化工知识;开展某些特定行业的公共关系,包括政府公关、军队公关、银行公关、邮电公关、铁路公关等行业,也需要掌握相应行业的专业知识。这样有助于提高工作效率,获得良好效果。

三、全面的能力结构

能力,是人们通常所说的"才能"或"本事",即人们运用知识和智力成功地进行实际活动的本领,是人的基本素质和智力因素在各种不同条件下的综合表现。公共关系人员应具备多方面的综合能力。

1. 组织协调能力

公关工作是一项有计划、有步骤的活动。公关人员在从事每项公关活动时,需要做大量的事务性工作:搜集整理有关信息;制订相应的计划;协调各方面人员负责实施;组织领导每一项具体活动;随时控制整个工作过程;及时进行调整和修正;处理应急事件……诸多千头万绪的繁杂工作,要求公关人员必须具备较强的组织协调能力,尤其是在一些重大的专题活动中,更需要做到计划周全、安排合理,以保证活动有条不紊地进行。

组织领导及协调能力的培养是多方面的。首先,要掌握与人合作的工作方法,善于听取别人的意见,注重调动和激发下属的积极性,人尽其用,充分发挥各自的才能。其次,判断和决策必须果断明确、指挥有方,同时善于协调各方面的关系,同心协力,共同致力于公关目标的实现。再次,应熟知一些常见活动的组织方法。比如,主持会议的程序;搞专题活动应做的筹备工作;处理应急事件应注意的事项……只有熟练掌握公共关系的工作技巧与方法,才有可能充分发挥组织协调能力,否则将事倍功半、效率低下。

2. 表达传播能力

表达传播能力主要是指口头表达与书面表达两大能力。能写会道是公关人员应该掌握的两项最基本的传播技巧。

公关人员在工作中,常常要撰写通讯、新闻稿件,拟订工作计划与活动方案,编纂企业简报和年鉴,撰写公文、贺词、柬帖、通知等公关文书。因此,公关人员必须具备良好的文字功底和写作技巧。这就需要熟练地掌握一些常用文体的书写形式和撰写技巧,文字表达的准确性、简洁性、生动性等规律,力求在全面、客观、真实的基础上,突出重点,加强趣味性和可读性,吸引各类社会公众,达到传播的目的。

口头语言表达能力要求公关人员必须掌握说话的艺术。公关人员与公众接触的机会较多,应充分利用一切交际场合,发表适时适地的演说,向社会公众传播信息、沟通感情、施加影响,使公众建立起对本组织良好的信誉和形象,为组织发展创造有利的舆论环境。为此,公关人员应充分掌握说话技巧,注意词语、语气、节奏的运用,把握好说话的分寸和时机,并利用"动作语言"传达感情、表露心绪,从而提高自身表达能力和传播效果。

3. 策划创新能力

公关活动讲究借势、造势、融势。公关人员要根据环境的态势、企业的要求,设计出新颖独到、令人耳目一新的公关活动,才能引起公众对企业及其产品的关注。这就需要公关人员具有较强的策划创新能力。

公关人员的策划创新能力表现在以下几个方面:首先,善于根据收集到的信息,策划出能够使公众广为关注的公关活动,并使这一活动成为社会的热点。其次,善于在别人看似平淡之处找出奇特之点,并策划出相应的公关活动。最后,能够在危机公关中找出机会,制造"公关新闻",使企业转危为安。

公关人员只有在公关活动中具有策划创新能力,才能使公关工作富有新奇感和挑战性。

4. 社会交往能力

企业公关人员必须从一点一滴做起,不断培养和提高自己的社交活动能力,注意自己的仪容仪表和言谈举止。为此,公关人员要善于理解他人、宽容他人,细心体察不同公众的行为及心理特征,能在尴尬的场合中保持愉快、幽默的心境,并能主动打破僵局,化干戈为玉帛。充满自信、友好、轻松的微笑,是公关人员良好形象的外在体现,也是人际吸引的重要因素。同时,熟知人际交往中基本的礼仪常识和社交技巧,如接待客人、赴宴、出席会议等礼节,也是公关人员社交能力形成的必备知识。另外,公关人员还应培养自己多方面的爱好和特长,包括书法、桥牌、交谊舞、棋类、烹调、集邮,等等。这不仅有利于公关人员陶冶性情,而且有助于在交际场合充当与各类公众沟通的"桥梁"。

第三章　涉外礼仪

国际性交往活动中,无论是国家间的交往,还是民间往来都存在着一个礼仪问题,但礼仪的地域性特点又影响到礼仪在不同国家、不同地区的不同规范要求及不同使用方法。这就需要了解世界各国的礼仪标准,同时遵守国际礼仪惯例,尊重对方礼仪习性(做到互相理解、互相尊重),以便更好地开展对外交往工作,维护我国"礼仪之邦"的自身形象和国家尊严。

第一节　涉外礼仪概述

一、涉外礼仪含义与渊源

1. 涉外礼仪的含义

涉外礼仪是指国家或个人在对外交往和涉外工作中,在维护国家及个人形象的前提下,所执行的向交往国或个人表示尊重、友好与礼貌的礼仪规范。

涉外礼仪是在长期的国际交往中逐步形成的,属于国际通行的一种专用性礼仪规范。

涉外礼仪按主体不同可分为外交礼仪(即国与国之间)和个人涉外礼仪两部分。相比较而言,前者的礼仪规范要求更严、更细,在礼节、礼貌各方面要求也更高。

外交礼仪是指外交活动中一整套交往的仪式标准与程序、行为的礼仪规范与准则。其中外交官是具体礼仪规范的实施者和代表者。古希腊演说家德漠斯芬曾说过:"大使没有战舰,没有重兵,没有碉堡,他的武器就是语言和机遇。"这段话较深刻地揭示了交际能力在外交礼仪中的作用。外交礼仪的主要作用是维护每一个独立国家或地区的发言权和自由生活的权利。

2. 外交礼仪溯源

在古时候,各个国家的统治者为了维持相互间的和平关系,都会规定一些各国在国际交往中的言行举止准则,明确各国代表在进行官方接触时必须遵守的一种形式,以及国与国之间必须互相尊重的行为规范。

研究证明,世界上最早的一部关于外交礼节的书籍是大约公元前 2350 年在埃及写成的,其书名为《行为举止守则》。然而,有关此书内容的资料未能保存下来。

19 世纪末考古发掘出来的文献资料表明,人类历史上的第一份书面礼仪协议是由埃及法老拉美西斯二世(公元前 1304 年—公元前 1237 年)和赫梯(公元前 2000 年—公元前 1000 年小亚细亚东部和叙利亚北部的古代部落)国王哈图希尔三世(公元前 13 世纪前半期赫梯王国国王)于公元前 1278 年签署的。为了证实刻在长条银板上的文件准确无误,赫梯国王令人在银板的一面绘出自己同风神坐在一起的画面,而在另一面雕刻上王后同太阳女神在一起的图像。拉美西斯二世亦照此办理,如法炮制了刻有类似图像的长条银板。同时准备两份完全相同的协议文本,而后进行交换——这种习俗一直沿用至今,已成为国际交往中的惯例。

在人类文明史的前期,为了同其他国家进行正式的交往,古埃及挑选出了一批专职工作人员——使者。在古埃及的一份文件——《阿赫托之子杜阿乌给其子皮奥皮的训诫》中曾有这样一段记载:"在使者动身前往陌生国度去的时候,要为孩子们立下一份遗嘱,使他们不畏惧狮子和野蛮人……当他离开的时候,要在腰间挂上一块砖形物。""腰间的砖形物"就是用楔形文字刻写的表示使者拥有全权的一种黏土制的标志牌。

古希腊时期,为了同其他国家进行正式交往,让使者持有写在两张对折的卡片或标志牌上的委任状——外交文书。从那时起,"外交"一词就进入了日常生活。

在共和国时期的古罗马(指公元前509—公元前30年期间的罗马),派遣使者的仪式是庄严隆重的。使者通常以3人或10人为一批组成使者团派出去。这种多人使团中的每一名成员都得到一枚镶嵌宝石的金戒指。这枚戒指赋予他们免税运送行李物品出境的权利。在海上旅行时,使者们由军舰组成的仪仗护航队送行。

饶有兴趣的是,为了组织接见外国使者的仪式,古罗马还设立了一个专门的职位——"礼仪首领"。这职位颇像现在的"礼宾司长"。为了对外国贵宾表示尊敬,常常举行群众性的庆祝和娱乐活动。元老院要召开隆重的会议接见来宾并指定专门委员会同他们进行谈判。在客人动身回国时双方要互赠礼品,这些礼品常常价值连城。譬如,叙利亚国王安提奥克三世(公元前242—公元前187年)的使者给罗马带去的礼物竟是一只重达500磅的金质花瓶。

拜占庭帝国(公元395—1453年,东罗马帝国在中世纪史上的别称)高度发展和完善的制度给了中世纪国际交往的礼仪以重大影响。拜占庭帝国隆重豪华、大肆铺张地接待外国使者,其目的是要给外宾留下深刻的印象,使他们对拜占庭帝国的强盛深信不疑。外交礼仪有时被用于同自身的使命截然相反的目的——不是为了表达友好的情感,而是为了炫耀武力和优势地位。这种倾向以后在不同程度上为一些君主国家所承袭。

到了中世纪,国际交往中讲究礼仪的范围进一步扩大。不仅各国外交代表的相互交往日益频繁,而且王室成员、贵族、商人、学者和旅游的学生等各界人士之间的交往也日渐增多。在中世纪早期和中期,国际交往的礼节规范的倡导者是教会,而在中世纪后期则是巴黎、伦敦和欧洲其他一些国家的宫廷。

中世纪关于行为举止方面最著名的书是1204年出版的《教徒戒律》,此书是西班牙神父佩德罗·阿尔丰沙专为神职人员和修道士编著的。后来在该书的基础上,英国、荷兰、法国以及日耳曼和意大利又相继出版了一些礼节方面的参考书。这些书的内容多半是进膳用餐的举止准则,其中也涉及其他一些问题,如交谈的顺序、接待客人的方式方法等。这些准则对外交人员同样适用。

国际交际礼仪是在长期的国际交往中逐渐形成的,受到各国的普遍重视与广泛运用,无论是在官方抑或民间的友好往来中,都具有相当重要的作用。官方的礼宾工作主要是根据本国的对外方针政策,组织安排对外礼仪活动与交际活动,尽管活动形式各有差异,但归根结底礼宾工作是为本国的对外政策服务的。而外交礼仪与非外交的平民百姓的礼节区别,大概仅仅在隆重的程度不一而已。

当然,许多国家在应用外交礼仪时,往往结合本国的实际情况,不少国家则保持着传统形式与礼节,使其更富有民族特色。因此,外交礼仪也在一定意义上反映了一个国家的文明、文化和社会风尚。

另一方面,随着国际交往的日益发展,各国礼仪形式与交际礼节都在不同程度地变革着,其趋势是逐步简化,更加灵活,更注重实效。

从总体上讲,外交礼仪具有规范性、严肃性和礼宾性等几个特征。

其一,规范性。外交礼仪的规范性,是各类礼仪中最强的。因其事关一个国家所给予其他国家来宾的礼遇,因此各国政府大都对此有明文的规定,以免无"礼"可依,失礼于外国来宾。

其二,严肃性。外交礼仪的严肃性,是指它往往在形式上显得庄严与崇高,借以维护国家的尊严,并且使人对国家产生敬畏之心。就外交礼仪而言,轻松、活泼往往与其整体风格是格格不入的。

其三,礼宾性。外交礼仪的礼宾性,则意味着它所关注的重点,主要是在各国政府之间的官方交往中的外宾的接待方面,如何以礼待客、给予来宾以适当的待遇的问题。

此外还有对等性,即交往国之间所给予的外交礼遇是对等的。当一方对对方国家的来宾采取某种标准的礼仪形式时,一般对方国也会给对方的来宾以相应的外交礼遇。如目前外来接待中的接待人员级别对等原则;再如,2004年年初美国以防止国际恐怖为由对一些国家的入境人员采取留指纹检查,不少国家如古巴也对美国的入境者采取针对措施,我国也宣布取消给美方人员的入境落地签证待遇。

周恩来总理生前在谈到涉外工作时,曾谆谆教导我国的外事干部:外事无小事,事事是大事,事事要重视。确实,在外交礼仪方面,任何一个细节的疏忽都有可能酿成大错。

周恩来总理在国际外交方面创造性地提出"和平共处五项原则"也早已被世界各国所认同,成为国与国之间交往的"必要条件"。

二、涉外礼仪的原则

1. 不卑不亢,互相尊重

外交礼仪的第一条基本原则是不卑不亢。外交礼仪在一定程度上反映着一个国家的文明程度和社会风尚,也体现着一个国家对待其他国家的基本态度。在国际政治交往中,任何国家之间的关系,都应当是平等的和相互尊重的。在外交礼仪上,既不能唯我独尊,盛气凌人,以强欺弱;也不应卑躬屈膝,妄自菲薄,丧失民族气节,这就是不卑不亢的原则。在应用外交礼仪时,倘若置这项原则于不顾,就必然会给国家和政府的形象带来损害。一味地"亢"并不一定会使自己扬眉吐气,"扬我国威",反而会给人以虚张声势之感,甚至会伤害交往对象的自尊心。一味地"卑",也并不一定真能委曲求全,讨好交往对象,反而有可能使对方得寸进尺,欲壑难填,同时也会严重地危害自己国家的利益。唯有不卑不亢,才是自尊自爱、平等待人的正确做法。

中国人待人接物一般讲究含蓄和委婉,还特别客套、热情,而西方人则一般较外向且讲究实事求是。因此在涉外交往中,还要把握好热情友好的分寸,以使对方感到亲切、自然,否则,事与愿违,过犹不及。"过头"了就会给人一种卑躬屈膝、低三下四的感觉;"不及",又可能给人留下自大狂傲、放肆嚣张的印象,应本着互相尊重的原则。相互尊重包括尊重对方和捍卫自尊两个方面。尊重对方就是不论对方的国家、民族大小,企业实力强弱,或者风俗习惯、宗教、法律等是否和我们相同,都不能歧视对方,做到在人格上平等相待;但同时更要明白尊重别人的前提就是要学会自尊,要敢于和善于对自己进行正面的评价和肯定,在言行举止方面做到从容得体。

2. 平等相待,礼尚往来

在涉外交往过程中,应特别注意对任何交往对象都要一视同仁,给予平等的尊重与友好,对大国和小国、强国和弱国、富国和穷国不能厚此薄彼,也不应对大人物和普通人有薄有厚。杨雄《法言义疏·修身》谓:"上交不谄,下交不骄。"就是告诫人们不能以权取人,谁位高权重就巴结逢迎谁,谁位卑无权就瞧不起谁,这种做法是非常庸俗和失礼的。除此之外,还应做到不以貌取人,不能根据对方的外貌与衣着来决定自己的态度。

人与人之间、企业与企业之间、国与国之间只有多接触、多了解、多沟通、平等相待,才能相互理解,从而建立起稳定和良好的关系,达到双赢的效果。《礼记·曲礼》:"礼尚往来,往而不来非礼也,来而不往亦非礼也。"如果只有单方面的热情,另一方反应冷淡,唯我独尊,不予理睬,甚至冷嘲热讽,是非常失礼的表现,严重的还有可能导致双方断交、产生敌对情绪。

3. 尚礼好客,客随主便

在对外交往中,作为主人,理应热情好客,待客要彬彬有礼,讲究规格。当发现我们的接待方式不适应客人时,可适当地采用对方习惯的礼节、礼仪,让客人感觉舒服自在,有"宾至如归"的感觉,以表示对客人的体贴和尊重。

当我们作为客人参加涉外活动时,则不能一味地我行我素,给主人增添麻烦,或让主人无所适从,而应客随主便,做到"入乡随俗",这才是真正体现"礼仪之邦"的风范。也只有这样,才能成为受欢迎的客人。

4. 遵守外事纪律,注重礼仪礼节

遵守外事纪律就是要在外事接待工作中坚持维护国家主权和民族尊严,自觉遵守外事纪律,不得失密泄密;不利用工作之便营私牟利、索要礼品;不背着组织与外国机构及个人私下交往;不私自主张或答应外国客人提出的不合理要求;参加外事活动,要严格按规章制度办事。

我国对外政策也要求交际礼仪与之相适应,做到礼仪周到而不烦琐,热情接待而不铺张,活动内容丰富而不累赘。接待外宾的人员应仪容整洁,仪表大方,表情亲切、自然,熟悉各国、各民族的风俗习惯,陪同外宾时要注意自己的身份,言行举止要符合礼仪要求,坐立姿势应端庄,对外宾的穿着不品头论足,使来宾有"宾至如归"之感。

5. 尊重礼俗,求同存异

由于世界各国的社会制度、文化背景各不相同,礼仪习俗存在着一定程度的差异,在对外交往时,应理解对方、尊重对方。特别对于那些并无恶意,但观点、立场、态度与自己不同

的人,要做到和平共处、求同存异,做到"不伤主人之雅,不损客人之尊",有宽广的胸怀和外交家的风度。既要遵守国际通行的礼仪惯例(即各国礼仪的"共性"),也要尊重交往对象所在国的特殊礼仪与习俗(即各国礼仪的"个性")。尤其要尊重宗教礼仪。在外事活动中经常接触到外国宗教信仰者所遵守的宗教礼仪,对他们表达信仰所举行的活动和仪式,以及特殊的讲究和禁忌,都要给予尊重和正确对待。体现国家宗教自由的政策,也是对宗教信仰者的友好和尊重。对外国人的宗教礼仪,不要装懂,也不要随意模仿,更不能干涉。到访外宾参加宗教活动,要以不违反有关法律、不妨碍公务活动、不影响人民群众生活、不危及社会稳定和国家尊严为限。

6. 慎重表态,信守约定

古今中外人士都推崇做人应该"言必信、行必果"。特别是在对外交往中,言行一定要谨慎,表态要慎重,切不可说大话、空话,更不能信口开河,作不负责任的承诺。西方人常常把信誉、商誉和荣誉连在一块。他们做事很认真、很有计划性,一旦做出决策,不轻易改变。

在社交场合有两种人是最不受欢迎的:第一种就是失约并且未事先打招呼的人,在西方的上流社会,这种人不大可能被再次邀请;第二种人就是那些不守时的人,尤其是常常迟到的人,他们不尊重别人的时间,没有礼貌,所以也不受欢迎。在我国,由于长期受小农经济的影响,日出而作,日落而息,在时间概念上不是特别精确。这使得一些人对迟到、改约、失约甚至违约习以为常,认为这些都是小事,算不上什么失礼。但是在今天这个生活和工作节奏越来越快捷的社会,在国际交往越来越密切的新时代,这种落后观念必须改变。在一切涉外交往中,必须认真而严格地遵守自己的所有承诺,做到言而有信。如果言而无信,有约不守或守约不严,不仅是不尊重对方,更是缺乏文明教养的表现,会使个人形象、企业形象、国家形象受损。

三、涉外礼仪须知

1. 遵守时间,不得失约

这是国际交往中非常重要的礼节。参加各种外事活动,都要按时抵达。过早抵达,会使主人因准备未毕而难堪;过迟到达,会使主人与客人空等过久而失礼。确因故迟到时,应诚恳地向主人和客人致歉并说明原因。万一因故不能应邀赴约,要提前礼貌地告知主人,并表示歉意。

遵守时间的原则,重要的是要做好以下几点:一是在有关时间问题上,不可以吞吞吐吐、含含糊糊、模棱两可。二是与他人交往的时间一旦约定,即约会一经订立,就应千方百计予以遵守,而不宜随便加以变动或取消。三是在约会之中,不允许早退。四是万一失约,务必要向约会对象尽早通报,解释缘由,并为此向对方致歉。绝不可以得过且过,或者索性避而不谈,显得若无其事。

2. 注重形象,仪表得体

当今世界,尽管各国社会形态各不相同,经济发展水平不一,民族人口有多寡之别,国家也有大小之分,但有一点是共同的:即文明的民族都很注重礼貌礼节。一个文明程度越高的国家或民族,其国民就越讲礼貌、懂礼节,其国际形象也越佳。在交往中,人们普遍对交往对象的个人形象倍加关注,不仅因为个人形象真实地体现着个人的教养和品德、精神风貌和生活态度,还因为个人的形象总是与国家形象、民族形象、企业形象密切相关,通过个人形象可以如实地体现出对交往对象的重视程度。在对外交往中,一般的外国人对中国的了解和看法,主要来自他有机会接触到的某些中国人。一个中国人在对外交往中,如果不注意维护自身形象,在某种程度上,就有可能会损害国家国际形象和你所在的企业形象。

具体要求有:注意个人卫生。衣着要整齐美观,衣领袖口要干净,皮鞋要上油擦亮,穿西装要打好领带,穿中山装要扣好领扣、领钩,梳理好头发,刮净胡子,修剪好指甲。

举止要落落大方,端庄稳重,表现自然,和蔼可亲,站有站相,坐有坐相。另外,参加活动前不能吃葱、蒜等带有刺激性的食物,注意吸烟的场所及烟量。

言谈的态度要诚恳、自然、大方,语气要和蔼可亲,表达要得体,谈话内容要事先有所准备,要留给别人说话的机会,言谈中手势不要过大,讲求倾听的艺术。不要询问妇女的年龄、婚否、工资收入等私人生活方面的问题,不要随意谈论当事国的内政、外交、宗教等问题。

要养成在公共场所遵守公共秩序、自觉礼让的习惯,以不妨碍他人、不打扰他人为基本行为规范。如在车站、机场、港口、商店、餐厅、俱乐部、体育馆、图书馆这类与陌生人相处的公共场所,说话的声音宜小到不引起他人的注意为宜,手势也不宜过多。那种高谈阔论、指手画脚的行为是自身修养不够的体现,也是对他人的轻视。

3. 尊老爱幼,尊重女士

尊老爱幼、尊重女士是我国的一项传统美德,也是涉外交往中应遵守的基本礼仪。其中,在西方社会更突出"女士优先",这被认为是男子具有高雅风度的表现。有人认为讲究女士优先是华而不实的形式主义,这实际上是一种偏见。从根本上说,妇女是人类的母亲,尊重女性就是尊重人类的过去与未来。

尊重女士的具体体现是:在任何时候、任何情况下,男士要从各个方面尊重女士,照顾女士,保护女士,体谅女士,尽心尽力地为女士排忧解难。比如在社交场合做介绍时,先把男士介绍给女士;参加社交聚会时,宾客见到站在一起的男女主人时,也应先与女主人打招呼;而女士进入聚会场所时,先到的男士应站起来迎接;当介绍来宾时,应先把男士介绍给女士;当男女双方握手时,也只有等女士伸出手之后,男士方可与之相握;上下车、进出电梯,均让妇女先行;在旅途中,遇到携带行李的女士,男士应帮助提携并放好行李;如果男女并排行走,男士应当自觉请女士走在人行道的内侧,自己走在外侧;在同时需要称呼多人时,合乎礼仪的称呼方法是:"女士们,先生们";男士不得当着女士的面讲粗话、脏话或开低级下流的玩笑,言辞必须文明高雅、表达分寸得当;等等。

4. 通晓习俗,知书达理

在涉外交往中,人们总认为语言不通是交往中的唯一障碍,其实在某些时候,对交往对象所在国的风尚习俗不了解才是最大的障碍。当你欲往国外访问、经商、探亲或旅游观光时,当你要在国内接待外宾、与外宾洽谈生意或共同工作时,事先了解对方的习俗礼仪显得尤为重要。当你预先了解了对方的习惯禁忌,就可以尽量遵从对方的行为习惯,避免误会,从而表现出对对方的最大尊重,成为一个彬彬有礼、受人欢迎的客人或是一个知书达理、体贴周到的主人。

对于许多礼仪习俗我们常常会感到不理解,实际上外国客人同样也对我们的礼仪习俗感到不理解。"你吃了吗?"在外国客人听来就觉得很奇怪:"我吃不吃饭,与你有什么相干","干吗打听我吃没吃饭"。还有,朋友间讲究以诚相待,对于朋友的一些不合适举止我们会主动地提出来,这在西方人际交往中是不允许的,因为他们更讲究礼仪中的面子。由此可见,国内外人士在许多问题的看法上,"是""非"的界限是不一致的。再者,在涉外交往中,讲究的是互相尊重,以自己的标准去评判他人的做法,当众指出对方的过失,会让人难以下台,受到伤害,也显得自己做人过于刻薄。

5. 小心慎言,不得犯忌

国际礼仪强调以人为本,要求尊重个人隐私,维护人格尊严,并以此作为一个人在社交活动中有无教养、能否尊重和体谅交往对象的重要标志。对于西方人来讲,凡涉及经历、收入、年龄、婚恋、健康状况、政治见解等均属于个人隐私,别人不应查问。西方人特别是妇女,一般不把自己的年龄告诉别人,询问年龄,打听异性婚否,会让人觉得讨厌。西方人还不喜欢随便给人留自己的家庭住址,也不随便请人到家里做客。关于宗教信仰和政治派别,在西方人看来是非常严肃的事,不可随便谈论。因此,自觉地、有意识地回避对方的隐私至关重要。

因此,在跟外国人打交道时,千万不要没话找话,信口打探对方的个人情况。尤其是当发现对方不愿回答时,就应当适可而止。必要时,可以谈一些天气、交通、体育之类的中性话题,也有助于良好谈话气氛的建立。

6. 保护环境,爱护动物

环境,通常是指人类生存的外部条件,是人类社会赖以生存和发展的基础,与人类的生活质量息息相关。爱惜和保护环境,从本质上讲,就是对整个人类的爱惜和保护,因此每个人都有义务对环境加以爱惜和保护,不论是为了发展经济还是为了提高生活质量,都不能以牺牲环境为代价。注重环保作为涉外礼仪的主要原则之一,是国际舞台上受关注的焦点话题。在日常生活里,能否以实际行动"爱护环境",也被视为一个人有没有教养、讲不讲社会公德的重要标志。

保护环境的原则,具体来讲包括三重含义:其一,是要求保护人类的生存环境。其二,是要求保护地球的自然环境。其三,则是要求维护公共场所的卫生环境。作为与环境荣辱与共、唇齿相依的人类社会的一名成员,保护环境是责无旁贷的。

要遵守这项原则,不仅要具有保护环境的意识,而且要在日常生活中严格要求自己。不要在他人面前吸烟,不要随手乱丢废弃物品,不要采折花卉等,都是保护环境的具体表现。

另外,在对外交往中,还应当爱护动物。

动物是自然界生态平衡不可缺少的成员,它与农、林、牧、渔、医等各方面关系非常密切,为人类衣食住行提供了宝贵的资源,也为美化人们的生活提供了丰富的内容。所以应当爱护动物,遵守各国有关动物保护的规定或条例。

在西方,狗、猫一类的宠物是受青睐的。与西方人交谈时,"狗肉味道好极了"一类的话语是很不合适的。此外,还要尊重主人的宠物,不能称之为"母狗""懒猫"。

有些人在国内接待外宾时,为了向外宾表现热情好客,不惜花巨款购买珍禽异兽款待,而重视环保的外宾却往往拒绝,丝毫不领情。实际上,这种"好客"违背了人类生存的共同利益,违背了当前爱护环境、保护环境的主旋律,所以必将招致有识之士的唾弃。

第二节　国际公关交际中的基本礼仪

在国际公关交往中,必须重视交际对象的特殊性,努力掌握如下交往的礼仪。

一、涉外迎送

迎送是国际公共关系中常见的社交礼节。迎送不仅是整个社交活动的开始,也是对不同身份外宾表示相应尊重的重要仪式。迎送中给外宾留下良好的第一印象,对加深双方的友谊与合作,都发挥着重要作用。

1. 迎送的安排

迎送活动的安排主要有两种不同档次:一是举行隆重的欢迎仪式,这主要是用于对外国国家元首、政府首脑、军方高级领导人的访问,以示对他们访问的欢迎与重视。二是一般迎送,用于一般来访者。无论是官方人士、专业代表团的来访,还是长期在我国工作的外交使节,常驻我国的外国人士、记者和专家等,当他们到任或离任时,都可安排相应的人员前往迎送,以示尊重和友谊。

2. 迎送规格的确定

关于迎送规格,各国的规定不尽相同。在确定迎送规格时,主要是依据来访者的身份、访问的性质和目的,并且适当考虑两国之间的关系,同时还要注意国际惯例,综合考虑。一般按照国际惯例的"对等原则",主要迎送人员应与来宾的身份相当。如果由于各种原因而不能完全对等时,可灵活变通,由职位相当的人士或副职出面,并向对方做出解释。

3. 成立接待班子

为了接待重要的贵宾和代表团、队,东道主一般组成一个接待班子来履行接待任务。接待班子的工作人员由外事、翻译、安全警卫、后勤、医疗、交通、通信等方面的工作人员组成。

4. 收集信息、资料

接待班子要注意收集来访者的有关信息和资料,了解其本次访问的目的,对会谈、参观访问、签订合同等事项的具体要求,前来的路线、交通工具,抵离时间,来访者的宗教信仰、生活习惯、饮食爱好与禁忌等进行了解。

据报载:一位英国商人应邀前来我国与某地区洽谈投资项目。该地领导为了图吉利,准备了一辆车号为"666"(六六大顺)的轿车前去机场迎接。谁知这位英国商人下了飞机,一看轿车后,直皱眉头,随即又乘机离去。后来我方人员才知道这位英国商人信教,十分崇拜《圣经》,在《圣经》中"666"表示"魔鬼"。在英国,司机、乘客对带有这种号码的车辆退避三舍,英国警察部门已做出决定,逐步取消这个号码。由此可见,多了解来访者的情况是十分重要的。

5. 拟订接待方案

接待方案包括各项活动的项目、日程及详细时间表,项目负责人和接待规格、安全保卫措施,等等。日程确定后,应翻译成客方使用的文字,并打印好,发给客方,以便及时与客方进行沟通。

拟订接待方案时重点要落实好食、宿、行,并制定合理的费用预算,既保证接待隆重得体,又不铺张浪费。

6. 掌握抵离时间

必须准确掌握外宾乘坐的飞机(火车、船舶)抵达及离开的时间,迎送人员应在来宾抵达之前到机场(车站、码头)。送行人员应在外宾离开前抵达送行地点,切勿迟到、早退。

7. 献花

献花是常见的迎送外宾时用来表达敬意的礼仪之一。一般在参加迎送的主要领导人与客人握手之后,由青年女子或儿童将花献上,也有的由女主人向女宾献花,献花者献花后要向来宾行礼。献花须用鲜花,并注意保持花束整洁、鲜艳,一般忌用菊花、杜鹃花、石竹花以及黄色花卉(黄色具有断交之意)等。有的国家习惯送花环,或者送一两枝名贵兰花、玫瑰花等。在接待信仰伊斯兰教派人士时,不宜由女子献花。

8. 介绍

主宾见面应互相介绍其随从人员。主要迎送人员在与来宾见面致意(如握手等)后,主宾还要担负起介绍其他迎送人员的任务。一般是在客人的内侧引领客人与各位迎送人员见面,并把他们介绍给来宾。然后再由主宾将客人按一定身份一一介绍给主人。若主宾早已相识,则不必介绍,双方直接行见面礼即可。

9. 陪车

来宾抵达后,在前往住地或临行时由住地前往机场、码头、车站,一般都安排迎送人员陪同乘车。陪车时,应请宾客坐在主人右侧。两排座轿车,译员坐在司机旁;三排座轿车,译员坐在主人前面的加座上。当代表团9人以上乘大轿车时,原则上低位者先上车,下车顺序相反。但前座者可先下车开门,大轿车以前排为最尊位置,自右向左,按序排列。上车时应当请客人首先上车,客人从右侧门上;如果外宾先上车坐到了左侧座位上,则不要再请外宾移动位置。陪同人员在替客人关门时,应先看车内人是否坐好,注意既不要伤到客人的手,又要确保将门关好,注意安全。

10. 具体事项

迎送中要注意以下一些具体事项。

在客人到达之前最好将客房号、乘车号码等通知客人,如果做不到,可印好住房、乘车表,在客人刚到达时,及时发到客人手里。

指派专人协助客人办理出入境手续及机票(车、船票)和行李提取或托运手续等事宜。客人到达后,应尽快进行清点并将行李取出,并运送到住处,以便客人更衣。

客人到达后,一般不要立刻安排活动,应让客人稍事休息,倒换时差。可在房间中适当放些新鲜水果或鲜花等。

迎送的整个活动安排,要热情、周到、无微不至、有条不紊,使宾客有宾至如归的感觉。接待人员要始终面带微笑、彬彬有礼,不能表现得冷漠、粗心、怠慢或使客人感到紧张、不便。

陪同人员应尽力安排好客人的食、住、行,对客人的要求做出反应,给予答复。翻译应如实翻译,不能掺进自己的意见和看法,不能打断双方的谈话或在一方一句话没说完时就翻译,就餐时不可因餐饮影响翻译工作。

司机在行车时,应集中精力驾驶,不能边驾驶边说话,如果司机主动与客人甚至陪同人员或翻译人员说话聊天,会使客人感到不安全和被冷落。

在为外宾送行时,送行人员应在外宾临上飞机(火车、轮船)前,按一定顺序同外宾一一握手话别。飞机起飞(火车、轮船开动)之后,送行人员应向外宾挥手致意,直至各交通工具在视野中消失方可离去。否则,外宾一登上飞机(火车、轮船),送行人员就立即离去,是很失礼的。尽管只是几分钟的小事情,却可能因小失大。

二、会见和会谈

会见和会谈都是国际公共关系交往的重要方式,会见,国际上通称接见或拜会。凡身份高的人士会见身份低的人士,主人会见客人,通常称其为接见或召见;凡身份低的人士会见身份高的人士,客人会见主人,通常称其为拜会或拜见。接见和拜会后回访,通常称为回拜。我国对此通常不作细分,统称会见。

会谈是指双方或多方就某些重大的政治、经济、科技、文化、军事、宗教以及其他共同关心的问题交换意见,洽谈协商。会谈一般专业性、政策性较强,形式比较正规。会见多是礼节性的,而会谈多为解决实质性问题。有时会见、会谈也难以区分。因为会见时双方也常谈专业性或政治性问题,以上区分只是相对而言。

(一)会见的礼仪

会见就其内容来说,多为礼节性的,也有政治性、事务性的会见,或兼而有之。礼节性会见一般时间短,话题也较为广泛。政治性会见一般涉及国与国之间的双边关系、国际局势及对一些重大国际问题的看法或意见等。事务性会见一般涉及贸易争端、业务交流与合作等。会见的礼仪主要有以下内容。

(1)确定参加会见的人员。会见来访者,一般情况下应遵循"对等"原则,但有时由于某些政治需要或业务的需要,上级领导或下级人士也可会见来访者。参加会见的人员不宜过多。

(2)确定会见的时间、地点。会见的时间一般安排在来访者抵达的第二天或举行欢迎宴会之前。会见的具体时间不宜过长,一般以半小时左右为宜。会见的地点多安排在客人住地的会客室、会议室或办公室,也可在国宾馆等正式的会客场所。

(3)做好会见的座位安排。会见时座位安排必须依据参加会见人数的多少、房间的大小、形状,房门的位置等情况来确定。会见的座位安排有多种形式,宾主可以穿插坐,也可分开坐,通常的安排是将主宾席、主人席安排在面对正门位置,客人坐在主人的右边。其他客人按照礼宾顺序在主人、主宾两侧就座。译员、记录员通常安排在主宾和主人的后面。座位不够时可在后排加座。

（4）掌握会见的一般礼节。会客时间到来之时，主人应在门口迎候客人，问候并同客人一一握手，宾主互相介绍双方参加会见的人员，然后引宾入座。主人应主动发言，创造一种良好的气氛。双方可自由交谈，就共同感兴趣的话题发表自己的看法。交谈时应注意坐姿，不要跷二郎腿，不可左顾右盼，漫不经心。主人与主宾交谈时，旁人不可随意插话，外人也不可随意进出。会见时可备饮料招待客人。主人应控制会见时间，最好以合影留念为理由结束会见。合影后，主人将客人送至门口，目送客人离去。

（5）注意合影的礼宾次序。合影时，一般主人居中，男主宾在主人右边；主宾夫人在主人左边，主人夫人在男主宾右边，其他人员穿插排列，但应注意，最好不要把客人安排在靠边位置，应让主人陪同人员在边上。

（二）会谈的礼仪

会谈的形式多种多样，常见的有领导人之间单独会谈，少数领导人及其助手与来访者进行的不公开发表会谈内容的秘密会谈，就有关重要而又复杂的问题，有关官员进行预备性问题的商讨等而举行的正式会谈，也可称为谈判。会谈的礼仪主要包括以下内容。

（1）确定会谈的时间、地点、人员。会谈的时间、地点由双方协商确定。会谈的人员应慎重选择，如果会谈的专业性较强，一方面要求会谈的人员有专业特长，另一方面要考虑专业互补和群体智慧。会谈人员既要懂得政策法律，又要能言善辩，善于交际，应变能力强，并确定主谈人和首席代表。

（2）会谈的座位安排。涉外双边会谈通常采用长方形或椭圆形会谈桌。多边会谈或小型会谈也可采用圆形或正方形会谈桌。

不管什么形式，均以面对正门为上座，宾主相对而坐，主人背向门落座，而让客人面向大门。其中主要会谈人员居中，其他人按着礼宾次序左右排列。

许多国家把译员和记录员安排在主要会谈人员的后面就座。我国习惯上把译员安排在主要谈判人座位的右侧就座，这主要取决于主人的安排，说到这个习惯上的小差别，还有一段历史背景。当初，我国也是按国际上通用的做法把译员安排在后面就座的，但新中国成立不久，中国总理兼外交部部长周恩来认为这个惯例不符合中国的情况，因为西方的译员大多是临时雇用的，不属于参加会谈的人员，而我国的译员却是参加会谈的重要人员之一，理应受到尊重，所以周总理在出访时坚决要求对方允许我方译员坐在主要会谈人员的右侧。从那时起，我国就有了这个做法，并一直采用至今。

如果长方桌的一端向着正门，则以入门的方向为准，右为客，左为主。

如果是多边会谈，可将座位摆成圆形或正方形。

此外，小范围的会谈，也可像会见一样，只设沙发，不摆长桌，按礼宾顺序安排。

三、涉外参观游览

涉外参观游览，是指外国客人在访问或旅游期间对一些风景名胜、单位设施等进行实地游览、观看和欣赏。来访的外国人以及我出访人员，为了了解去访国家情况，达到出访目的，都应组织一些参观游览活动。参观游览应注意以下礼仪。

1. 选定项目

选择参观游览项目,应根据访问目的、性质和客人的意愿、兴趣、特点以及我方当地实际条件来确定。对于外国政府官员、大财团、大企业家一般应安排参观反映我国经济发展情况的部门单位和经济开发区,以及重点招商项目。对于一般企业家、商人和有关专业人员可安排参观与其有关的部门、单位,同时安排一些有地方特色的游览项目。

年老体弱者不宜安排长时间步行的项目,心脏病患者不宜登高。一般来说,对身份高的代表团,事前可了解其要求;对一般代表团,可在其到达后,提出方案,如果确有困难,可如实告知,并做适当解释。

2. 安排日程

当参观游览项目确定后,应制订详细的活动计划和日程,包括参观线路、座谈内容、交通工具等,并及时通知有关接待单位和人员,以便各方密切配合。

3. 陪同参观

按国际惯例,外宾前往参观时,一般都安排相应身份的人员陪同。例如,由身份高的主人陪同,宜提前通知对方。接待单位要配备精干人员出面接待,并安排解说介绍人员,切忌前呼后拥。参观现场的在岗人员,不要围观客人。遇客人问话,应有礼貌地回答。

4. 解说介绍

参观游览的重头戏是解说介绍。有条件的可先播放一段有关情况纪录片,这样既可节省时间,又可实现让客人对情况有所知,经过实地参观,效果会更好。我方陪同人员对有关情况应有所准备,介绍情况要实事求是,运用材料、数据要确切,不可一问三不知,也不可含糊其词。确实回答不了的,可表示自己不清楚,待咨询有关人员后再答复。遇较大团组,宜用扩音话筒。另外,遇有保密部位的,则不能介绍,如客人提出要求,应予婉拒。

5. 乘车、用餐和摄影

在出发之前,要及时检查车况,分析行车路线,预先安排好用餐。路远的还要预先安排好中途休息室,要把出发、集合和用餐的时间、地点及时通知客人和全体工作人员。一般地方均允许客人摄影。如有不能摄影处,应事先说明,现场要竖中英文"禁止摄影"标志牌。

6. 在国外参观游览的礼节

出访人员、团组要求参观,可通过书面、电话或面谈方式向接待单位提出,经允许后方能成行。参观内容要符合访问目的和实际,要注意客随主便,不要强人所难。在商定之后,要核实时间、地点和路线。

在参观过程中,应专心听取介绍,不可因介绍枯燥或不对口味而显露出不耐烦和漫不经心状,这是极不礼貌的。同时应广泛接触、交谈,以增进了解,加深友谊。注意尊重对方的风俗和宗教习俗。如要摄影,事先要向接待人员了解有无禁止摄影的规定。参观游览,对服装要求不严格,不必穿礼服,穿西装可以不打领带,但应注意整洁、整齐,仪容也宜修整。参观完毕,应向主人表示感谢,上车离开时应在车上向主人挥手道别。

四、国旗悬挂

国旗是国家的一种标志,是国家的象征。悬挂国旗是一种外交礼遇与外交特权。人们往往通过悬挂国旗，表示对本国的热爱或对他国的尊重。在国际交往中，悬挂国旗要遵循以下惯例。

1. 悬挂国旗的场合

按国际关系准则，国家元首、政府首脑在他国领土上访问，在其住所和交通工具上悬挂国旗(有的是元首旗)是一种外交特权。

当东道国接待外国元首、政府首脑来访时，在贵宾下榻的宾馆，乘坐的汽车上悬挂对方(或双方)的国旗(或元首旗)，是一种礼遇。

在国际会议上，除会场悬挂与会国国旗外，各国政府代表团亦按会议组织者的有关规定，在一些场所或车辆上悬挂本国国旗(也有不挂国旗的)。

有些展览会、体育比赛等国际活动，也往往悬挂有关国家的国旗。在大型国际比赛中，还往往为获前三名的运动员升起其代表国家的国旗。

伴随我国加入WTO，双边、多边的经贸往来必将日趋频繁，在谈判、签字仪式上亦应悬挂代表国的国旗。

2. 悬挂国旗的要求

在建筑物上或室外悬挂国旗，一般应在日出升旗、日落降旗。当遇到外国元首逝世时需要降半旗致哀，具体做法：先将旗升起来至杆顶，再下降至距杆顶相当于杆长三分之一的地方。降旗时，也应先将旗升至杆顶，然后再下降。

升降国旗时，服装要整齐，要立正脱帽行注目礼。不能使用污损的国旗。升国旗一定要升至杆顶。

悬挂双方国旗，按照国际惯例，以右为上，左为下，这是以旗面本身为准；以挂旗人为准，"面对墙壁左为上，右为下。"挂旗时，挂旗人必然面对墙壁，这时左为上，悬挂客方国旗，右为下，挂主方国旗。乘车时应记住："面对车头左为上"，左边挂客方国旗，右边挂主方国旗(有时以汽车行进方向为准，驾驶员右首为上)。所谓主客标准，不以在哪国举行活动为依据，而以举办活动的主方为依据。如外国代表团来访，东道国举办欢迎宴会，东道国是主人；外国代表团答谢宴会，来访国是主人。由于国旗是一个国家的标志与象征，代表一个国家的尊严，所以挂国旗时，一定不能将国旗挂倒。

五、出国旅行礼仪

(一)乘国际航班应注意的问题

乘坐国际航班，乘客应在飞机预定起飞时间前1～1.5小时到达飞机场，因为在这段时间里，需要核查机票及订座，办理海关申报、行李过磅和装运等手续。

(1)办理海关申报及登机手续。抵达机场，首先是向海关申请办理有关物品的出关手续，如携带外币、金银制品、照相机、录音机、摄像机、文物、动植物等，应如实填报，并办理相关手续，之后再办理乘机手续。

(2)登机时的礼仪。上、下飞机时，旅客应向站在机舱门口迎送乘客的航空小姐点头致意。机舱内分头等舱和二等舱(或称为商务舱和普通舱)，头等舱(商务舱)较为宽敞、饮食较丰富，服务周到。购头等舱机票的乘客，不论是否对号入座，都不要抢占座位。其他乘客,不能坐到头等舱的座位上去。

(3)乘机时的礼仪。国际航班上免费供应饮料、茶点、食品、早餐和正餐。用餐后,所有餐具和残留物要收拾好,由服务员收回,不要随意将餐具收起来带走;不能带走供乘客阅读的报纸、杂志;乘客在飞机上不要大声说话和喧哗,以免影响他人;要注意飞机上的坐卧姿势,既不要影响他人坐卧,也不要有失雅观。

(4)下机后的礼仪。旅客到达目的地后,办理完入境手续即可凭行李卡认领托运的行李,不要将自己的行李放在过道或路口影响他人行走。旅客可以用机场为乘客准备的手推车靠右(或靠左)行走,将行李推出机场。如请行李搬运员协助搬运行李,必须付小费。万一发现行李丢失,不要慌张,可通过机场行李管理人员或有关航空公司寻找。如一时找不到,可填写申请报告单交航空公司。如行李确实遗失,航空公司会照章赔偿,千万不要在机场吵闹。

(二)国外住店礼仪

(1)饮用房间内饮料的礼节。国外旅店一般都不供应开水,往往会提供一瓶免费的矿泉水。有的旅店,酒或饮料一拿出冰箱即自动记账;也有的旅店,房间设有自动出售各种饮料或小食品的装置,只要推动开关,食品、饮料便自动出来,同时自动记账,结算时统一付款;旅客如果要喝热饮料,可向服务员索取,但要付现金及小费。找服务员可在室内按电铃或打电话呼叫,服务员一旦上门服务,一定要致谢,并付小费。

(2)正确使用房间内的设备。房间和卫生间里的某些设备,如自己不会使用,应先请教他人,特别是外国旅店房间内的电器设备和洗澡用的开关,形式多种多样,应注意其不同的使用方法。使用旅店卫生间内的用品只要打开封条即可。旅店房间内提供的用品仅供在旅店内使用,除交费物品外,都不能带出旅店。

(三)拜访单位或会见亲友时的礼仪

(1)遵守时间。参加各种活动要按约定的时间到达。过早抵达会使主人因准备未毕而感到难堪,迟迟不到又会让主人和其他客人因等待过久而不安。因故迟到,要向主人和其他客人表示歉意;因故不能赴约,要尽早礼貌地通知主人,并以适当的方式表示歉意。

(2)尊重老人和妇女。在社交场合,如上下楼梯、坐车或进出电梯,应让老人和妇女先行,主动对他们予以照顾。进出大门时,要主动帮助老人和妇女开门、关门。国外有按主人指定座位入座的习惯,因此,当进入主人家里时,如没有刻意指定,可以选一个自己认为合适的座位,但在女客人还站着的时候,男客人不要先坐下。在后来的客人到达时,男客人应该起立致意,并等候主人介绍,而女客人可不必起立。如果后来的客人是年龄较大的妇女,或是特殊重要人物,女客人也应起立致意。

(3)在外国朋友家做客时的礼仪。在外国朋友家里做客时,若由于自己不慎而出现了异常情况,例如,因用力过猛使刀叉撞击盘子发出响声,不小心打翻了酒水等,不要大呼小叫,应保持沉着,轻轻向主人说一声"对不起"。如将酒水打翻洒到邻座身上,可表示歉意后协助擦干;如对方是妇女,只要把干净的餐巾或手帕递上,由她自己擦干即可。用餐完毕,至少应该待半小时后再告辞。告辞时,千万别忘了向女主人表示歉意,可以说:"谢谢您的招待""很高兴在您家里度过周末、我非常愉快"等感谢的话。回到自己家中,应立即给主人写信或打电话,以表感谢等。

（四）付小费的礼仪

客人付小费,表达的含义颇为丰富。它既能代表客人对服务人员付出劳动的尊重,也可以表达客人对服务工作的一种肯定和感谢之情。从另一层面来说,也体现了客人的文化修养。相传,"付小费"之风源于18世纪的伦敦。当时,在有些饭店的餐桌上,摆着写有"保证服务迅速"的小碗。顾客一旦将零钱投入其中,便会得到服务员迅速而周到的服务。久而久之,就形成"小费"之风。这种做法渐渐扩展到其他服务行业,并逐渐演变成一种固定的用来感谢服务人员的报酬形式,成为今天世界上许多国家约定俗成的一种常规礼仪形式。

（1）小费要付给谁。按照惯例,入住饭店,要给为你打扫房间的服务生小费,也要给为你送早点的服务员小费。饭店的行李员如果帮你将行李提到了房间,那么,你理所应当付小费给他。出租车司机把你送到目的地,你要在计价器显示数字的基础上增加一点车费当作小费。在国外参加团队旅游,你要付给导游员和在旅途中掌握方向的驾驶员小费,这一直是惯例。

（2）怎样付小费。付小费有一些技巧和惯例,付小费通常用美元支付,不应张扬,在私下进行即可。所付小费有时放在菜盘、餐盘下;有时放在杯底下;有时放在房间床头,忌放在枕头底下,那样会被服务生误认为是客人自己的东西;有时放在写字台上,若能同时留一张"Thank you"的字条,会备受服务生的欢迎和尊重;有时以找零的钱不收作为小费付给服务员;付小费给行李员,最好是在与他握手表示感谢的同时将小费悄悄给他;给导游、司机的小费,则要由团员一起交齐后放到信封里,由一位代表当众给他们。付小费时最忌讳给硬币,曾有客人将一把硬币当面给行李员作为小费,行李员十分恼怒而拒收。因此,随身携带一些小额现钞,非常必要。

（3）小费付多少合适。向服务人员给付小费的具体金额颇有讲究,既不能不给、少给,也不必多给。国际上通用的计算小费方法之一就是小费通常由消费者按照本人的消费总额的一定比例来支付。在餐馆就餐、在酒吧娱乐时,消费者需要付给服务员的小费为消费总额的10%左右;在搭乘出租车时,一般应当按照车费的15%付给司机作为小费。

在国外住宿酒店时,通常会将需要支付的小费明码实价地列在正式的账单中,收取总消费额的10%～15%作为小费,不用额外支付。此外,还有一些约定俗成的规矩,付给门童的小费约为1美元;付给客房服务员的小费为1～2美元;给行李员小费,一般要按照自己行李的具体件数来计算,通常一件行李应付0.5～1美元;而付给保洁员的小费,一般为0.5美元左右。

到不同的国家去旅行,除了注意天气、景观、风俗等事情外,小费也是必须事先弄明白的一件事情。因为每个国家的具体情况略有不同,所以,各项服务要付多少小费,还是在到达这个国家时向当地的导游咨询较为妥当。

第三节　主要国家礼俗礼仪

一、日本

1. 礼节礼貌

在日常生活中,日本人相见时,极重礼节。通常要脱帽鞠躬。在行鞠躬礼时,日本人不但讲究行礼者必须毕恭毕敬,而且在鞠躬度数、鞠躬时间的长短、鞠躬次数等方面还有其特别的讲究。一般而言,日本人在行鞠躬礼时鞠躬度数的大小、鞠躬时间的长短、鞠躬次数的多少,往往会同对对方所表示的尊敬程度成正比。日本人在行鞠躬礼时,还规定手中不得拿东西,头上不得戴帽子,把手插在口袋里亦不允许。有的时候还会一面与人握手,一面鞠躬致敬,或是仅仅与他人握手为礼。不过在一般情况下,日本妇女尤其是日本的乡村妇女,与别人见面时,是只鞠躬而不握手的。在行见面礼时,日本人讲究必须同时态度谦虚地问候交往对象,常用的见面礼节话有"您好""您早""晚安""再见""拜托了""初次见面请多关照"等。总之,日本人是认为"礼多人不怪"的。在日本民间,尤其是在乡村,人们在送别亲友时,往往还会向对方行跪礼。跪礼即屈膝下跪,它是妇女所行的礼节。

日本人与他人初次见面时,通常都要互换名片,否则即被理解为是不愿与对方交往。因而有人将日本人的见面礼节归纳为"鞠躬成自然,见面递名片"。在一般情况下,日本人外出时身上往往会带上好几种印有自己不同头衔的名片,以便在交换名片时可以因人而异。日本人在人际交往中对清洁十分重视,对他们来讲,每天都是非洗澡不可。不仅如此,日本人还有请人一起去浴室洗澡的习惯,用他们的话来讲,这叫作"裸体相交"。他们认为,这一做法可以使人减少束缚,坦诚相交。

日本人宴请友人时,桌上总要摆一碗清水,并在客人面前摆上一块白纱布。主人先将自己的杯子在清水里涮一涮,杯口朝下在白纱布上将水珠按净,然后斟酒并双手敬于客人,目视着客人干杯。接着,客人也以同样的方式向主人敬酒,如此交杯尽兴,以表宾主亲密无间,称为"交杯礼"。

日本人姓名的组合顺序与中国人姓名的组合顺序一样,二者都是姓在前,名在后的。不过,日本人的名字字数往往较多,并且以四字的最为多见。日本妇女婚前姓父姓,婚后则改夫姓。称呼日本人时,可以称之为"先生""小姐"或"夫人"。也可以在其姓氏之后加上一个"君"字,将其称"某某君"。只有在很正式的情况下,称呼日本人时才必须使用其全名。在交际场合,日本人的信条是"不给别人添麻烦"。因此,他们忌讳高声谈笑,但是在外人面前,他们则大都要满脸笑容,而不论自己是否开心。日本人认为,这也是做人的一种礼貌。

2. 饮食习惯

日本人普遍爱食用生鱼,因而盖着生鱼片的寿司是日本国内最流行的食物。日本料理非常讲究保持食物的原味,不提倡加入过多调料,以清淡为主。对菜肴的色面尤其有着很高的要求,不但使用各式各样非常精致的盛器来装食物,对食物的形状、排列、颜色搭配也都有很细腻的考虑。看着那一道道精细得有如风景画一般的日式料理,初到日本的游客往往不忍破坏那份美丽。日本的冷面是放在竹制盘上，用筷子夹起一口的数量放在冷汤里进食。有些餐馆没有附上汤匙，日本人习惯拿起来喝汤。日本人习惯下班后三五成群地去喝酒。在大都市内的娱乐中心区，到处都有酒吧、迪斯高及夜总会。

（1）日本的酒类

① 啤酒。日本人最喜欢喝啤酒，无论是生啤酒或是瓶装的都受欢迎。在夏天，部分百货公司也有露天啤酒馆，吸引了大量游客。

② 日本清酒。清酒可以热喝或冷喝，无论哪一种清酒，都是日本菜肴的最佳搭配。酒味可口甜美，容易喝过量而醉。

③ 威士忌。日本人喜爱喝加冰加水的威士忌。

④ 烧酒。这种酒是用番薯、大麦、蔗糖等材料制成，经过滤后的酒精，与伏特加有些类似。

（2）日本传统美食

① 日本火锅。锅置于餐桌上，在锅汤内不断放入牛肉片、蔬菜、豆腐等，且煮且食。

② 天妇罗。在麦粉中加入鸡蛋和冷水，拌成麦粉浆，然后裹住虾、鱼、蔬菜等，放入锅内油煎。

③ 寿司。在有醋味的饭团上，加以各种生鱼片。

④ 生鱼片。生的鱼片，用酱油佐食。

⑤ 怀石菜。被认为是日本烹调技术的精华，利用蔬菜、鱼介、海草等精制而成，味道异常鲜美。

⑥ 串烧。一串串的鸡肉或肝脏，巨火烘熟。

⑦ 炸猪排。猪肉片在面包屑里一滚，然后用油煎。

（3）日本菜的拼摆

日本菜的拼摆独具一格，多喜欢摆成山、川、船形状，有高有低，层次分明。有人用插花来比喻日菜的拼摆，叫作"真、行、草"。"真"为主，"行"为附，"草"为装饰、点缀。摆出的菜要有主，有次，有点缀。一份拼摆得法的日餐菜点，犹如一件艺术佳作，色泽自然，色调柔和，情趣高雅，悦目清心，给人以艺术享受，使人心情舒畅，增加食欲。日菜的刀法和切出的形状与中餐、西餐不同。日菜的加工多采用带棱角、直线条的刀法，尽量保持食品原有的形状和色泽，同时还要根据不同的季节使用不同的原料。用不同季节的树叶、松枝或鲜花点缀，既丰富了色彩，又加强了季节感。例如：秋季喜欢用柿子叶、小菊花、芦苇穗等，突出秋季的特点。同时，拼摆的数量一般用单数，偶数的"二"可以用，"四"是绝对不能用的，原因是"四"与日语"死"的发音相同。一般多采用三种、五种、七种。各种菜点要摆成三角形，如果三种小菜即采用一大二小。五种则采用二大三小，看起来是三角形。

3. 节庆习俗

日本多节庆，法定节日就有13个。新年1月1日，庆祝方式似我国春节。前一天晚上吃过年合家团圆面，"守岁"听午夜钟声，新年第一天早上吃年糕汤，下午举家走亲访友。1月15日是成人节，庆祝男女青年年满20周岁，从此开始解禁烟酒。女子过成人节时都要穿和服。女孩节是3月3日，又称"雏祭"，凡有女孩子的家庭要陈设民族服装和玩具女娃娃。3 月 15 日至 4 月 15 日是樱花节,此间人们多倾城出动赏花游园,饮酒跳舞,喜迎春天。5 月 5 日是男孩节,旧称"端午节",习俗似我国的端午节,此时家家户户都要挂菖叶、吃粽子。9 月 15 日是敬老节,社会各界和晚辈会向高龄者赠送纪念品。11 月 3 日是文化节。

4. 禁忌

日本人忌讳绿色,认为是不祥的颜色,忌荷花图案。探望病人时忌讳送菊花、山茶花、仙客来花、白色的花和淡黄色的花。对金色的猫以及狐狸和獾极为反感,认为它们是"晦气""贪婪""狡诈"的化身。日本人把"4"与"9"视为不吉。原来,"4"在日文里发音与"死"相似,而"9"的发音则与"苦"相近。在三人并排合影时,日本人谁都不愿意在中间站立。他们认定,被人夹着是不祥的征兆。

日本人很爱给人送小礼物,但不宜送下列物品:梳子、圆珠笔、T 恤衫、火柴、广告帽。在包装礼品时,不要扎蝴蝶结。同他人相对时,日本人觉得注视对方双眼是失礼的,通常只会看着对方的双肩或脖子。

日本人不给别人敬烟。在宴客时,忌讳将饭盛得过满,并且不允许一勺盛一碗饭。日本人在用筷子时,有"忌八筷"之说。即忌:①舔筷;②迷筷,手拿筷子,拿不定吃什么,在餐桌上四处寻游;③移筷,动一个菜后又动一个菜,不吃饭光吃菜;④扭筷,扭转筷子,用舌头舔上面的饭粒;⑤插筷,将筷子插在饭上;⑥掏筷,将菜从中间掏开,扒弄着吃;⑦跨筷,把筷子骑在碗、碟上面;⑧剔筷,将筷子当牙签剔牙。除此之外,还忌讳用一双筷子让大家依次夹取食物。饮食禁忌是不吃肥猪肉和猪的内脏,也有一些人不喜欢吃羊肉和鸭肉。

二、韩国

1. 礼节礼貌

一般都采用握手作为见面礼节。在行握手礼时,讲究使用双手,或单独使用右手。当晚辈、下属与长辈、上级握手时,后者伸出手来之后,前者须先以右手握手,随后再将自己的左手轻置于后者的右手之上。韩国人的这种做法,是为了表示自己对对方的特殊尊重。韩国妇女在一般情况下不与男子握手,代之以鞠躬或者点头致意。韩国孩子向成年人所行的见面礼,大多如此。与他人相见时,韩国人在不少场合有时也同时采用先鞠躬、后握手的方式。

同他人相见或告别时,若对方是有地位、身份的人,韩国人往往要多次行礼。行礼三五次,也不算其多。有个别的韩国人甚至还会讲一句话,行一次礼。称呼他人时爱用尊称和敬语,很少直接叫出对方的名字。喜欢称呼对方能够反映其社会地位的头衔。与外人初次打交道时,韩国人非常讲究预先约定,遵守时间,并且十分重视名片的使用。

在交际应酬中通常都穿着西式服装。着装朴素整洁、庄重保守。在某些特定的场合,尤其是在逢年过节的时候,喜欢穿本民族的传统服装。其民族传统服装是:男子上身穿袄,下身穿宽大的长裆裤,外面有时还会加上一件坎肩,甚至再披上一件长袍。过去韩国男子外出之际还喜欢头戴一顶斗笠。妇女则大都上穿短袄,下着齐胸长裙。

进屋之前需要脱鞋时,不准将鞋尖直对房间之内,不然会令对方极度不满。

2. 饮食习惯

韩国人饮食的主要特点是辣和酸。主食主要是米饭、冷面。爱吃的菜肴主要有泡菜、烤牛肉、烧狗肉、人参鸡，等等。一般都不吃过腻、过油、过甜的东西，并且不吃鸭子、羊肉和肥猪肉。韩国人的饮料较多。男子通常喜爱烧酒、清酒、啤酒等。妇女则多不饮酒。在用餐的时候，韩国人是用筷子的。与长辈同桌就餐时不许先动筷子，不可用筷子对别人指指点点，在用餐完毕后要将筷子整齐地放在餐桌的桌面上。吃饭的时候不宜边吃边谈、高谈阔论。吃东西时，嘴里忌讳响声大作。

3. 节庆习俗

韩国节庆较多，农历正月初一至正月十五的节日活动类似我国春节。农历正月十五为元宵节。传统饮食是种果（栗子、核桃、松子等）、药膳、五谷饭、陈茶饭等。农历四月八日为佛诞节及颂扬女性的春香节。农历五月五日为端午节，家家户户都以食青蒿糕、挂菖蒲来过节。农历八月十五为中秋节，农历九月九日为重阳节。清明扫墓，冬至吃冬至粥（有掺高粱面团子的小豆粥）。除上述传统节日外，韩国人还很重视圣诞节、儿童节5月5日、恩山别神节3月28日至4月1日等。群众喜闻乐见的体育活动有射箭、摔跤、拔河、秋千、跳板、风筝、围棋、象棋等。

4. 禁忌

由于发音与"死"相同的缘故，韩国人对"4"这一数目十分厌恶。受西方礼仪习俗的影响，也有不少韩国人不喜欢"13"这个数。与韩国人交谈时，发音与"死"相似的"私""师""事"等几个词最好不要使用。将"李"这个姓氏按汉字笔画称为"十八子"，也不合适。需要对其国家或民族进行称呼时，不要将其称为"南朝鲜""南韩"或"朝鲜人"，而宜分别称为"韩国"或"韩国人"。

韩国人的民族自尊心很强，他们强调所谓"身士不二"。在韩国，一身外国名牌的人，往往会被韩国人看不起。需要向韩国人馈赠礼品时，宜选择鲜花、酒类或工艺品。但是，最好不要送日本货。

在民间，仍讲究"男尊女卑"。进入房间时，女人不可走在男人前面。进入房间后，女人须帮助男人脱下外套。男女一同就座时，女人应自动坐在下座，并且不得坐得高于男子。通常，女子还不得在男子面前高声谈笑，不得从男子身前通过。

三、泰国

1. 礼节礼貌

泰国最多的见面礼节是带有浓厚佛门色彩的合十礼。一般的交际应酬中不喜欢与人握手。

行合十礼时，须站好立正，低眉欠身，双手十指相互合拢，并且同时问候对方"您好"。行合十礼的最大讲究，是合十于身前的双手所举的高度不同，给予交往对象的礼遇便有所不同。通常，合十的双手举得越高，越表示对对方的尊重。目前，泰国人所行的合十礼大致可以分为四种规格。其一，是双手举于胸前，它多用于长辈向晚辈还礼。其二，是双手举到鼻下，它一般在平辈相见时使用。其三，是双手举到前额之下，它仅用于晚辈向长辈行礼。

其四,是双手举过头顶,它只用于平民拜见泰王之时。

在一般情况下,行合十礼之后,即不必握手。行合十礼时,晚辈要先向长辈行礼;身份、地位低的人要先向身份、地位高的人行礼。对方随后亦应还之以合十礼,否则即为失礼,只有佛门弟子可以不受此例限制。

在交际场合,习惯以"小姐""先生"等国际上流行的称呼彼此相称。在称呼交往对象的姓名时,为了表示友善和亲近,不会称呼其姓,而是称呼其名。

在正式一些的场合,泰国人都讲究穿着自己本民族的传统服饰。服饰喜用鲜艳之色。在泰国,有用不同的色彩表示不同日期的讲究。由于气候炎热,泰国人平时多穿衬衫、长裤与裙子。在参观王宫、佛寺时,穿背心、短裤和超短裙是被禁止的。去泰国人家里做客,或是进入佛寺之前,务必要记住先在门口脱下鞋子。另外,在泰国人面前,不管是站是坐,忌讳把鞋底露出来,尤其不能以其朝向对方。

2. 饮食习惯

泰国美食国际知名。无论是口味辛辣的还是较为清淡的,和谐是每道菜所遵循的指导原则。泰式烹调实质上是由有几百年历史的东方和西方影响有机地结合在一起,形成了独特的泰国饮食。泰国美食的特点要根据厨师、就餐人、场合和烹饪地点情况而定,以满足所有人的胃口。泰国烹饪最初反映了水上生活方式的特点,水生动物、植物和草药是主要的配料。

因为有佛教背景,所以泰国人避免使用大块动物的肉。大块的肉被切碎,再拌上草药和香料。泰国传统的烹饪方法是蒸煮、烘焙或烧烤。由于受到中国影响,引入了煎、炒和炸的方法。自17世纪以来,烹饪方法一直受到葡萄牙、荷兰、法国和日本的影响。在17世纪后期,葡萄牙传教士在南美洲习惯了红辣椒的味道,于是在泰国菜中引入了红辣椒。

泰国人非常擅长"暹罗-伊势"的外国烹饪方法,并替换一些成分。印度饮食中使用的酥油被椰子油取代,椰子汁代替了其他乳制品。减少使用过于强烈的纯香料,增加了新鲜的草药,比如柠檬草和高良姜。最后,在泰国咖喱中使用较少的香料,而增加新鲜草药的使用量。通常人们都知道泰国咖喱的辣味很强烈,但持续时间短,而其他咖喱,由于香料味道强烈,辣味会持续很长时间。泰国菜上菜不是按照一定的顺序,而是一次上齐,这样用餐的人就可以尽情享受各种味道相互补充,相互结合。

3. 节庆习俗

泰历1月1日,是泰国人的元旦,这一天举国欢庆。泰历4月13日至15日为宋干节,即求雨节,也叫泼水节。此时正当干热时节,急需降雨,可以毫无顾忌地互相泼水。泰历5月9日是春耕节,这一天由国王主持典礼,农业大臣开犁试耕,祈求风调雨顺、五谷丰登。泰历12月15日是水灯节,也叫佛光节,人们用香蕉叶或香蕉树皮和蜡烛做成船形灯,放进河里,让其随波逐流,以感谢水神,祈求保佑。

4. 禁忌

不要触及他人头部,也不要弄乱他人的头发。在泰国,人的头部被认为是精灵所在的重要部位。如果无意中碰及他人的头部,应立即诚恳地道歉。泰国人忌讳外人抚摩孩子(尤其是小和尚)的头部,孩子的头只允许国王、僧侣和自己的父母抚摩。即使是理发师也不能乱动别人的头，在理发之前必须说一声"对不起"。泰国人睡觉时，头部不能朝西，因为日落西方象征死亡，只有人死后才能将尸体头部朝西停放，泰国人建筑房屋时，也习惯房屋坐北朝南或坐南朝北，而不朝西。此外，蓄须也被认为不礼貌。

泰国人认为人的右手清洁而左手不洁，左手只能用来拿一些不干净的东西。因此，重要东西用左手拿会招来嫌弃。左撇子在日常生活中可以不注意，但在正式场合绝对不可以。在比较正式的场合，还要双手奉上，用左手则会被认为是鄙视他人。与左手一样，脚掌也被认为是不净的。在入座时，应避免将脚放在桌子上。用脚尖撞人或指人都会被严厉地呵斥，也绝对不能把脚掌冲向佛。泰国人认为脚部是卑贱的，只能用来走路，不能干其他事情，例如用脚踢门和用脚指东西等。坐着时，不要跷起脚和把脚底对着别人。妇女落座，要求更为严格，双腿必须并拢，否则会被认为是不文明，缺乏教养。

在泰国，婴儿落地，接生者只能用竹刀割断脐带，而不能用剪刀。婴儿出生后，把婴儿的胎盘放在瓦锅里，等孩子满月后才埋到屋后。初生的婴儿每日都得放到冷水中浸泡几次，直到他面白唇紫时，才抱起来，据说这样可以防止孩子得病。邻里亲友探望产妇时，不能谈论冷热、汗疹、生病和死亡等事情。泰国人不用红笔签名，因为泰国人死后，要在棺材口写上其姓氏，写时用的是红笔。在人经常走过的地方，如门口、房顶等禁止悬挂衣物，特别是裤衩和袜子之类。在一些农村里，忌赞美别人家的孩子长得漂亮。不能捡水灯。泰国人在泰历的每年12月月圆时要举行水灯节，这是泰国最热闹的一个节日。在观看水灯时一定要注意，无论水灯多么精致美丽，都绝对不能捡起来，否则就会受到严厉的惩罚。

四、新加坡

1. 礼节礼貌

见面礼节多为握手礼。华人往往习惯于拱手作揖，或者行鞠躬礼；马来人则大多采用其本民族传统的"摸手礼"。在新加坡，不讲礼貌不仅会让人瞧不起，而且会寸步难行。对某些失礼之举，在新加坡也有明确的限制。比如，在许多公共场所，通常竖有"长发男子不受欢迎"的告示，以示对留长发的男子的反感和警告。对讲脏话的人深表厌恶。

新加坡人的国服是一种以胡姬花作为图案的服装，在国家庆典和其他一些隆重的场合，新加坡人经常穿着自己的国服。在社交正式场合，男子一般要穿白色长袖衬衫和深色西裤，并且打上领带；女子则须穿套装或深色长裙。在日常生活里，不同民族的新加坡人的穿着打扮往往各具其民族特色。华人的日常着装多为长衫、长裤、连衣裙或旗袍；马来人最爱穿"巴汝"、纱笼；锡克人则是男子缠头，女子身披纱丽。在许多公共场所，穿着过分随便者，比如穿牛仔装、运动装、沙滩装、低胸装、露背装、露脐装的人，往往被禁止入内。

2. 饮食习惯

中餐是新加坡华人的最佳选择。新加坡华人口味上喜欢清淡，偏爱甜味，讲究营养，平日爱吃米饭和各种生猛海鲜，对于面食不太喜欢。粤菜、闽菜和上海菜，都很受他们的欢迎。马来人忌食猪肉、狗肉、自死之物和动物的血，不吃贝壳类动物，不饮酒；印度人则绝对不吃牛肉。在用餐时，不论马来人还是印度人都不用刀叉、筷子，而惯于用右手直接抓取食物，绝对忌用左手取用食物。新加坡人，特别是新加坡华人，大都喜欢饮茶，对客人通常喜欢以茶相待。

3. 节庆习俗

新加坡华人过春节相当隆重,也过元宵节、端午节、中秋节等。信奉印度教的人过"屠龙节"。国定节日为食品节,每年 4 月 17 日举行,节日来临,食品店准备许多精美食品,国人不分贫富,都要购买各种食品合家团聚、邀亲请友,以示祝贺。

4. 禁忌

新加坡华人在饭馆里吃饭时,常用筷子和瓷匙。如果外国人需要,饭店会提供餐叉和汤匙,但一个外国旅客如能使用或试着使用筷子,将会被认为是恭敬的表现。有时用手指帮忙是允许的,尤其是在吃鸡或其他禽类时。马来人和印度人可能用右手代替筷子,用芭蕉叶代替盘子。当采用马来人和印度人的方式吃饭时,应向主人请教或模仿他的做法。用餐时不要把筷子放在碗或装菜的盘子上,不用时,也不要交叉摆放,应放在托架、酱油碟或放骨片的盘子上。如有海员、渔夫或其他爱好划船者同席,不要把盘子里吃了一半的鱼翻转过来,因为那预示着翻船,要把鱼骨移开,从上面吃到下面。

在社交性的谈话中,切忌议论政治得失、种族摩擦、宗教是非和配偶情况等,但可交流旅行方面的经验,也可谈论所到过的国家的各种见闻。好的交谈话题是当地的风味食品、餐馆、受欢迎的旅游地区和主人一方的商业成就。

新加坡严忌说"恭喜发财",他们将"财"理解为"不义之财"或"为富不仁",说"恭喜发财"被认为是对别人的侮辱和嘲骂。用食指指人,用紧握的拳头打在另一只张开的掌心上,或紧握拳头,把拇指插入食指和中指之间,均被认为是极端无礼的动作。双手不要随便叉腰,因为那是生气的表示。新年期间不扫地,不洗头,否则好运会被扫掉洗掉;不要打破屋里的东西,尤其是不要打破镜子,因为那将预示着家庭的分裂或发生其他不幸的事;不穿旧衣,不用针和剪刀,它们会带来坏运气。新加坡人认为 4、6、7、13、37 和 69 是消极的数字,他们最讨厌 7,平时尽量避免这个数字。新加坡人视黑色为倒霉、厄运之色,紫色也不受欢迎。他们偏爱红色,视红色为庄严、热烈、刺激、兴奋、勇敢和宽宏之象征。他们也喜欢蓝色和绿色。新加坡禁止在商品包装上使用如来佛的图像,也不准使用宗教用语。忌讳猪、乌龟的图案。

五、英国

1. 礼节礼貌

英国人十分重视个人的教养,极其强调所谓的"绅士风度"。主要表现在对妇女的尊重与照顾、仪表整洁、服饰得体和举止有方。握手礼是英国人使用最多的见面礼节。"请""谢谢""对不起""你好""再见"一类的礼貌用语,他们是天天不离口的。在进行交谈时,对英国人要避免说"English"(英格兰人),而要说"British"(不列颠人),因为他可能是苏格兰人或爱尔兰人。英国人,特别是那些上年纪的英国人,喜欢别人称呼其世袭的爵位或荣誉的头衔。至少,也要郑重其事地称之为"阁下"或是"先生""小姐""夫人"。

在正式场合的穿着,十分庄重而保守。男士要穿三件套的深色西装,女士则要穿深色的套裙或者素雅的连衣裙。庄重、肃穆的黑色服装往往是英国人优先的选择。英国男子讲究天天刮脸,留胡须者往往会令人反感。

2. 饮食习惯

英国人的饮食具有"轻食重饮"的特点。"轻食",主要是因为英国人在菜肴上没有特色,日常的饮食基本上没有变化。除了面包、火腿、牛肉之外,英国人平时常吃的基本上是土豆、炸鱼和煮菜。"重饮",即讲究饮料。英国名气最大的饮料当推红茶与威士忌。绝大多数英国人嗜茶如命,所喝的茶是红茶。在饮茶时,他们首先要在茶杯里倒入一些牛奶,然后才能依次冲茶、加糖。早上醒来先要赖在床上喝上一杯"被窝茶",在上班期间,还要专门挤出时间去休"茶休",即去喝"下午茶"。在英国,喝"下午茶"既是午餐与晚餐之间的一顿小吃,而且也是"以茶会友"的一种社交方式。英国苏格兰生产的威士忌,曾与法国的干邑白兰地、中国的茅台酒并列为世界三大名酒。

3. 节庆习俗

英国除了宗教节日外还有不少全国性和地方性的节日。在全国性的节日中,国庆和除夕之夜是最热闹的。英国国庆按历史惯例定在英王生日那一天。除夕之夜全家团聚、举杯畅饮,欢快地唱"辞岁歌"。除夕之夜必须瓶中有酒,盘中有肉,象征来年富裕有余。丈夫在除夕还赠给妻子一笔钱,作为新的一年缝制衣物的针线钱,以表示在新的一年里能得到家庭温暖。在苏格兰,人们提一块煤炭去拜年,把煤块放在亲友家的炉子里,并说一些吉利话。

4. 禁忌

英国人十分忌讳被视为死亡象征的百合花和菊花,不喜欢大象、孔雀与猫头鹰,厌恶黑色的猫。遇上碰洒了食盐或是打碎了玻璃一类的事情,都是认为很倒霉的。反感的色彩主要是墨绿色。他们还忌用人像作商品装潢。忌用大象、孔雀、猫头鹰等图案。在握手、干杯或摆放餐具时忌讳无意之中出现了类似十字架的图案。忌讳的数字是"13"与"星期五"。当二者恰巧碰在一起时,不少英国人都会产生大难临头之感。英国人还忌讳"3"这个数字,特别忌讳用打火机和火柴为他们点第三支烟。在英国,动手拍打别人,跷起"二郎腿",右手拇指与食指构成"V"形时手背向外,都是失礼的动作。饮食禁忌主要是不吃狗肉,不吃过辣或带有黏汁的菜肴。

六、法国

1. 礼节礼貌

法国人性格比较乐观、热情,谈问题开门见山,爱滔滔不绝地讲话,说话时喜欢用手势加强语气。法国人爱自由,纪律性差。法国人所采用的见面礼节,主要有握手礼、拥抱礼和吻面礼。吻面礼,使用得最多、最广泛。法国人与交往对象行吻面礼,意在表示亲切友好。为了体现这一点,在行礼的具体过程里,他们往往要同交往对象彼此在对方的双颊上交替互吻三四次,而且讲究亲吻时一定要连连发出声响。常用的敬称主要有三种。其一,是对一般人称第二人称复数,其含意为"您"。其二,是对官员、贵族、有身份者称"阁下""殿下"或"陛下"。其三,是对陌生人称"先生""小姐"或"夫人"。"老人家""老先生""老太太",都是法国人忌讳的称呼。

在正式场合,法国人通常要穿西装、套裙或连衣裙。法国人所穿的西装或套裙多为蓝色、灰色或黑色,质地则多为纯毛。在他们看来,棕色、化纤面料的这类服装,是难登大雅之堂的。对于穿着打扮,法国人认为重在搭配是否得法。在选择发型、手袋、帽子、鞋子、手表、眼镜时,法国人都十分强调要使之与自己的着装相协调。妇女在参加社交活动时,一定要化妆,并且要佩戴首饰。佩戴首饰的话,一定要选"真材实料"。男士对自己仪表的修饰相当看重,他们中的许多人经常出入美容院。在正式场合亮相时,剃须修面,头发"一丝不苟",身上略洒一些香水。

2. 饮食习惯

在西餐中,法国菜可以说是最讲究的。平时,法国人爱吃面食。在法国,面包的种类之多,令人难以计数。在肉食方面,他们爱吃牛肉、猪肉、鸡肉、鱼子酱、蜗牛、鹅肝,不吃肥肉、宠物、肝脏之外的动物内脏、无鳞鱼和带刺带骨的鱼。口味喜欢肥浓,偏爱鲜嫩。选料要新鲜,而且烹饪也大多半生不熟。有不少菜,他们甚至还直接生食。法国人爱吃奶酪。他们特别善饮,几乎餐餐必喝酒,而且讲究在餐桌上要以不同品种的酒水搭配不同的菜肴。在喝酒时各自选用,无劝酒的习惯。对于鸡尾酒,法国人大都不太欣赏。

3. 节庆习俗

法国节日以宗教节日为主,每天都是纪念某一圣徒之日。1月1日是元旦,这一天也是亲友聚会的日子,家中酒瓶里不能有隔年酒,否则被认为不吉利。元旦的天气还被认作新年光景的预兆。春分所在月份月圆后第一个星期天为复活节。复活节后40天为耶稣升天节,复活节后50天为圣灵降临节。4月1日为愚人节,这一天人人都可骗人。11月1日为万灵节,祭奠先人及为国捐躯者。12月25日为圣诞节,是法国最重大的节日。重要的世俗节日有:7月14日为国庆节,全国放假一天,首都将举行阅兵式;5月30日是民族英雄贞德就义纪念日;11月1日是第一次世界大战停战日;5月8日是反法西斯战争胜利日;3月中旬第一个星期天是体育节,人们都自愿地为心脏健康而跑步。

4. 禁忌

菊花、牡丹、玫瑰、杜鹃、水仙、金盏花和纸花,一般不宜随意送给法国人。仙鹤被视为淫妇的化身,孔雀被看作祸鸟,大象象征着笨汉,它们都是法国人反感的动物。法国人对核桃十分厌恶,认定它代表着不吉利,以之招待法国人,将会令其极其不满。对黑桃图案,他们也深为厌恶。他们所忌讳的色彩,主要是黄色与墨绿色。法国人所忌讳的数字,是"13"与"星期五"。给法国妇女送花时,宜送单数,但要记住避开"1"与"13"这两个数目。在一般情况下,法国人绝对不喜欢13日外出,不会住13号房、坐13号座位,或是13个人同桌进餐。初次见面就向人送礼,往往会令对方产生疑虑。在接受礼品时若不当着送礼者的面打开其包装,则是一种无礼的、粗鲁的行为。

七、美国

1. 礼节礼貌

在一般情况下,同外人见面时,美国人往往以点头、微笑为礼,或者只是向对方"嗨"上一声作罢。不是特别正式的场合,美国人甚至连国际上最为通行的握手礼也略去不用了。

若非亲朋好友,美国人一般不会主动与对方亲吻、拥抱。在称呼别人时,美国人极少使用全称。他们更喜欢交往对象直呼其名,以示双方关系密切。若非官方的正式交往,美国人一般不喜欢称呼官衔,或是以"阁下"相称。对于能反映其成就与地位的学衔、职称,如"博士""教授""律师""法官""医生"等等,他们却是乐于在人际交往中用作称呼的。在一般情况下,对于一位拥有博士学位的美国议员而言,称其为"博士",肯定比称其为"议员"更受对方的欢迎。美国人崇尚"女士优先",都忌讳说老。

美国人穿着打扮的基本特征是尊尚自然,偏爱宽松,讲究着装体现个性。在日常生活中,美国人大多是宽衣大裤。拜访美国人时,进了门一定要脱下帽子和外套。穿深色西装套装时穿白色袜子,或是让袜口露出自己的裙摆之外,都是缺乏基本的着装常识的表现。女性最好不要穿黑色皮裙,不要随随便便地在男士面前脱下自己的鞋子,或者撩动自己裙子的下摆,否则会有勾引对方之嫌。

2. 饮食习惯

在一般情况下,美国人以食用肉类为主,牛肉是他们的最爱,鸡肉、鱼肉、火鸡肉亦受其欢迎。若非穆斯林或犹太教徒,美国人通常不禁食猪肉。爱吃羊肉者极其罕见。喜食"生""冷""淡"的食物,不刻意讲究形式与排场,强调营养搭配。不吃狗肉、猫肉、蛇肉、鸽肉,动物的头、爪及其内脏,生蒜、韭菜、皮蛋等。

美国人的饮食日趋简便与快捷,热狗、炸鸡、土豆片、三明治、汉堡包、面包圈、比萨饼、冰激凌,等等,老少咸宜,是其平日餐桌上的主角。爱喝的饮料有冰水、矿泉水、红茶、咖啡、可乐与葡萄酒。新鲜的牛奶、果汁,也是他们天天必饮之物。

用餐时一般以刀叉取用。切割菜肴时,习惯于先是左手执叉,右手执刀,将其切割完毕,然后,放下餐刀,将餐叉换至右手,右手执叉而食。美国人讲究斯文用餐。其用餐的戒条主要有下列六条:其一,不允许进餐时发出声响。其二,不允许替他人取菜。其三,不允许吸烟。其四,不允许向别人劝酒。其五,不允许当众宽衣解带。其六,不允许议论令人作呕之事。

3. 节庆习俗

美国的节日比较多。7月4日为美国独立日。美国的政治性节日还有国旗日、华盛顿诞辰纪念日、林肯诞辰纪念日、阵亡将士纪念日等。2月14日为情人节,在这一天,恋人之间都要互赠卡片和鲜花。5月第二个星期日为母亲节,6月第三个星期日为父亲节,是美国的法定节日。11月第四个星期四是感恩节,也叫火鸡节,是美洲特有的节日。这一天也是家人团聚、亲朋欢聚的日子,还要进行化装游行、劳作比赛、体育比赛、戏剧表演等活动,十分热闹;火鸡、红莓苔子果酱、甘薯、玉米汁、南瓜饼等节日佳肴让人大饱口福。12月25日为圣诞节,是美国最盛大的节日。全城通宵欢庆,教徒们跟随教堂唱诗班挨户唱圣诞颂歌,装饰圣诞树,吃圣诞蛋糕。

4. 禁忌

美国人忌讳"13""星期五""3"。认为这些数字和日期都是厄运和灾难的象征。还忌讳有人在自己面前挖耳朵、抠鼻孔、打喷嚏、伸懒腰、咳嗽等。认为这些都是不文明的,是缺乏礼教的行为。若实在不能控制打喷嚏、咳嗽,则应头部避开客人,用手帕掩嘴,尽量少发出声响,并要及时向在场的人表示歉意。他们忌讳有人冲他伸舌头,认为这种举止是污辱人的动作。他们讨厌蝙蝠,认为它是吸血鬼和凶神的象征。忌讳黑色,认为黑色是肃穆的象征,是丧葬用的色彩。

美国人对握手时目视他方很反感,认为这是傲慢和不礼貌的表示。他们忌向妇女赠送香水、衣物和化妆用品。美国妇女因有化妆的习惯,所以她们不欢迎服务人员送香巾擦脸。美国人不喜欢在自己的餐碟里剩食物,认为这是不礼貌的。

在美国千万不要把黑人称作"Negro",最好用"Black"一词,黑人对这个称呼会坦然接受。因为 Negro 主要是指从非洲贩卖到美国为奴的黑人。跟白人交谈如此,跟黑人交谈更要如此。否则,黑人会感到你对他的蔑视。

美国人还有三大忌:一是忌有人问他的年龄,二是忌问他买东西的价钱,三是忌在见面时说:"你长胖了!"因为年龄和买东西的价钱都属于个人的私事,他们不喜欢别人过问和干涉。至于"你长胖了!"这句中国人习惯的"赞赏话",在美国人看来是贬义的。因为在美国的"瘦富胖穷"的概念,一般富人有钱游山玩水,身体练得结实,容貌普遍消瘦;胖人没多少钱,更无闲心去锻炼,导致人偏胖。他们忌讳同性人结伴跳舞,因为在他们眼里,异性结伴跳舞是天经地义不容违背的。同性结伴跳舞必有不轨之嫌,甚至可能会是"同性恋者"。他们特别忌讳赠礼是带有对方公司标志的便宜礼物,认为这是在为对方的公司做广告。

在美国堪萨斯州法律规定:星期天不准公民吃蛇肉,违犯者要被处以监禁。在印第安纳斯州的威诺纳湖区规定:星期天不准在柜台吃冰激凌。在新泽西州,如果谁在餐馆里喝汤时发出咕嘟咕嘟的声音,就会被警察拘留。在内布拉斯州的活特卢法律规定:上午七时到下午七时之内,理发师吃洋葱是违法的。在印第安纳斯州的加里规定:吃过大蒜以后的四小时之内不准乘电车或上影剧院。

八、加拿大

1. 礼节礼貌

对关系普通者,一般以握手致意作为见面礼节。亲友、熟人、恋人或夫妻之间以拥抱或亲吻作为见面礼节。分手时也行握手礼。加拿大人跟外人打交道时,只有在非常正式的情况之下,才会对对方连姓带名一同加以称呼,并且彬彬有礼地冠以"先生""小姐""夫人"之类的尊称。在一般场合里,加拿大人在称呼别人时,往往喜欢直呼其名,而略去其姓。

在加拿大,父子之间互称其名是常见的事。对于交往对象的头衔、学位、职务,加拿大人只有在官方活动中才会使用。在日常生活里,他们绝对不习惯像中国人那样,以"主任""局长""总经理""董事长"之类去称呼交往对象。

与加拿大土著居民进行交际时,不宜将其称为"印第安人"或"爱斯基摩人"。前者被认为暗示其并非土著居民,后者的本意则为"食生肉者",因而具有侮辱之意。对于后者,应当采用对方所认可的称呼,称之为"因纽特人"。对于前者,宜以对方具体所在的部族之名相称。

加拿大人的着装以欧式为主。上班的时间,他们一般要穿西服、套裙。参加社交活动时,他们往往要穿礼服或时装。在休闲场合里,他们则讲究自由穿着,只要自我感觉良好即可。每逢节假日,尤其是在欢庆本民族的传统节日时,大都有穿着自己的传统民族服装的习惯。

2. 饮食习惯

加拿大人对法式菜肴较为偏爱,并且以面包、牛肉、鸡肉、鸡蛋、土豆、西红柿等物为日常之食。在口味方面,比较清淡,爱吃酸、甜之物。在烹制菜肴时极少直接加入调料,而是惯于将调味品放在餐桌上,听任用餐者各取所需,自行添加。从总体上讲,他们以肉食为主,特别爱吃奶酪和黄油。加拿大人特别爱吃烤制的食品。在用餐之后爱吃上一些水果。在饮品方面,喜欢咖啡、红茶、牛奶、果汁、矿泉水。还爱喝清汤,并且爱喝麦片粥。忌食肥肉、动物内脏、腐乳、虾酱、鱼露,以及其他一切带有腥味、怪味的食物。动物的脚爪和偏辣的菜肴,他们也不太喜欢吃。用餐时一般使用刀叉。忌讳在餐桌上吸烟、吐痰、剔牙。一日三餐中最重视的是晚餐。

3. 节庆习俗

加拿大的主要节日有:国庆日7月1日。元旦,人们将瑞雪作为吉祥的征兆,哈德逊湾的居民在新年期间不但不铲平阻塞交通的积雪,还将雪堆积在住宅四周,筑成雪岭。他们认为,这样就可以防止妖魔鬼怪的侵入。枫糖节,加拿大盛产枫树,其中以东南部的魁北克和安大略两省枫叶最多最美。每年三四月间,一年一度的"枫糖节"就开始了。几千个生产枫糖的农场装饰一新,披上节日的盛装,吸引了无数的旅游者。冬季狂欢节,在加拿大东南部港口城市魁北克,每年从2月份的第一个周末起,都举行为期10天的冬季狂欢节。狂欢节规模盛大,活动内容丰富多彩。

4. 禁忌

由于大部分加拿大人信奉基督教新教和天主教,因此他们忌讳13和星期五,认为它们是带厄运的数字。

与加拿大人交谈时,不要插嘴,打断对方的话,或是与对方强词夺理。不要议论性与宗教、评说英裔加拿大人与法裔加拿大人的矛盾及探讨魁北克省要求独立的问题。处处将加拿大与美国连在一起进行比较,将加拿大视为美国的"小兄弟",或是大讲特讲美国的种种优点与长处,都是应当避免涉及的。

他们忌讳白色的百合花,因为白色的百合花主要被用于悼念死者,所以绝对不可以作为礼物送给加拿大人。他们还忌讳黑色和紫色,认为这两种颜色不吉利。白雪在加拿大人的心目中有着崇高的地位,并被视为吉祥的象征与避邪之物。在不少地方,人们甚至忌讳铲除积雪。

在需要指示方向或介绍某人时,加拿大人忌讳用食指指指点点,而是代之以五指并拢,掌心向上的手势。当加拿大人耸肩时,大多是表示自己"无能为力",或者是为了掩饰自己的窘态。

在老派的加拿大人看来,打破了玻璃,请人吃饭时将盐撒了,从梯子底下经过,都是不吉利的事情。都是应当竭力避免发生的。

九、澳大利亚

1. 礼节礼貌

澳大利亚人时间观念强,女性较保守,接触时要谨慎。见面礼节,既有拥抱礼、亲吻礼,也有合十礼、鞠躬礼、握手礼、拱手礼、点头礼。土著居民在见面时所行的勾指礼极具特色。做法是:相见的双方各自伸出手来,令双方的中指紧紧勾住,然后再轻轻地往自己身边一拉,以示相亲、相敬。

在极为正式的场合要穿西装、套裙,平时的一般穿着,大都是 T 恤、短裤,或者牛仔装、夹克衫。由于阳光强烈,他们在出门之时,通常喜欢戴上一顶棒球帽来遮挡阳光。澳大利亚的土著居民平时习惯于赤身露体,至多是在腰上扎上一块围布遮羞而已。

2. 饮食习惯

澳大利亚人的饮食习惯多种多样。就主流社会而言,人们一般喜欢英式西餐。其特点是口味清淡,不喜油腻,忌食辣味。有不少的澳大利亚人还不吃味道酸的东西。大都爱吃牛、羊肉,对于鸡肉、鱼肉、禽蛋也比较爱吃。他们的主食是面包,爱喝的饮料则有牛奶、咖啡、啤酒与矿泉水,等等。在用餐时,澳大利亚人是使用刀、叉的。一般不吃狗肉、猫肉、蛇肉,不吃动物的内脏与头、爪。他们十分厌恶加了味精的食物,认定味精好似"毒药",令人作呕。澳大利亚土著居民目前大多数尚不会耕种粮食、饲养家畜。他们靠渔猎为生,并且经常采食野果。他们的食物品种繁多,制作方法也各具特色。在进食的时候,经常生食,并且惯于以手抓食。

3. 节庆习俗

国庆日是 1 月 26 日。圣诞节时,澳大利亚正处盛夏,商店橱窗里特意装扮的冰雪及圣诞老人和满街的夏装形成鲜明的对照,成为澳大利亚圣诞节的特色。圣诞节夜晚,人们带着饮料到森林里举行"正别居"野餐,吃饱喝足后,就跳起"迪斯科"或"袋鼠舞"直到深夜,然后在森林中露宿,迎接圣诞老人的到来。南太平洋艺术节(每隔四年举行一次),是南太平洋地区的国家为"庆祝太平洋的觉醒","鼓励太平洋传统文化的保持和新生",并在"整个太平洋地区加强团结"的口号下举行的具有浓厚地方色彩的节日。

4. 禁忌

在澳大利亚人眼里,兔子是一种不吉利的动物。他们认为,碰到了兔子,可能是厄运将临的预兆。对于"13"与"星期五"普遍反感至极。在人际交往中,爱好娱乐的澳大利亚人往往有邀请友人一同外出游玩的习惯,他们认为这是密切双方关系的捷径之一。对此类邀请予以拒绝,会被他们理解成不给面子。澳大利亚人不喜欢将本国与英国处处联系在一起。不喜欢听"外国"或"外国人"这一称呼。对公共场合的噪声极其厌恶。在公共场所大声喧哗者,尤其是门外高声喊人的人,是他们最看不起的。

第四章　旅游社交礼仪

第一节　拜访礼仪

拜访又叫作拜会、拜见，就是指前往他人的工作单位或住所，去会晤、探望对方，进行接触与沟通。不论是公务交往还是私人往来，拜访都是人们在社交中最经常采用的一种方式。

拜访根据不同的目的可分为事务性拜访和礼节性拜访。所谓事务性拜访是指为了某一具体的事务而进行的有特定目的的拜访，这个事务可以是公务，也可以是私事。这类拜访一般没有特别合适的时机，拜访的具体时间可根据事务的性质选择双方都合适的时间。

礼节性拜访是指亲朋好友或熟人之间为了巩固原有的关系、发展已有的情谊而进行的没有特定目的的拜访。亲戚、朋友、熟人之间好久没有见面了，就需互相走走，问个好。根据人际关系的一般规律，人际关系的维系需要有一定的接触频率。即使是亲朋好友长期不来往，关系也会淡漠，最后甚至可能中断联系。

礼节性拜访往往具有比较固定的拜访时机，如节假日、对方本人或家庭重大事件发生日，如婚丧、嫁娶等。

事务性拜访与礼节性拜访在人际交往中所起的作用是明显不同的。礼节性拜访是建立和维持良好人际关系的关键。礼节性拜访是没有具体事务的目的、注重情感交流的活动形式，而建立在情感基础上的人际关系总是更具持久性。事务性拜访是有具体的需解决的事务，事务解决了，双方的交往也很可能随之失去动力。所以，礼节性拜访是人际交往中更为重要的活动方式。无论是组织关系还是私人关系，礼节性拜访都是必不可少的。

按拜访的地点不同，拜访可分为居室拜访、工作场所拜访和其他场所拜访，其礼仪要求也各不相同，我们在下面分别介绍。

一、拜访的准备

（一）事先预约，守时守约

事实上，很少有人会从心底里欢迎不速之客的，除非你是主人盼望已久的亲友或是主人整天闲得无事可做，正需要有人与他一起打发时间。随着生活节奏的加快以及人们对生活空间的日益重视，不速之客越来越不受欢迎，所以不管是何种拜访，最好都能提前预约。这既是对对方的尊重，也是为自己的方便（避免吃闭门羹）。

只有在以下几种特殊的情况下可以不预约：事情紧急来不及预约；没有可供预约的手段；关系密切的亲朋好友熟悉对方的生活节奏，且拜访时只预备短暂停留。

如果你在上述这些情况下未经预约登门拜访,还应注意恰当的做法,以免引起对方的不快。如果是事情紧急或无法预约而不得不突然造访时,见面时应及时向对方说明事情原委,并表示歉意,而且拜访时间一般不超过10分钟;如果是第三种情况,见面后应留意一下对方是否有空,若是对方正有事要忙,不妨只在门口问候对方,改天再登门拜访。预约方式有很多,电话是最常用、方便的预约方式,也可写信,若是初次公务拜访,最好带上介绍信。

约定拜访的时间和地点,应客随主便。若是家中拜访,不要约在吃饭和休息时间,最好安排在节假日下午或晚上;若是办公场所拜访,一般不要定在上班后半小时内和下班前半小时;若去异性朋友处做客,尤其要注意时间安排。此外,要注意约定人数,尤其在公务拜访中,还要约定参加的人员和身份,赴约时,切不可带主人预先不知道的旁人。

约好时间、地点后,就不可轻易变动,特殊原因不能如期赴约,务必尽快电话通知对方,说明情况并诚恳致歉,待见面时,应再次致歉。如公务拜访约定后,主要拜访人缺席,也应事先告诉对方并听取其建议;拜访时应准时到达,提早和推迟都不宜;考虑到交通拥挤或其他影响因素,可约定一个较为灵活的拜访时间,如"我在七点半到八点之间到达",以免自己给人留下不守时、不守信的印象。

拜访最好要准时到达,既不要早到,让主人还没有准备好,措手不及;更不要晚到,让主人等待,且浪费时间。

(二)悉心准备,考虑周到

一般拜访都有一定的目的性,需要商量什么事情,拟请对方做哪些工作,自己需要做些什么准备,如何同对方交谈,等等,事先都应做认真的设想和安排。正式拜访前,要准备好自己的服饰,注意仪容仪表,以表示对被拜访人的尊重,衣冠不整、蓬头垢面是失礼的。因为,自己的服饰让对方看了不舒服对交往不利,而且,万一主人家正好有其他客人来访,还会让主人感到难堪。所以,即使是老朋友之间或是邻居间的拜访,也应适当注意一下仪表,穿背心、拖鞋、睡衣、裤衩更是不合适的。

拜访对方或看望亲朋好友,如需要带上适当的礼品,也要事先做好准备,以免"临时抱佛脚"。

初次公务拜访还要准备好名片。名片要放在容易拿出来的地方,男士可以放在西装口袋里,也可放在名片夹里,或是提包中;女士则可将名片放在提包中容易掏出来的地方。

二、居室拜访礼仪

(一)进门有礼,不可冒失

无论到别人家中或办公场所拜访,都不可破门而入。有门铃的首先按门铃,时间2秒左右即可,若间隔十几秒未见反应,可按2~3次,切忌长时间连续不断按铃,吵得主人心烦;没有门铃的,先敲门,敲门时用中指与食指的指关节有节奏地轻叩房门2~3下,不可用整个手掌,更不能用拳头擂或用脚踢。在炎热的夏季,有的人习惯敞开着门,若在这时拜访,也应敲门告知主人。

数次按门铃或敲门后,主人还是没有来应门,就只能离去,即使你断定家里有人。主人不开门迎客,说明你此刻的拜访是不受欢迎的,主人不愿意被打扰,切不可连续不断地敲门或按门铃，也不要在门外高声喊叫，或在门前徘徊不走，或通过窗户向室内窥探，除非你确信屋内的人需要帮助。

如果主人在屋内以"谁啊"应门，你通常应通报自己的姓名或身份，而不能只回答一个"我"字，除非你与主人很熟，确信对方能听出你的声音。

如果为你开门的人是你不认识的，要先恭敬施礼，主动通报姓名，并说明来意，如果事先没有约好，还应礼貌致歉。若被访者不在，可留下姓名，并在名片上简单地写上自己的拜访事由，也可以告诉接待人，请他（她）为你转达。

如果对方仅仅是开门而并没有说"请进"，这并不表示你可以进去。每个人的家都是私人空间，没有主人的邀请，不能随便进入。如果有事，不妨在门口说；如果没有什么特别的事，在寒暄问候以后就应及时告辞。

只有当主人为你开门请你进屋时，你才可以进门。进门后随手将门带上，如果带着雨具，应放在门口或主人指定的地方，避免把水滴到房间。在寒冷的冬季，进入主人家后，应在主人示意下脱下外套，摘下帽子、手套等随身物品，一起放在主人指定的地方。如果主人没有示意，则表示无意让你进屋，这时不可急匆匆地脱下衣帽。需要脱鞋时，应将鞋脱在门外，穿拖鞋进屋；若无须脱鞋，应先将鞋在门外的擦鞋毡上擦干净后方可进屋。

（二）言谈有度，举止得当

与主人相见，要主动向主人问好，并同主人握手为礼。如果双方初次见面，还应对自己略作自我介绍。对主人的同事、亲属，应主动打招呼、问好，不能视而不见，不理不睬。如有礼品，可适时向主人奉上，不要道别时再送。

进入房间时，要主动跟随主人之后，而不要走在主人之前。入座时，要根据主人的邀请，坐在主人指定的座位上。如拜访对象是长者或身份高者，应待主人坐下或招呼坐下后再入座，不要抢先坐下，以免引起主人的反感。

没有得到主人示意，不能随意走动，特别是不能随意进入主人卧室，也不要乱动主人家的物品。主人端茶送水果，应欠身致谢，并双手捧接。上门做客最好不抽烟，如非抽不可，要征得主人同意；主人递烟时，可接过并主动为主人点烟。坐姿要端正，不要东倒西歪，不能把整个身体陷在沙发内，也不要双手抱膝，更不要跷二郎腿。若觉得疲劳，可变换坐姿，但不能抖动两腿，女士应注意两膝并拢。

当主人询问客人喜欢何种食物或饮料时，应在主人所能提供的范围内做出明确的答复。如主人问客人喜欢茶还是咖啡，客人应根据自己的喜好明确告诉主人自己喜欢哪一种。当然，客人也可以选择对主人来说较为方便的一种，但如果客人只回答"随便"，会让主人觉得左右为难；如果客人要求主人提供一时无法提供的某种食品更会让主人难堪。

不要拒绝主人的建议。如果主人建议客人参与某项活动，客人一般不应拒绝。如果主人向客人介绍家里的某些特色，如工艺品、书画、花木等，客人应表现出应有的兴趣和热情。

如果主人家里还有其他客人，应一一向他们点头致意。但若主人没有介绍，一般不要随意攀谈（如果是主人没有顾得上为客人介绍，那么主动与其他客人攀谈则是礼貌的表现），更不应询问他们与主人的关系以及来访的原因。如果主人家里有你不太欣赏的旧识，你也要愉快地向他寒暄、打招呼，不能因为个人原因使气氛变得紧张。

中途有客人来访，作为先到的客人并不一定要起身相迎。但如果屋内人数不多，仅两三个人，而且来访者是应向其表示敬重的长者或是主人的老朋友，客人最好起身相迎（这既是对来访者的尊重，也是对主人的尊重）。如果没有起身相迎，那么等对方进屋后，至少应点头致意；如果对方走到你身边，你还应起立（这表示"很高兴见到你"之意）。

中途有客人告辞，一般来说，其他客人应与主人一起起身相送（至少欠欠身，有送客的表示），等客人走后再回到座位上。作为先走的客人，在其他客人起身相送时，应礼貌地请大家不必起来。

主人招待的饮料、水果、点心，饮料可以全喝完，但水果、点心只能稍稍品尝。当主人为客人削水果时，应请主人不必麻烦，或是自己来削。如果自己并不喜欢主人所准备的水果时，最好及时告诉主人自己现在不想吃，免得削好的水果浪费。应主人之请在主人家吃便饭时，应先表示请主人与长辈一同进餐，待主人入座进餐时自己再开始进餐。就餐前，第一件不应忘记的事情是打招呼，尤其要与女主人打招呼，并对主人的宴请说一些赞扬话，为就餐创造融洽、热烈的气氛；入席时要按既定次序入座，不要贸然坐下；坐在餐桌前要注意体态礼仪，主人祝酒时要专注地听，主人敬酒时要起立回敬，即使不会饮酒也应沾沾唇，以示尊敬，待主人招呼后再动筷夹菜；进餐中要注意饮食礼仪，席间谈笑应多谈些愉快、健康、轻松的话题，中途离席要尽量避免，确实无奈应向主人致以歉意方可离去。

拜访交谈，要做到心中有数，适当的寒暄后，尽快切入主题，不要东拉西扯，浪费时间。如果是请主人帮忙，应开门见山，把事情讲清楚，不要含混不清，令主人无从做起。如果主人帮忙有困难，就不能强人所难，切忌死皮赖脸，令场面难堪。

交谈时，要尊重主人，不可反客为主，口若悬河，喋喋不休，更不可过多询问主人家的生活和家庭情况。要随时注意主人神情的变化，适时调整自己的谈话方式，必要时多提问，提一些主人爱好的问题，自己不妨做个听众。

（三）善解人意，适时告辞

拜访交谈时要注意掌握时间，要知道客走主安的道理。为了不影响主人的生活规律和打乱其原有计划，拜访时间一般不宜太长。事务性拜访的停留时间一般在20分钟到1小时，宾主双方谈完该谈的事，客人就应及时告辞。礼节性拜访可以根据当时的情景灵活把握，如果主人兴致很高，客人可以多留一会儿；如果发现主人另有安排（主人在看时间，或是有别的客人来了），或是到了主人休息、吃饭时间（原先计划留下来吃饭的除外），就应及时告辞。及时告辞是客人为主人着想的基本礼貌。

有时，可能很难确切判断主人到底是希望客人留下来多聊一会儿，还是有了其他安排，或是已到主人的休息时间。这时，不妨用提出告辞的方法去试探主人的意图，如"你们小孩要睡觉了吧，我们该走了"，或是"您还有另外事情吧，我们先告辞了"。倘若主人真诚挽留，你可以稍微再停留一些时间；如若主人只是礼节性挽留，你就应果断地起身告辞，免得耽误主人的时间。

告辞时，应选择交谈停顿的瞬间果断地起身。倘若在交谈时起身告辞很容易让主人误解为是对交谈内容不感兴趣。告辞时，一般是男客人先向男主人告辞，再向女主人及其他家人告辞；女客人先向女主人告辞，再向男主人及其他家人告辞。除了向主人及家人作一一告辞外，还应向在座的其他客人告辞（通常是用简单致意的方式告辞），但对于那些没有注意到你起身的客人可以不必特意去告辞。其他客人如有起身相送之意,应及时说:"别客气,请坐。"主人及其家人可以让他们送到门口,送至门口时,主动劝主人留步,并主动伸手相握。

告别时应有恰当的寒暄。最为常见的寒暄是"再见""请留步";如这次拜访是无预约的冒昧造访,可以对主人说"打扰了";如果这次拜访是有求于人,不妨对主人说"谢谢了"或"麻烦您了";如果是亲朋好友间的礼节性拜访,可以邀请对方的回访,如"下次到我家来""有空过来玩。"

提出告辞后,就要态度坚决,不要犹豫,不要说过几次"走了",却迟迟不动。即使主人有意挽留,也应坚辞而去,不要拖延时间,出门以后,就应主动请主人"留步",并握手告别,表示感谢。不要任凭主人远送,也不要站在门口与主人恋恋不舍,东拉西扯说个没完,让起身相送的主人和其他客人只能陪站着。

握手告别后,告辞应算结束了。但是特别有礼貌的主人可能会站在原地目送客人,这时,作为客人应在第一个拐弯处或走出一段距离后,回头向主人挥挥手,以示最后的谢意,并请主人快回家。

远道的客人在返回后,还应给主人报个平安,并再次感谢主人的款待。

三、工作场所及其他场所拜访礼仪

(一)工作场所拜访礼仪

来到对方工作场所,应在门口看要找的人是否在。如果在,应招呼了以后再进去;如果不在,可礼貌地找人打听。不能直冲冲地闯到别人的工作场所里。

当对方正在开会或已有其他客人来访,你应该自动退在门外等候,而不应进去站在一旁或在门口走来走去,妨碍他人。

见面时要互致问候,不认识的要自我介绍。

如果初次拜访,进门后应问候"你好"或"各位好",并点头致意,然后自我介绍或向接待人员递名片,请求与会见者见面。如已事先约定,应提及双方约会的事,让接待者明白来意。

自我介绍后,待对方让座时,再大方稳重地坐下。座位通常由主人安排,尽量不要坐在办公人员的办公座位上,以免影响他人正常办公。坐的时候要端坐,因为是来谈公事,而不是闲聊,不能露出懒散无聊的样子。

当对方站立说话时,你也应该站立起来说话,以示尊重,站的时候不要斜靠在别人的办公桌上。

他人端茶递水敬烟时,要稍欠身子表示谢意。

讲究工作场所卫生,不乱磕烟灰、乱扔烟蒂、乱吐痰。

招呼、谈话时,嗓门不要太大,以免影响他人工作。

谈完公事,即可告辞,不要久坐。

拜访同样要注意仪容,穿戴要整洁大方,这既是对对方的尊重,同时也表明自己对拜访的重视程度。

到工作场所拜访,特别是一般性的工作访问,多数情况下不必准备什么礼物。但若是为了感谢对方单位的支持,就应准备相应的礼品,一般的锦旗、牌匾之类的礼品为宜,条件许可可以带一些与拜访业务相关的礼品、小纪念品,价值不可太高,有纪念意义就可以了。

到工作场所拜访,一般都是在工作时间。所以,拜访时间不宜长,一般在15分钟至半小时即可。

告辞时可握手道别,也可说"拜托了""谢谢了""麻烦了""留步""再见"等礼貌用语。

(二)宾馆拜访礼仪

如果外地客人来到本地,住在某宾馆里,得知消息以后,应前去进行礼节性拜访。拜访前先约定时间,预约时必须问清宾馆的位置、楼层、房号、电话等。

到宾馆这样的公共场所,若是穿着不得体,有可能被拒之门外,即使不被阻挡,也会招来别人冷漠的眼光。

进入宾馆以后,应向保安或服务台人员说明来意,然后往房间打个电话,经客人允许后,方可到房间去。

进客房前,看清房间号码,先敲门,待客人开门后进行自我介绍,双方证实身份后,客人请进方可进入房间。

如果是星级宾馆,一般的房间都带有会客厅,不宜进入卧室交谈。到宾馆拜访大都属于礼节性的拜访,作为东道主,应热情地表示对客人到来的欢迎。同时关心询问客人生活、工作有何不便,需要提供什么帮助。拜访时间不宜太长,以15分钟左右为宜,到宾馆拜访,通常不必准备礼物。

若主人准备安排饭局给客人接风,则应当场告知地点、时间,并征得客人同意,到时再来宾馆接客人(也可派别人前来)。

在宾馆的前厅及走廊上不要急匆匆跑动,脚步要轻稳。与服务员讲话态度要和蔼,语气要平缓,对男子统称"先生",对女子则统称"小姐"。

(三)遣人拜访礼仪

一般情况下,都是自己亲自拜访,但如果自己事务缠身又必须去拜访某人时,可以遣人拜访。

遣人拜访应注意的事项如下。

(1)所派遣的人员要口齿伶俐,否则会造成重要事情的误解或让对方觉得不受尊重。

(2)遣人拜访可以写一封私人信件,一般不封口,交给拜访的人;还可以交给拜访人一张名片,以表明自己的诚意。信件上说明自己不能亲往的原因并致歉。

(3)将拜访要说的问题向派遣的人讲清楚,并请对方复述一遍,以保证准确无误。

(4)事后一定要抽身亲往致谢或修书一封,表示歉意。

第二节　见面礼仪

一、见面礼节

1. 握手礼

握手,是人们见面时相互致意的最普遍的方式。握手作为一种礼节,应掌握以下几点。

（1）握手的正确姿态

握手要注意姿势,一般在距离对方一米左右的地方站立,上身略微前倾,自然伸出右手,四指并拢,拇指张开,掌心向上或略微偏向左,手掌稍稍用力握住对方的手掌,握力适度,上下稍许晃动几下后松开。握手时要注视对方,面露笑容,以示真诚和热情,同时讲问候语或敬语。

（2）握手的顺序

握手时伸手的先后顺序遵循"尊者决定"的原则,由尊者先行伸手,对方予以响应。在公务场合,先后顺序主要取决于职位、身份,社交场合和休闲场合主要取决于年龄、性别和婚否。一般来说,握手的基本顺序是:主人与客人之间,客人抵达时主人应先伸手,客人告辞时由客人先伸手;年长者与年轻者之间,年长者应先伸手;身份、地位不同者之间,应由身份和地位高者先伸手;女士和男士之间,应由女士先伸手。

（3）握手的力度

握手的力度要因人而异,把握分寸,既不能有气无力,也不能过分用力,以不轻不重、适度为好。男士和女士握手一般不能握得太紧,但老朋友可以例外,但也不能握痛对方的手。

（4）握手的时间

握手的时间长短应根据双方的身份和关系来定,一般时间为 1～3 秒。初次见面时,应该立刻握住对方伸出的手,稍稍用力一下,即可分开。朋友相逢,握手时间可以延长。但不管怎样,握手时间不宜过长或过短。时间过短,给人以应付、走过场的感觉;时间过长,尤其与异性朋友或初次相识者握手时间过长,是失礼的表现。

（5）握手的禁忌

① 握手时不要将左手插在裤袋里,不要边握手边拍人家的肩头,不要在握手时眼看着别处或与他人打招呼,无特殊原因不用左手握手,几个人在一起时避免交叉握手。

② 要站着而不能坐着握手,年老体弱或者有残疾人除外。

③ 如果戴着手套,要把右手上的手套脱下,妇女有时可以不脱手套。

④ 一般情况下不能拒绝别人伸出来的手,拒绝握手是非常失礼的,但如果是因为感冒或其他疾病,或者你的手脏,也可以谢绝握手。此时可以解释说:"很抱歉,我不方便握手。"

2. 鞠躬礼

（1）鞠躬的深度视受礼对象和场合而定。一般问候、打招呼时施 15 度左右的鞠躬礼,迎客与送客分别行 30 度与 45 度的鞠躬礼,90 度的大鞠躬常用于悔过、谢罪等特殊情况。

（2）行鞠躬礼必须脱帽。用右手握住帽前檐中央将帽取下，左手下垂行礼，用立正姿势。男士在鞠躬时，双手放在裤线稍前的地方，女士则将双手在身前下端轻轻搭在一起。注意头和颈部要梗住，以腰为轴上体前倾，视线随着鞠躬自然下垂，礼后起身迅速还原。敬礼时要面带微笑，施礼后如欲与对方谈话，脱下的帽子不用戴上。

（3）受礼者应以鞠躬礼还礼，若是长辈、女士和上级，还礼可以不鞠躬，而用欠身、点头、微笑示意以示还礼。

3. 拥抱礼

拥抱礼的标准做法是：两人正面对立，各自举起右臂，将右手搭在对方的左臂后面；左臂下垂，左手扶住对方的右后腰。首先向左侧拥抱，然后向右侧拥抱，最后再次向左侧拥抱，礼毕。拥抱时，还可以用右手掌拍打对方左臂的后侧，以示亲热。

4. 拱手礼

拱手礼指两手抱拳致意。施礼时，一般以左手包握在右拳上，双臂屈肘拱手至胸前，自上而下，或自内而外有节奏地晃动两三下。

5. 合十礼

合十礼又称合掌礼，即把两个手掌在胸前对合，掌尖和鼻尖齐高，手掌向外倾斜，头略低，兼含敬意和谢意双重意义。合十礼通行于南亚与东南亚信奉佛教的国家。

6. 吻手礼

吻手礼是流行于欧美上层社会的一种礼节，起源于中世纪的欧洲。在社交场合中，同上层社会的贵族妇女见面时，如果女方先伸出手作下垂式，男方则可将其指尖轻轻提起吻之；若女方不伸手表示，不可行吻手礼。

7. 举手礼

举手礼是世界各国军人见面时的专用礼节，起源于中世纪的欧洲。行举手礼时，要举右手，手指伸直并齐，指尖接触帽檐右侧，手掌微向外，右上臂与肩齐高，双目注视对方，待受礼者答礼后方可将手放下。

8. 点头礼

点头礼是同级或平辈间的礼节，如在路上行走时相遇，可以在行进中点头示意。若在路上遇见上级或长者，必须立正行鞠躬。但上级对部下或长者对晚辈的答礼，可以在行进中进行，或伸右手示意。

二、介绍

（一）介绍的类型

（1）按照社交场合来分，有正式介绍和非正式介绍。正式介绍是指在较为正规的场合进行的介绍，而非正式介绍是指在一般非正规场合中进行的介绍。非正式介绍可不必过于拘泥礼节。

（2）按照介绍者在介绍中处于的位置不同来分，有自我介绍、他人介绍和为他人介绍。

（3）按照被介绍者的人数来分，有集体介绍和个别介绍。

（4）按照被介绍者的身份、地位来分,有重点介绍和一般介绍。如对于要人和贵宾,可作重点介绍。

（二）介绍的方法

在社交场合中使用较多的介绍方法有两种:为他人作介绍和自我介绍。

1. 为他人作介绍

为他人介绍,通常是介绍不相识的人相互认识,或者把一个人引见给其他人。介绍时要注意以下礼节。

（1）掌握介绍的顺序

① 先把男士介绍给女士;

② 先把晚辈介绍给长辈;

③ 先把职位低者介绍给职位高者;

④ 把客人介绍给主人;

⑤ 将晚到者介绍给早到者。

（2）讲究介绍的礼仪

介绍别人时,手势动作要文雅,无论介绍哪一方,都要五指并拢,掌心向上,指向被介绍一方。切记不要手指尖朝下,因为朝下是矮化对方的肢体语言。同时,不要以单指指人。

2. 自我介绍

自我介绍,是指把自己介绍给对方。自我介绍时,应做到以下几点。

（1）介绍内容要有针对性

自我介绍要根据不同场合、对象和实际需要有目的、有选择性地进行介绍,不能够千人一面。一般性的应酬,介绍要简单明了,通常介绍姓名就可以了。工作性的自我介绍还要介绍工作单位和具体从事的工作。社交性的自我介绍则还需进一步介绍兴趣、爱好、专长、籍贯、母校、经历及与交往对象某些熟人的关系等,以便进一步交流和沟通。

（2）介绍内容要实事求是

自我介绍应当实事求是、态度真诚,既不要自吹自擂、夸夸其谈,谎报自己的职务,吹嘘自己的才能,胡诌认识许多社会名流等,也不要自我贬低,过分谦虚。恰如其分地介绍自己,才会给人诚恳、可以信任的印象。

（3）把握介绍时机

自我介绍要寻找适当的机会,如,当对方正与人亲切交谈时,此时不宜走上前去进行自我介绍,以免打断别人的谈话,在对方有兴趣、有需要时适时介绍。而当对方一个人独处或者与人闲谈时,不妨见缝插针,抓住时机进行自我介绍。

（4）讲究介绍艺术

自我介绍要看场合,如与一人会见,问好后便可开门见山进行自我介绍。

进行自我介绍前,也可以引发对方先作自我介绍,诸如:"请问您贵姓""您……"等,待对方回答后再顺水推舟地介绍自己。

与人相互认识后欲深交,还可以交换名片,以便日后联系。

三、交换名片的礼仪

1. 递送名片的礼节

（1）应事先把名片准备好，放在易于取出的地方。

（2）向对方递送名片时，要用双手的大拇指和食指拿住名片上端的两个角，名片的正面朝向对方，以便对方阅读，以恭敬的态度，眼睛友好地注视对方，并用诚挚的语调说道："这是我的名片，请多联系"，或"这是我的名片，请以后多关照"。

（3）同时向多人递名片时，可按由尊而卑或者由近而远的顺序，依次递送。以独立身份参加活动的来宾，都应该递送名片，以免使人有厚此薄彼之感。要特别忌讳向一个人重复递送名片。

（4）初次相识，双方经介绍后，如果有名片则可取出名片送给对方。如果是事先约定好的面谈，或事先双方都有所了解，不一定忙着送名片，可在交际结束、临别之时取出名片递给对方，以加深印象，表示愿意保持联络的诚意。

2. 接受名片的礼仪

接受他人的名片时，应尽快起身或欠身，面带微笑，眼睛要友好地注视对方，并口称"谢谢"，使对方感受到你对他的尊重。接过名片后，应认真阅读一遍，最好将对方的姓名、职务轻声地念出来，以示敬重，看不明白的地方可以向对方请教。要将对方的名片郑重收藏于自己的名片夹或上衣口袋里，或者办公室显著的位置。妥善收好名片后，应随之递上自己的名片。如果自己没有名片或者没带名片，应当首先向对方表示歉意，再如实说明原因，如"很抱歉，我没有名片""对不起，今天我带的名片用完了"。如果接受了对方的名片，不递上自己的名片，也不解释一下原因，是非常失礼的。接受了对方的名片，不要看也不看一眼就放入口袋，或者随手放在一边，也不要将其他东西压在名片上，或拿在手里随便摆弄，这都是对对方的一种不恭。

第三节 接待礼仪

迎来送往，接待访客，是公关人员工作中常遇到的任务。接待工作的好坏，直接影响到组织的形象以及组织与公众的关系。随着经济的发展，对外交往的扩大，企业接待及拜访工作越来越频繁，正确运用接待礼仪，对企业间建立联系、发展友谊、沟通合作有着极其重要的作用。

一、接待前的准备

（一）接待前的心理准备

（1）要待客诚恳。公关人员在对待客人时，要以自己最大的诚心、热情和耐心面对一切问题。无论是预约的客人还是没有预约的，无论是通情达理的客人还是脾气暴躁的，都要让对方感到自己是受欢迎的、得到重视的。接待客人时要有一种"欢迎光临""感谢惠顾"

的心理。

（2）要善于合作。当看到同事招待客人比较忙碌，要主动帮助同事做一些力所能及的事情。另外，即使不是负责接待工作部门的员工，见到来客时也要态度诚恳，尽量帮忙，因为同是一家公司的员工，这样做能传递一种协作精神，一种真诚的友谊，一种企业的氛围，让客人感受到这是一个团结合作、奋发向上、有集体荣誉感的团队，有助于提升企业形象。

（二）接待前的物质准备

（1）环境准备。为了使接待活动给来宾留下美好印象，要充分布置好活动地点及周边的环境。接待环境应该清洁、整齐、明亮、美观、无异味。可以在前台、走廊、会客室等地放置一些花束或绿色植物，使客人产生好感。

（2）办公用品准备。让客人站着是不礼貌的，所以前厅要准备沙发或座椅，样式要线条简洁流畅，摆放要整齐舒适。会客室里桌椅要摆放整齐，桌面清洁。茶具、茶叶、饮料应该事先准备好，茶杯要干净，不可有污渍，不可有缺口。会议室墙上可以挂一些雅致的书画作品，让人一进门就觉得清静雅致，身心愉悦。

（3）了解来宾的基本情况。公关人员在接待来宾之前，要准确掌握对方的基本情况。对于对方主宾的基本信息，如姓名、性别、年龄、籍贯、民族、单位、职务，以及文化程度、宗教信仰、生活习惯、家庭状况等，都要一清二楚。对于来宾的具体人数、性别概况、组团情况也要给予一定的关注。对于来宾正式抵达的时间，如具体日期、具体时间，以及相关的航次、车次、地点等，接待人员也必须充分掌握。

（三）制定接待流程

一般性的接待活动，特别是需要举行专门仪式的接待活动，都必须事先制定接待流程，以保证接待事务循序而行、井井有条。

（1）确定接待规格。接待人员要在接待之前确定接待规格，这关系到由哪位管理人员出面接待、陪同，以及接待用餐、用车、活动安排等一系列接待活动的规格。接待规格主要取决于接待方主陪人的身份。高规格接待，就是主陪人比主宾的职务高的接待方式；对等规格接待，就是主陪人与主宾的职务相当的接待方式；低规格接待，就是主陪人比主宾的职务低的接待方式。

（2）拟定日程安排。为了让所有有关人员都准确地知道自己在此次接待活动中的任务，可制定两份表格，印发给各有关人员。①人员安排表。包括时间、地点、事项、主要人员、陪同人员。②日程安排表。包括日期、活动时间、地点、内容和陪同人员等。

（3）注意细节。在接待宾客的具体活动中，接待人员既要事事从大局着眼，又要处处从小事着手，关注具体的细节问题。

在准备中，要时时关注天气的变化情况，掌握当地的天气变化规律，针对可能产生天气变化的情况，制定应急方案。同时还要注意交通状况，树立"安全第一"的观念。

二、接待的礼仪

（1）迎候礼仪。迎接宾客，要体现出主人应有的主动和热情。对于远道而来的客人，要派专人提前到机场、码头或车站去等候迎接。在人声嘈杂的迎候地点迎接素不相识的客人时,为了方便客人识别,可使用以下方法:①使用接站牌。接站牌上可以写上"热烈欢迎某某同志"或者"某单位接待处"。②悬挂欢迎条幅。在迎接重要客人或众多客人时,这种方法最适合。③佩戴身份胸卡。迎宾人员佩戴供客人确认身份的标志性胸卡,其内容主要为本人姓名、工作单位、所在部门及现任职务等。

(2) 见面礼仪。在接待宾客时,要注意正确使用日常见面礼仪。接待人员要品貌端正,举止大方,服饰要整洁、端正、得体、高雅。当宾客到达后,要主动迎上去,热情地与对方握手,并有礼貌地询问和确认对方的身份,如,"您好,请问您是从某某公司来的吗?"对方认可后,接待人员应做自我介绍,如:"您好,我是某某公司的秘书,我叫张某某。"然后把迎客方的成员按一定顺序一一介绍给客人。如果客人递送名片时,应双手接住,认真仔细地看一看,然后很郑重地把名片放入名片夹中,或放进上衣上部口袋中。

(3) 乘车礼仪。对方如有行李,接待方应主动帮客人把行李提到车上。上车时,最好让客人从右侧门上,主人从左侧门上。安排座位要符合规范。轿车的座次尊卑一般是右高左低,前高后低。在公务接待中,轿车前排副驾驶座通常为"随员座",唯独在主人亲自驾驶时,主宾应坐在副驾驶座上,与主人"平起平坐"。

(4) 引导礼仪。当客人到达公司时,要引导客人进入会客室。引导要注意以下一些礼仪,在走廊上时,引导人员应走在访客左前方2~3步,当访客走在走廊正中央时,接待人员要走在走廊的一旁,偶尔向后望,确认访客跟上了,当转弯时,接待人员要说:"请往这边走。"

在楼梯上时,接待人员先说一声:"在某某楼层。"然后引领访客到楼上。一般来说,高的位置代表尊贵。上楼时应该让访客先走,下楼时让客人后行,在上下楼梯时,不应并排行走,而应当右侧上行,左侧下行。

上电梯时,接待人员要先按电梯按钮,让客人先进。若客人不止一人时,接待人员可先进电梯,一手按住"开"按钮,对客人礼貌地说:"请进!"到目的地后,接待人员要一手按"开"按钮,一手做请出的动作,并说道:"到了,您先请!"客人走出电梯后,接待人员应立即走出电梯,在客人前面引导方向。到达会客室开门时,接待人员要把住门把手,站在门旁让客人先进。

(5) 座次礼仪。客人进入会客室后,接待人员要请客人入座。招待客人入座时,要讲究座次礼仪。

① 面门为上。主客双方采用"相对式"就座时,依照惯例,通常以面对房门的座位为上座,应让客人就座;以背对房门的座位为下座,宜由主人就座。

② 以右为上。主客双方采用"并列式"就座时,以右侧为上,应请客人就座;以左侧为下,应主人自己就座。若主客双方参与会见者不止一人,则双方的其他人员可分别按照各自身份的高低,由近而远在己方负责人两侧就座。

③ 居中为上。如果客人较少,而主方接待者较多,往往可由主方的人员以一定的方式围坐在客人的两侧或者四周,而请客人居于中央。

④ 以远为上。当主客双方并未面对房间的正门,而是居于房内左右两侧之中的一侧时,一般以距离房门较远的座位为上座,应请客人就座;而以距离房门较近的座位为下座,由主人就座。

（6）端茶倒水礼仪。当客人入座后，接待人员要主动及时地给客人斟茶。以茶待客是最具中国特色、最受中国人欢迎的待客方式。若来访的客人较多，上茶的顺序一定要慎重。合乎礼仪的做法是先为客人上茶，后为主人上茶；先为主宾上茶，后为次宾上茶；先为女士上茶，后为男士上茶；先为长辈上茶，后为晚辈上茶。

标准的上茶步骤：双手端着茶盘进入客厅，首先将茶盘放在临近客人的茶几上或备用桌上，然后右手拿着茶杯的杯托，左手附在杯托附近，从客人的左后侧双手将茶杯递上去，并置于客人右前方。茶杯放置到位后，杯耳应朝向右侧。有时为了提醒客人注意，可在为之上茶的同时，轻声告知："请您用茶。"若对方向自己道谢，不要忘记答以"不客气"。如果自己的上茶打扰了客人，则应对其道一声"对不起"。

（7）送客礼仪。当接待人员与来访者交谈完毕或领导与来访客人会见结束时，接待人员一般都应礼貌地送别客人。"出迎三步，身送七步"是接待宾客最基本的礼仪。接待宾客要善始善终，所以送别客人是必不可少的环节之一。接待工作是否圆满，在很大程度上体现在送别来宾这一环节上。

送别来宾时，有很多方面需要注意。首先不要在客人面前看表，否则会给客人带来要下"逐客令"的感觉，所以在会客时，接待人员不应该总看时间。当客人提出告辞时，要等客人起身后再站起来相送，切忌没等客人起身，自己先于客人起立相送。更不能嘴里说再见，而手中却还忙着自己的事，甚至连眼神也没有转到客人身上。最后当客人起身告辞时，应马上站起来，主动为客人取下衣帽，与客人握手告别，同时选择最合适的言辞送别，如"希望下次再来"等礼貌用语。尤其对初次来访的客人更应热情、周到、细致。

① 送别本地客人。对本地客人，一般陪同送至单位楼下或大门口。客人带有较多或较重东西时，送客时要主动帮客人提重物。出办公室时，要轻轻关门，不可将门"砰"地关上，这样极不礼貌。在门口告别时，接待人员要与客人握手，帮客人拉开车门，待其上车后轻轻关上车门，挥手道别，目送客人离开。要以恭敬、真诚的态度，笑容可掬地送客，不要急于返回，应挥手致意，待客人移出视线后，才可结束告别仪式。

② 送别外地客人。首先要确定时间。对于远道而来的客人，负责送别来宾的接待人员必须重视，一定要提前与对方商定双方会合的时间和地点。对于送别的具体时间，双方不仅要事先商定，而且通常要讲究主随客便。接待人员在安排有关送别活动的时间表时，要留有一定的时间幅度。要在执行上留有适当的余地，即送别人员在执行送别任务时，应当提前到场、最后离场，并且在特殊情况发生时见机行事。其次要充分准备。具体从事来宾接待工作时，接待人员必须高度重视送别工作，并悉心以对。在送别时，接待人员要注意以下三点：一是限制送别的规模。目前要求简化接待礼仪，所以有必要对送别规模加以限制。在组织活动时，应突出实效、体现热情，但在实际操作上则应务实从简，在参加人数、主人身份、车辆档次与数量上严格限制，不搞前呼后拥、人海战术。二是在力所能及的情况下，送别来宾所使用的交通工具应由主办方负责提供。对于主办方来说，一定要保证交通工具的数量能够满足要求，以备不时之需。三是要热情话别。为客人送行，应使对方感受到自己的热情、诚恳、礼貌和修养。接待方应提前为客人订返程的车票、船票或机票。在一般情况下，公务接待人员应专程陪同来宾乘车前往车站、码头或机场，亲自为来宾送行。必要时，可在贵宾室与来宾稍叙友谊，或举行专门的欢送仪式。在宾客临上火车、轮船或飞机

之前,送行人员应按一定顺序同来宾——握手话别,祝愿客人旅途平安,并欢迎再次光临。火车、轮船开动之时或飞机起飞之后,送行人员应向宾客挥手致意,直至他们在视野中消失。

第四节　电　话　礼　仪

一、打电话礼仪

打电话最基本的原则是以不影响对方休息和工作为前提,这样才是合乎礼节的。

(一)打电话前的准备礼仪

打电话要选择合适的时间,白天应该在早 8 点以后,节假日 9 点以后,晚间应该在 22 点以前,午休时间也不宜打电话,如果打国际长途,应该注意不同国家的时差。

选择合适的通话地点,通话内容具有保密性的,不宜使用公用电话或他人电话,工作中不宜打私人电话。

打电话前,要对电话内容心中有数,拟好谈话要点和顺序,切忌语无伦次,耽误时间。

确认电话号码,必要时应准备好联络对方的其他有效方式,注意拨打对象,不同的对象要用不同的口气。

(二)打电话中的礼仪

电话接通后,主动自报家门,同时确认接听对象。打错电话时,要向对方道歉:"对不起,打错了""打扰您了"等,切忌不做解释直接挂断电话。

注意自身形象,姿态正确。通话时听筒靠近耳部 1 厘米处,话筒距离口部 1 厘米左右,应该坐正或站好,不能随意走动,或兼做其他工作,更不能依靠桌子或墙壁等。

通话时,注意语言和内容。要求咬字准确、音量适中、语句简短、语速适中。通话内容紧凑,主次分明,必要时重复重点,积极呼应以示关注。

掌握通话时间。拨打电话时切忌电话时间过长,长话短说,不能煲电话粥,出于对对方的尊重,每次通话时间以 3～5 分钟为宜。

(三)通话结束礼仪

通话需要结束时,应由打电话者首先发出结束通话的暗示,如"您还有什么吩咐","那么就这样吧"。

通话结束前,拨打电话者在必要时可将通话内容再次重复,同时感谢对方,道别。

电话要轻轻挂上。一般应由拨打电话一方先挂断,挂电话前先向对方说明,然后双手轻轻挂断电话,挂电话时切忌一言不发,随手猛摔。

二、接电话礼仪

接听电话前注意保持电话畅通,尤其是旅游企业的对外电话需要经常检查,发现故障及时检修,更改号码后及时公告。接听电话前还需要做好记录准备,便于保存重要的电话内容。

电话铃声响时,应尽快接听,一般在铃响三声之内。电话接通后,问好并报出单位名称,以便对方确认是否要对了电话,如遇到对方拨错号码时,应礼貌提醒。

接听电话时,若电话是找其他人,应请对方稍候,轻放电话后,通知受话人。

电话内容比较重要时,应做好详细记录,并及时向有关部门转达,不得延误。

第五节 宴请礼仪

宴请是旅游公关活动中最为常见的礼仪形式之一,以国际交往、情感联络和信息沟通为主要内容,成为旅游企业树立形象,与公众进行直接沟通的重要手段。宴请因接待规格、参加对象、举办方式等不同而表现出不同的形式,不同形式的宴请活动在礼仪规范、个人行为举止、仪容仪表等方面都有不同要求。

一、宴请的组织礼仪

1. 宴请前做好充分准备

明确宴会目的,确定宴会举办者以及邀请对象;合理安排宴会时间和地点,提前 3～7 天发出邀请请柬,请柬按规范要求写明目的、着装要求、被邀请人名字、时间、地点等;请柬发出后,及时核实出席者情况,以便安排席位。

2. 安排桌次宴会

可以用圆桌、长桌或方桌,桌次高低以离主桌位置远近而定,右高左低。一桌以上的宴会,要摆桌次牌,桌子之间的距离要适当。定位的原则,以背对宴会厅或礼堂为正位,以右旁为上,左旁为下,如场地排有三桌,则以中间为上,右旁次之,左旁为下。

3. 安排宴会座次

宴会座次主要是根据出席人员礼宾次序安排的,同时还要综合考虑政治关系、语言使用、宗教信仰和专业等诸因素。一般情况下,按我国习惯,面朝入口的座位为主人,主人对面是副主人,主人右边为主宾,左边为第三主宾,副主人右边为第二主宾,左边为第四主宾,其他依次为陪同;按国外习惯,主宾在主人右边,主宾夫人在主人左边,男女穿插安排;具体安排时,还应考虑客人之间的关系、身份大小,语言沟通等具体情况灵活安排。

4. 菜单拟定与酒水搭配

根据客人习俗、口味安排菜单,注重营养、荤素搭配,根据客人要求选择酒水,印制精美菜单供客人留念。

5. 宴会气氛调节与控制

根据宴会的具体要求选择合适的色彩布置宴会厅,注意运用灯光调节气氛,选择合适的背景音乐烘托气氛。

二、出席宴会的礼仪

1. 接受邀请礼仪

收到请柬后,确认是否能够按时参加,如有变动及时通知组织者;参加宴会要守时;赴宴时严格按照请柬上注明的着装要求进行着装。

2. 迎客礼仪

主人和少数其他主要官员在门口迎宾线(位于客人进门存衣之后进入休息厅之前)排列成行,迎接客人;客人握手后,由工作人员引进休息厅并由有相应身份的人照料客人,招待员送饮料;主宾到达后,由主人陪同进入休息厅与其他客人见面。如其他客人尚未到齐,由迎宾线上其他官员代表主人在门口迎接;宾主双方在会客室稍事叙谈。如休息厅较少或宴会规模大,可请主桌以外的客人先进宴会厅。期间,视情况分发桌次卡片,将宴会桌次通知每一个出席者。主客入席,即可开席。

3. 入席礼仪

入席时,按座位卡就座,同时了解主人及其他宾客位置,方便交流;入席后,注意姿态,椅子应坐 2/3 位置,身体轻靠椅背,双手放于膝部,不得趴在桌沿或摆弄衣物等。入座后姿势端正,脚踏在本人座位下,不可任意伸直,手肘不得靠桌缘,或将手放在邻座椅背上。

4. 进餐礼仪

进餐前餐巾展开放膝盖上,中途起身时,放在椅子上;进餐时,动作文雅,不可将胳膊肘放在桌上;不慎碰掉餐具时,应交由服务人员处理;不知食用方法的菜肴,要等别人食用后,依样而为;进餐时,细嚼慢咽避免发出声响,嘴里有食物时不可说话;在餐桌上不能只顾自己,也要关心别人,尤其要招呼两侧的女宾;送食物入口时,两肘应向内靠,不直向两旁张开,碰及邻座;避免在餐桌上咳嗽、打喷嚏、嗝气,万一不禁,应说声"对不起";喝酒宜各自随意,敬酒以礼到为止,切忌劝酒、猜拳、吆喝;如欲取用摆在同桌其他客人面前之调味品,应请邻座客人帮忙传递,不可伸手横越,长驱取物;进餐的速度,宜与男女主人同步,不宜太快,亦不宜太慢;主食进行中,不宜抽烟,如需抽烟,必须先征得邻座的同意;食毕,餐具务必摆放整齐,不可凌乱放置。餐巾亦应折好,放在桌上。

5. 祝酒礼仪

主人或主宾致祝酒词时,应停止进餐,注意倾听;碰杯时,主人和主宾先碰,人多时举杯示意即可;与他人碰杯时,为显示对对方尊重,将酒杯边缘低于对方酒杯边缘碰杯。

6. 宴会结束礼仪

主人把餐巾放在桌上,并从餐桌旁站起,表明宴会结束;离席时应让身份高者、年长者和女士先走;离开餐桌时应将椅子推回原处,男士应帮身边女士移开座椅;一般情况下,由主宾先行告辞,离开时要对主人表示感谢;主人应主动相送,与客人话别,并邀请客人再来。

三、不同形式宴会的具体礼仪要求

1. 国宴礼仪要求

由国家元首或政府首脑亲自主持；座次按照礼宾次序排列；场地布置隆重、热烈，主席台设有大型鲜花花台；宴会厅内悬挂宾主两国国旗；宾主入席后，演奏两国国歌；主人和主宾先后发表祝酒词；乐队席间穿插演奏两国民族音乐作品；参加宴会人员着正装；国宴席卡、菜单上均印有国徽，代表国家最高规格。

2. 中餐宴会礼仪要求

有正式的请柬，注明宴会日期、时间、地点、着装要求等内容；排座按照礼宾要求，赴宴者按席位卡对号入座；宴会进行中配有背景音乐或文艺表演。

3. 西餐宴会礼仪要求

餐台按长台形布置，简洁明快；按照西餐用餐方式摆台；注意西餐上菜程序以及酒水、酒具搭配；西餐进餐讲究文雅而有风度，席间不宜大声谈笑，进餐不发出声响。

4. 鸡尾酒会礼仪要求

一般采取站立姿势，仅设桌子、茶几便于客人走动、交流；供应以酒水为主，配有多种小食品；请柬上注明起讫时间，客人可在此期间来去自由，不受限制；酒水及小食品由服务人员托送，客人按需自取。

第六节　舞　会　礼　仪

舞会是现代交往的重要形式之一，是一种无声的世界语言，是不同国度、不同民族、不同肤色的人进行交流沟通的一种有益工具。

一、筹办舞会的注意事项

（1）确定舞会的时间、地点、规模、邀请对象的范围。组织舞会应尽早确定时间，尽早发出通知。舞会一般安排在晚餐后 7 点到 11 点为宜，时间一般不要超过三小时，否则会使客人感到疲劳以至会影响休息和工作。舞会的场地要宽敞、雅洁。舞场的选择应视舞会的规模来确定。舞会邀请的男女客人应大致相等。被邀请的对象一经确定，就应及时发出请帖。正式舞会的请帖至少要提前一个星期发出，以便客人及早做出安排或回复。举办舞会，最好准备一些茶点、水果、饮料等，以备客人休息时取用。

（2）邀请乐队，布置舞场。舞会的音乐伴奏十分重要。节奏明快、旋律优美的音乐，会使人心旷神怡、怡然自得。因此，舞会最好请一个乐队伴奏，有条件的也可以请两个乐队轮流伴奏。若请一个乐队，也可以准备一些唱片及音响设备，以便乐师们休息时使用。如受条件限制，也可采用放音乐的形式，但应注意音响效果，这对舞会的成功与否有着直接的影响。舞场除了应有一个足够客人跳舞的舞池外，还应有衣帽间、饮料室以及场外停车场。舞场应宽敞雅洁，在场边应安放桌椅，供客人交谈、休息。舞场的灯光应柔和、暗淡，不宜明亮。

（3）确定主持人和接待服务人员。大型的较正式的舞会或有特定内容的舞会需要确定一名主持人，一般舞会可不设主持人，但必须有接待服务人员，做好迎送、接待、引导、协调等方面的服务工作。

二、舞会的一般礼节

交际舞会会场是高雅文明的场所，是较能充分表现一个公关人员的风采和修养的地方，所以也应该注意自己的行为举止。

（1）服装要整洁。参加舞会者，一定要注意着装。正式的较高级的舞会，若对方邀请时对着装有一定的要求，则一定按要求着装。即使没有特殊要求，也应注意服装整洁，颜色搭配协调。男士一般穿西装或中山装、皮鞋，女士穿长裙、西服或晚礼服。在舞会中，无论是天气热或是因跳舞过多而出汗，都不可随便脱去外衣。若是冬天，进入舞池前，应先到衣帽间脱去大衣，摘去帽子、手套、口罩等，然后再进入舞池。

（2）言行举止彬彬有礼。参加舞会者应注意仪表美，讲究清洁卫生。舞会之前不要吃葱、蒜等带有刺激气味的食物，也不应喝酒、抽烟等。若正患病最好辞谢邀请，以免将病菌传染给其他客人。进入舞场后，说话尽量轻声，不可高声大叫，更不可嬉戏打闹，满口脏话。走路脚步要轻，不可在舞池穿行。一首舞曲完毕后，应有礼貌地让女士先就座。在舞场上坐姿端正，不可跷起"二郎腿"或"抖脚"。舞场上禁止吸烟。参加舞会一般是男女成对前往，如果没有异性舞伴，也可以单独前往。在一般情况下，在舞池中是不可以男士与男士、女士与女士跳舞的。

（3）邀舞的礼仪。在比较正式的舞会上，第一支舞曲响起时，往往是主人夫妇，主宾夫妇共舞。第二支舞曲响起时，往往是由主人邀请主宾夫人，主宾邀请主人夫人共舞。第三支舞曲响起时，参加舞会者可纷纷入场跳舞。在一般的交谊舞会上，则没有以上要求，音乐声响起，男士主动走到女士面前，点头或鞠躬，右手前伸，以示邀请；男士也可轻声问候并征求女士"请您跳舞可以吗？"或问"您喜欢这支舞曲吗？"女士同意后起身离座，与男士一起步入舞池。女士一般不要邀请男士跳舞。女士若想和某位男士跳舞，可以用目光或语言暗示。男士邀请女士跳舞时，如果女士的丈夫和亲人在一旁，应向他们招手致意，以示礼貌和尊重。在一般情况下，女士不应拒绝男士的邀请。如若女士确实累了或因其他原因决定拒绝，应站起身来，委婉地说明原因并致歉。无所表示、让对方难堪，是失礼的行为。女士拒绝和男士跳舞之后，一般不可再与别人跳舞，即使再想跳，也须等到下一支舞曲开始才能接受他人的邀请。舞场上切忌争风吃醋，在舞会上抢舞伴是极不礼貌的。

（4）舞姿力求优美。跳舞时应注意舞姿。交谊舞的步法以男方为主轴，因此，男士必须熟悉舞步，否则不可贸然邀请，以免踩对方脚或碰撞他人。跳舞时的姿势：女士的左手轻轻地搭在男士的右肩上，右手轻轻地放在男士的左手掌心上，男士的左手应与女士的右手轻轻相握，右手应轻放于女士的腰部。起舞时动作要轻松、柔和、自如，女士应尽量适应男士的舞步，女士不可过于主动，否则会使男士感到吃力，动作难以协调。如果一方由于不慎无意间踩了对方的脚，应立即道歉。男女双方之间应保持一定的距离，通常间距在15～46厘米为宜。即使是夫妇、恋人也不可靠得太近，以免给人以轻浮之感。跳舞时，眼睛不应目不转睛地盯着对方,这样会使对方感到拘谨、不自在。在舞场上,不要一味地邀请同一舞伴跳舞,以避免有另有所图之嫌。

(5)礼貌地交谈、致谢。跳舞时,男女双方可以边跳边自由地交谈双方共同感兴趣的话题,但不可询问对方的年龄、收入、婚姻等隐私问题。当音乐结束时,舞步立即停止。男士应陪伴女士坐好后道谢,然后交谈或离开。

舞会结束后,应邀者应主动向邀请者致谢,然后握手道别。

第七节　会议礼仪

会议属于工作性群体聚会,它是为实现一定的组织目标,由会议组织者召集一定规模的公众共同参与的一项事务性活动。虽然它的形式较为规范,也有明确的会议目的,但无论是组织者还是参加者都必须遵守相应礼仪,这是会议成功与否的重要保证。

据载,会议起源于原始社会晚期的部落民主议事制度。古希腊、古罗马时期,会议已有了较大的发展,并且形式繁多,如百人团会议、元老院会议、平民会议、法庭论辩会议、胜利庆功会议、体育竞赛会议等等。近代以来,还有各种类型的纪念性会议、新闻发布会、记者招待会、产品博览会、订货会以及座谈会、茶话会、报告会、联欢会,等等。会议本身是各种与会人员交流、沟通、认识、了解的场所,故也形成了自身所特有的礼仪。

一、会议筹备礼仪

会议的前期会务工作是会议能否达成预期目标的首要条件。

1. 确定会议主题与目标

所谓主题就是本次会议的核心议题,主题应鲜明、具体,避免造成任何歧义或误解。

任何会议都有一定的目的,或是就某个主题征求各方意见,或是寻求一个统一的解决方案,也有的是通过会议形成或落实某个决策方案,会议的主持者应牢牢把住这个目标,使会议能有序进行。

2. 时间、地点确认

应按照主题及会议目的要求确定会期,有些综合性带有休闲性质的会议则须充分考虑休闲的时间要求(如订货暨客户答谢年会)。

会议地点也同样,小型意见碰头会、讨论会可以座谈的方式展开,正规性会议则要有专用的会场,当然会议地点选择的关键还是参加者人数。如果在异地开会,则应兼顾会议主题、与会者交通便利程度及休闲要求三方面。

3. 人员确认

与会人员的确定应与会议主题密切相关,或者是会议主题的解答者,或者是会议主题的接受者,或者是会议主题的相关感兴趣者。

与会人员的确定应与会议目的密切相关。开放性议题的会议可以邀请一些持不同政见者,以达到集思广益的效果,需形成决议的会议则只能限制权力级别。

与会议内容的机密等级要求相关。如董事会就只能董事会成员参加,涉及企业重大决策的则应以核心层人员参与为宜。

与会议成本预算相关。即尽量精简与会人员,降低会议成本,有时,个别可有可无者参与会议会使其他参与者感到不舒服(从某种角度讲,参加会议是对参加人的一种褒奖)。

4. 议程确认

"议程"一词来源于拉丁文,意为"必须做的事",会议议程的定义为:"在会议上要考虑的事务"。

制定会议议程是主席的职责,要求在会议举行前就要将讨论的事务内容和顺序做出决定。在发放议事日程时,必须有所需讨论事务的有关材料。会议议程上应标明:会议的时间和地点、会议的目的、会议议题的顺序。

美国通用汽车公司前总裁托马斯·默菲说:"会议的议程必须事先准备妥当,并分发给与会者,这样可以使他们心中有数,做好倾听、发言的准备。必要时还可以向与讨论论题有关的部门收集信息,以便会上提出准确的数据和资料。"确实,会议议程有着重要的作用。你会发现,花些时间准备一份议程,会有利于达到会议目的,提高会议效率,使每一个与会者聚精会神。

5. 有关资料准备

有关资料包括:会议日程安排(含会议具体时点、场所及食宿规定);会议议程;重要会议应有领导讲话相关文字资料;需要与会者讨论、学习的有关资料;需要使用的幻灯片、投影仪、录像带、光碟等。

6. 确定会议主持人

重要会议由最高首脑兼任会议主持;

一般会议应设主持人,首脑以发言人或成员身份参与;

主持人关键职责是控制会议议程,把握会议气氛,掌握会议进度及时间;

会议结束时主持人应请指定发言人作总结性发言,或者主持人自己作概略性总结发言(如讨论会、商议会、茶话会等)。

7. 其他准备工作

后勤、会务、保安、服务礼仪人员准备;

物质准备:食宿、茶水、交通、器材设备及与会者需要的笔、纸、本等办公用品准备;

礼品、赠品准备。

8. 详细编制会议费用预算

对于所需的总费用有一个大致的估算,并有计划地分配会议的各项费用,防止超支和浪费。商务会议的费用通常包括场地租金、设计费用、工作人员费用、联络及交际费用、差旅费、住宿费、宣传费用、器材租金、运输和保险费用等,要根据会议所要达到的效果来考虑这些费用的标准。

9. 发出会议通知

如果是书面通知,要注意对与会人员的正确称呼;发给个人的通知,不要写错姓名和职务。会议通知书上,要写明以下事项:会议名称、会议召开以及预定时间、会议目标、会议议题、会议场所(附导向图)、请对方答复是否出席的期限、主办者及联络地址、电话、会议有无停车场和其他事项(如有无会议资料、有无就餐安排等)。

张贴通知或黑板通知也要讲究称呼的准确性。在通知上可用"请"等礼貌用语。口头通知,包括电话通知,面对面、声对声地跟他人讲话更要礼貌称呼,"请"字当先。通知时要做到"充分",一是与会成员都要通知到,二是开会内容、时间、地点无一遗漏,否则会使漏掉的人产生你对他轻慢的感觉;如果通知事项不全,事后又来问询,给他人增添麻烦,也是失礼的。

会议通知一定要提前发出。

二、会场布置

会场布置一方面直观传达着本次会议的主题、主办方对本次会议的重视程度;另一方面形成一定的会议氛围,督促与会者集中精神参加好会议。因此,会场布置工作也是会议礼仪的重要内容。

(一)会场选择与场内设备检查

1. 会场选择

选择会场时,要考虑与会者的人数,同时照顾与会者到会是否方便。另外,选定会场时还要考虑以下因素:会场地点对与会者来说交通是否便利、停车是否方便;会场能否保证必要的使用时间;会场是否有噪声,照明、空调设备是否完好;会场是否符合与会者的身份、等级;会场外的其他服务条件如何;等等。

2. 场内设备检查

这是会议进行的必要程序,包括:会场的桌椅及装饰设备,会场的通风条件,会场的冷、暖气设备或空调设备,讲话扩音设备;主席台或讲台,会场的采光或灯光条件,银幕、放映室或投影仪、幻灯设备;电源、电线、黑板、指示棒、插图,粗笔及书写用笔,闭路电视系统;姓名牌、记录纸、烟灰缸、大衣架、水及其他有关设备。

(二)会场布置

1. 标记布置

主题横幅应悬挂在主席台正上方。

会标应在主席台正背上方,按照要求可在两侧或四周布置一些带有鼓动性、号召性的口号。

大型会议可在会场外悬挂彩球、直幅,以示隆重。

2. 座位布置

会场座位布置最好能适合会议的主题风格和气氛,主要有以下几种方式。

(1)剧场式。这种方式因酷似戏院、剧场而得名,即设一个主席台,少数人在主席台上,绝大多数人在台下,类似观众。这种方式适合于与会人数较多的正式会议。

(2)教室式。这种方式类似于学校的教室,适合于讲解、说明的场合,也便于与会者做记录。

（3）讨论式。比较适用于商谈和讨论问题，也便于看清黑板及放映幻灯或录像片。它可分为设主席台的或不设主席台的，有反"U"形、"V"形等多种形式。

3. 席次安排

席次的安排可能会对会议产生一定影响。比如，让与会者坐在一张桌两旁，面对面相向而坐，虽然不一定会从友好转变成敌对，可是容易使意见相左；通常坐在主席旁边是一种荣誉和受宠的象征。尤其是当主席坐在一张狭长的桌子首座上时，这种意味更为明显。因为距离主席愈远者，身份愈低。

座次的排列包括主席台座次和其他与会者座次。主席台座次，以上主席台人员的职务（或社会地位、声望等）高低排列，最高的排在主席台第一排的正中间（除留主席和翻译人员席位），其余按高低顺序，以正中间座位为点，面向会场，依左为上、右为下的原则排列。若有几排座位，其他各排的座位可灵活掌握。座位上要摆置姓名牌，座次须报领导审定；其他与会者面对主席台，座次排列既要服从会议目的，又要体现平等精神，一般有以下几种排列方法可供选择。

第一，按汉字笔画排列。如召开全国性会议，可按各省（自治区、直辖市）名称的笔画多少排列座次区域，但不要把一个省的座位排得过宽，而要沿着一条适当的直线由前向后排列。

第二，按地理位置排列。如召开全省性会议，可按统一的市、县排列顺序安排各市、县与会人员的座次。

第三，按行业系统排列。如果开全市性的会议，可把同一个系统的单位，集中排列在一起。

三、主持人礼仪

主持人是整个会议的中心。他（她）应像宴会中的主人一样，很好地控制会议的气氛和进程，并促使与会者齐心协力使会议达到预期的目标。

主持人一般来说都是由具有一定职位的人担任，不管是什么性质、什么规模的会议，主持人都应承担起以下几方面职责。

（1）事先准备好一份会议的议程，并严格按照议程进行；

（2）提请与会者注意本次会议的目的，并使会议始终不偏离主题；

（3）请与会者轮流发言，并保持会场的秩序；

（4）确定会议的时间，按时开始，按时结束。

（一）主持人的基本礼仪

主持人的服装、修饰、走姿、落座、发言等，都应符合身份，自然大方。一般应着工作服，男士可着西装、中山装、衬衫、长裤与皮鞋，女士以连衣裙、套裙、套装为主；颜色、式样要搭配得体，让人感觉稳重、沉着，不奢侈；男士梳发剃须，女士化工作淡妆，工作场合不宜戴首饰（戒指除外）。会议主持人走向主持位置时，应表现出沉稳、自信的风度，步伐均匀有力、稳健庄严，视会议性质决定步伐的缓急、步幅的大小，如紧急会议、重要会议可加快步伐；而纪念、悼念类会议,则应步幅略小、节奏放慢。应明白,这样的目的并不是因为时间的缘故,而是主持人营造会场气氛的一种方式。

重要会议开始前,主持人步入主持位置过程中不要与熟人打招呼,一般工作会议例外。主持人一般应在会议开始前5分钟左右抵达会场,如果因故来迟,不要匆忙小跑、大喘粗气,应推门快步入位,落座后首先向等候者致歉并说明原因,然后立即开始会议。

会议主持人由于其特定的身份,他的仪态将直接影响着与会者对会议的看法。因此,主持人在整个会议中的坐姿、站姿和谈吐,必须表现得令人信服。从坐姿看,应保持上身端正,腰要挺直;面部表情从容冷静,目视前方,余光兼顾全场;双腿自然下垂,不要跷腿或抖动;双手在会议桌上对称平摆呈"八"字形;不要频繁乱动,如喝水、抽烟、搓手、搔头等。站立时,应双腿并拢,挺胸直背,身体不可晃动;若是持稿主持,以右手或双手持稿,与胸等高,在读讲稿的同时,目光应间隔性地扫视与会者。主持人与讲话者不同,一般不要有手势,即使有,动作也不可过大。讲话应口齿清晰,内容明确,能够把握会议进程的缓急,思维敏捷,善于引导并能够及时穿插,使会议不空场、冷场。

（二）主持人的主持技巧

（1）事先宣布会议的起始和结束时间。要限制开会的时间,其中一个办法是限定时间长度。宣布会议的起始和结束时间,这样所有与会者在出席会议之前就能知道他们将离开本部门多长时间。

（2）遵守会议的时间规定。按时开始,按时结束。如有人迟到应明确告诉他"你迟到了",如迟到者的议程已过就直接留到最后,看是否有时间让其补充发言。

（3）采取措施尽可能减少干扰。没有一个会议主持人会欢迎一连串的干扰。你可采取措施来对付这种恼人的情形。告诉所在部门的员工在会议进行过程中不要打扰。把会议举行的场所选定在一间远离穿梭的人群并能上锁的房间里。如果房间中装有电话,在会议期间可以切断。

（4）按照主次先后安排会议议程。留意先讨论紧急的事项,而把较为次要议题的讨论放在会议的后期进行。这样可以保证优先处理紧急事项,而那些次要问题,如果时间不够,则可留在以后再说。同时,还应在每一次会议上限定讨论的事项,要估计到每一个议题讨论的时间总要比你预想得长。

（5）事先分发会议议程表。在会议开始前及早地让会议出席者明白会议的议题。如果与会者需要早做准备,他们就必须事先知道会议的议程。当然,某些重要的会议是临时召集的,这样就使会议出席者无法准备,也无从知道会议的内容。如能稍做筹备,会议效果会更好一些。

（6）要对每一个议程设定时间限度。估计一下讨论每一个议题所需要的时间,就能掌握整个会议的进度,适时地引导与会者归纳、总结并作出决议。只有这样主持会议,才能避免无休止的讨论,创造出一个富有建设性成果的环境。

（7）不要偏离议题,使会议各项目的讨论循序渐进。每一项议程都能在会议上逐一讨论,然而总会有人提出一些非会议议程中的议题。在这种时候,主持人需要礼貌而又坚决地把与会者的讨论引回主题。比如,可以说:"这确实是一个重要问题,可以放在以后的会议上讨论。现在让我们接着进行刚才议题的讨论。"

（8）会议主持人的言谈要根据不同的会议气氛或庄重，或幽默。要处处尊重他人的发言和提问，口齿清楚，思维敏捷。调节、控制会议气氛和议题，会议出现僵局冷场后要及时引导，不以动作、表情或语言对不同意见者表示不满。

（9）应该以一种鼓励所有与会者都参与的方式主持会议。主持人尤其应该要求那些腼腆的会议成员谈谈他们对一些问题的看法，同时提醒那些发言过多的人应该把时间让给别人。主持人应该像催化剂那样使会议活跃起来，自己的发言时间不要超过整个会议时间的25%。

（10）做会议记录的任务应该由参会者轮流承担。一些主持人或许认为自己做记录更方便，但不应该这么做。参会者轮流做会议记录意味着不会有人因抄写所有会议的文件而感到苦恼，并使那些想学习商业写作的与会者获得实践机会。会议记录必须明确讨论的要点、已经达成的决议、将要采取的行动及定下的最后期限。每个与会者会后都应该有一份会议纪要。

（11）应尽量避免让会议成员进行投票表决。每个与会者在最后的决议形成以前都有足够的机会发表自己的见解，为什么投票表决是一种很不好的方法呢？因为投票表决总会有赢者和输者，输者通常都具有报复心理，而且一个存在着赢者和输者的集体肯定会令人心不和。

（12）会议结束后，主持人应组织人员将会议期间所做的记录或录音编写成会议简报，并把它分发给所有与会者。

四、与会者礼仪

（一）与会者一般礼仪

参加会议应懂得并遵守必要的礼仪，会议本身也包含了一定的礼仪内容，带有一定的礼仪色彩。不同类型的会议，礼仪要求也不同。一般而言，参加会议应遵守如下礼仪要求。

（1）准时到会，不迟到，不早退。遵守会议各项准则和要求，尽力参与，把会议开得圆满、成功。

（2）服饰得体，注意仪容仪表仪态，举止大方自然，待人彬彬有礼。

（3）虚心听取别人发言，不随便打断别人的谈话，万不得已要插话，应使用礼貌用语。

（4）讲话应顾及全体在场人员，力求突出重点，简洁明快，不能乱发议论，耽误别人的时间。

（5）营造民主、自由、平等的会风，以协调、讨论、沟通为要旨，切忌死气沉沉，以势压人和争吵斗殴；切忌离开会议主题去从事其他私人性的事情。

（6）不能随便在会议进行过程中离开会议室。当会议进行过程中有来访者和电话时，当事人应先与会议主持人打招呼，然后再离开会议室。打招呼不妨用耳语或便条等形式，以不引起大家的注意、不影响会议进行为原则。离开会议室后，应尽快简单地处理完事务，然后及时返回参加会议。

（7）集中注意力。不交头接耳，不打瞌睡，不翻阅无关资料，保持会场安静，严禁大声喧哗。

（8）有序就座。一般来讲，开会相对都有组织者座位和其他与会者座位，这种座位不一定是刻意安排的(正式会议除外)，有时是自然形成的。例如，组织者若干人自然地坐在了一起，以后经常按此坐法，那么这几个位置就习惯上成了相对的组织者座位，即通常所说的"主席台"，其他的座位就成了一般与会者的座位了。一旦形成了相对的座位，就应约定俗成，各自坐开，不要乱坐。打乱秩序，反而会使人心理上不习惯，把组织者挤在某个角落是不得体的，分散组织者的座位，也不利于会议的组织工作。

（9）积极发言。如果有讨论最好不要保持沉默，这会让人感到你对事件漠不关心；想反驳别人时不要打断对方，应待对方讲完再阐述自己的见解，别人反驳自己时要虚心听取，不要急于争辩。不要在别人发言时说话、随意走动、打哈欠等，这是失礼的行为。表决性质的会议，要求与会人员对议题发表赞成或反对的意见时，态度要明确，不能含糊。不能给别人留下无主见、无魄力的印象。如果在大会上，应在主持人给予的发言时间内或所有正常议题结束后，争取发言机会。发言要先举手，以引起主持人的注意，经主持人示意后再站起来说。

（10）尊重主人。与会者作为客人，应服从会议组织者的安排。在会场，与会者应该听从主持人的安排，并对主持人的提议做出积极的回应；报告结束，与会者应报以热烈的掌声，以此对演讲人表示赞赏和感谢。

（二）与会者应注意的两个问题

1. 切忌缺席和迟到

会议成员时常缺席对会议的效果是非常有害的。这会使其他会议成员的努力和精力不再集中于完成会议目标上，而转移到在一些成员缺席的情况下会议如何进行下去的问题。让每次会议都保证无人缺席是不可能的，但是，应该保证让那些对议事日程上安排的项目有浓厚兴趣的人参加会议。

不得不缺席或迟到的会议成员应尽可能打电话通知另一位会议成员或打电话到开会地点，以免拖延会议时间。

在没有事先通知会议主持人的情况下，迟到是不允许的。迟到就像缺席一样，通常意味着对抗。当会议成员经常迟到或缺席时，组织应该寻找这种对抗情绪的根源，因为经常迟到可能是对更深层的控制问题所做出的一种消极的咄咄逼人的反应。从表面上看，迟到可能对组织的工作和与会成员缺乏尊重，但事实上，这种现象通常反映出迟到者本身存在着个人的更深层的意识冲突。

唯一能使会议准时开始的方法就是时间一到立刻宣布开会。迟到者看到即使他们不来，会议依然准时开始，就会让他们吸取教训。相反，如果因为有人晚到，会议就要拖延几十分钟才开始，原先等待的人下次自然也会让人等。

为了使下次会议与会者都能准时出席，不妨把这次迟到、早退和缺席的人都登记在记录簿上。这种办法一来可以让迟到的人知道了某议案做决议时，他并不在场；二来可以让这些习惯晚到的与会成员有所警惕，因为自己的名字经常被登记传阅毕竟不是件好事。

2. 应视会议为一次难得的自我展示机会

对与会者来说，应视参加会议为一种"充电"的机会，应该乐于接受会议的召开，借此你会有以下收获。

展示你的专业才能。如果你一向给人害羞的印象,你可以借此提出有用或具创意的建议,改变别人对你的成见。

看同事竞相辩论,观察他们之间如何以理相驳。集会是很好的思维训练室。

让主管经理知道你的潜能,但不要夸耀自己的业绩。业务人员早已知道主管一定比自己能干,过去一定有相当辉煌的业绩才会有今天的地位,因此不要在会议上大肆吹嘘自己的当年。

总之,好的会议对人生是一种享受,对组织是一笔财富,对社会也是一大贡献。公关人员尤其应带头遵循和讲究会务礼仪。

第八节　馈赠礼仪

中华民族素来重交情,古代就有"礼尚往来"之说。亲友和商务伙伴之间的正当馈赠是礼仪的体现,感情的物化。在正常的交际活动中,用以增进友情的合理、适度的赠礼与受礼是必要的。

一、馈赠礼品的标准

1. 情感性

馈赠礼品要重视其情感意义。礼品作为友好的象征物,其意义并不在礼品本身,而在于通过礼品所传达的友好情意,这是馈赠礼品的基本思想,所谓"千里送鹅毛,礼轻情义重",情义是无价的,情义是无法用金钱来衡量的。"烽火连三月,家书抵万金。"同样说明"情"的价值,丝毫也不夸张。著名作家萧乾当年访问一位美籍华人朋友,特意捎去几颗生枣核。他深深知道,朋友身在异国他乡,年纪越大,思乡越切。送去几颗故乡故土的生枣核,让它在异国他乡生根、开花、结果。果然那位美籍朋友一见到那几颗生枣核,勾起了缕缕乡情,他把枣核托在手掌,仿佛比珍珠玛瑙还贵重。因此,选择礼品时,勿忘一个"情"字,应挑选价廉物美、具有一定纪念意义,或具有某些艺术价值,或为受礼人所喜爱的小艺术品,如纪念品、书籍、画册等。选择礼品的价值要"得体",并非是价值越昂贵的礼品所表达的送礼者情意越深厚。送礼要与受礼者的经济状况相适合,中国人历来有"礼尚往来"的习俗,若受礼者的经济能力有限,当接到一份过于贵重的礼品时,其心理负担一定会大于受礼时的喜悦,尤其当你有求于对方时,昂贵的厚礼会让人觉得有以礼代贿的嫌疑,不但加重了对方接受这份礼品的心理压力,也失去了平衡交流的意义。

2. 独创性

送人礼品,与做许多其他事情一样,是最忌讳"老生常谈""千人一面"的。选择礼品,应当精心构思,匠心独具,富于创意,力求使之新、奇、特。这就是礼品的独创性。赠送具有独创性的礼品给人,往往可以令其耳目一新,既兴奋又感动,因为这等于是"特别的爱献给特别的你",赠送者在对方心目中往往也会因此"升值"。

3. 时尚性

赠送礼品应折射时代风尚。当今人们追求生活的高尚品位,什么样的礼品上档次,多半取决于礼品是否符合时代风尚。改革开放以来,随着人们生活水准的提高和思想观念的转变,人们相互馈赠礼品也发生了质的变化和飞跃,从经济实用的物质型礼品向高雅、新潮的精神型礼品转化。"精神礼品"受青睐,已成为当今人际交往中的一道亮丽的风景线。它包括智力型,如报纸、杂志、图书、各种教学录音带、计算机软件等;娱乐型,如体育比赛门票、演唱会、晚会、展览会入场券等;祝贺型,如鲜花、贺卡等。

4. 适俗性

挑选礼品时,特别在为交往不深或外地区人士和外国人挑选礼品时,应当有意识地使赠品与对方所在地的风俗习惯一致,在任何情况下,都要坚决避免把对方认为属于伤风败俗的物品作为礼品相赠,这样才表明尊重交往对象。如在我国大部分地区,老年人忌讳发音为"终"的钟,恋人们反感发音为"散"的伞;阿拉伯地区严禁饮酒;在西方药品不宜送人。因此,在涉外交往中,要根据不同国家、地区的习惯与个人的爱好做必要的选择,赠礼问俗是不能忽视的,这也是一个重要标准。1972 年,尼克松总统准备访华,急于寻求能代表国家的礼物。美国保业姆公司闻讯后,趁此良机,向尼克松总统献上公司生产的一尊精致的天鹅群瓷器珍品,因为瓷器的英文 China,也具有"中国"的意思,尼克松一见,大喜过望,于是把这尊具有双重意义而且具有很高艺术价值的瓷器珍品带到了中国。

二、馈赠礼品的场合

在公共关系交往中,人们在不同的场合下选送不同的礼品。

1. 表示谢意敬意

当我们接受他人或某个组织的帮助之后,应当表示感谢。如某位医生妙手回春治愈你多年的顽症,某个组织为你排忧解难,等等,此时,为表示感谢和敬意,可考虑送锦旗,并将称颂之语书写在锦旗上。

2. 祝贺庆典活动

当友人和其他组织适逢庆典纪念之时,如某公司成立二十周年纪念,为表示祝贺,可送贺匾、书画或题词,既高雅别致,又具有欣赏保存价值。

3. 公共关系礼品

开展公共关系活动中所送的礼品要与公共关系活动的目标一致,并且送礼的内容与送礼的组织形象是相符的。例如,上海大众汽车公司赠给客人的桑塔纳车模型,上海大中华橡胶厂精心设计研制的轮胎外形的钢皮卷尺等。

4. 祝贺开张开业

社会组织开张开业之际,都是宣传自身、扩大影响的好机会,一般来讲,都是要借机大肆宣传一番的。因而,适逢有关组织开张开业之际,应送上一份贺礼,以示助兴和祝愿。一般选送鲜花和贺篮为多,在花篮的绸带上写上祝贺之语和赠送单位或个人的名称。

5. 适逢重大节日

春节、元旦等节庆日都是送礼的旺季,组织可向公众、组织内部的员工等,适时地送上一份小小的礼物,对他们给予组织工作的关心和支持表示感谢,并希望继续得到他们的帮助。亲朋好友之间也可通过节日联络感情,此时也可选择适宜的礼品相赠。

6. 探视住院病人

公司的客人、员工生病或亲友患病住院,均应前去探视,并带上礼品。探视病人的礼品也不断地从"讲实惠"到"重情调"。从送营养品、保健品,变为用多种水果包装起来的果篮、一束束鲜花。有一位教授住院,学生送他一束鲜花,夹在鲜花中的一张犹如名片大小的礼卡上,写着这样的话语:"尊敬的导师:花香带来温馨的祝福,愿您静心养病,早日康复。您的弟子赠。"字里行间,充满了关切之情和师生之意。

7. 应邀家中做客

我们经常会应邀到别人家中做客或者出席私人家宴。为了礼尚往来,出于礼貌,应带些小礼品。如土特产、小艺术品、纪念品、水果以及鲜花等。有小孩的可送糖果、玩具之类。

8. 遭受不测事件

世上难有一帆风顺之事,一个家庭或组织遇上不测事件时,及时地送上一份礼物表示关心,更能体现送礼者的情谊。比如,对方遇上火灾、地震等灾难,马上去函或去电表示慰问,也可送上钱款相助。

三、馈赠礼品的现场礼仪

1. 赠送礼品的礼仪

(1) 精心包装。送给他人礼品,尤其是在正式场合赠送于人的礼品,在相赠之前,一般都应当认真进行包装。可用专门的纸张包裹礼品或把礼品放入特制的盒子、瓶子里等。礼品包装就像穿了一件外衣,这样才能显得正式、高档,而且会使受赠者感到自己备受重视。

(2) 表现大方。现场赠送礼品时,要神态自然,举止大方,表现适当。千万不要像做了"亏心事",小里小气,手足无措。一般在与对方会面之后,将礼品赠送给对方,届时应起身站立,走近受赠者,双手将礼品递给对方。礼品通常应递到对方手中,不宜放下后由对方自取。如礼品过大,可由他人帮助递交,但赠送者本人最好还是要参与,并援之以手。若同时向多人赠送礼品,最好先长辈后晚辈、先女士后男士、先上级后下级,按照次序,依次有条不紊地进行。

(3) 认真说明。当面亲自赠送礼品时要辅以适当的、认真的说明。一是可以说明因何送礼,如若是生日礼物,可说"祝你生日快乐";二是说明自己的态度,送礼时不要自我贬低,说什么"没有准备,临时才买来的","没有什么好东西,凑合着用吧",而应当实事求是地说明自己的态度,比如"这是我为你精心挑选的""相信你一定会喜欢"等;三是说明礼品的寓意,在送礼时,介绍礼品的寓意,多讲几句吉祥话,是必不可少的;四是说明礼品的用途,对较为新颖的礼品可以说明礼品的用途、用法。

2. 接受馈赠的礼仪

(1) 受礼坦然。在一般情况下,对于对方真心赠送的礼物不能拒收,因此没完没了地说"受之有愧""我不能收下这样贵重的礼物"这类话是多余的,有时还会使人产生不愉快的感觉。即使礼物不称你心,也不能表露在脸上。接受礼物时要用双手,并说上几句感谢的话语。千万不要虚情假意,推推躲躲,反复推辞,硬逼对方留下自用;或是心口不一,嘴上说"不要,不要",手却早早伸了过去。

(2)当面拆封。如果条件许可,在接受他人相赠的礼品后,应当尽可能地当着对方的面,将礼品包装当场拆封。这种做法在国际社会是非常普遍的。在启封时,动作要井然有序,舒缓得当,不要乱扯、乱撕。拆封后还不要忘记用适当的动作和语言,显示自己对礼品的欣赏之意,如将他人所送鲜花捧在身前闻闻花香,然后再插入花瓶,并置放在醒目之处。

(3)拒礼有方。有时候,出于种种原因,不能接受他人相赠的礼品。在拒绝时,要讲究方式、方法,处处依礼而行,要给对方留有退路,使其有台阶可下,切忌令人难堪。可以使用委婉的、不失礼貌的语言,向赠送者暗示自己难以接受对方的好意,如当对方向自己赠送一部手机时,可以告知:"我已经有一部了";可以直截了当向赠送者说明自己之所以难以接受礼品的原因。在公务交往中,拒绝礼品时此法最为适用,如拒绝他人所赠的大额贵重礼品时,可以说:"依照有关规定,你送我的这件东西,必须登记上缴。"

四、赠花的礼仪

鲜花是美好、吉祥、友谊和幸福的象征。我国早在汉代就有"折柳送别话依依"的诗句,可见在当时已有交际中赠花之习俗。在当今社交中,无论是欢迎、送别、婚寿庆祝,还是节庆、开业、慰问、吊唁及国际交往中,人们经常赠之以鲜花,言志明心。但由于各地风俗习惯不同,花的含义也不同,送花时必须注意得体,要做到以下几点。

1. 了解"花卉语"

当我们用花为媒来传递友谊时,要注意运用正确的"花卉语",以免出现尴尬。以下是几种常见的花卉的寓意。

荷花——纯洁、淡泊和无邪

菊花——长寿高洁

月季——幸福、光荣

兰花——优雅

红玫瑰——爱情

剑兰——步步高升

白菊——真实

松柏——坚强

百合——圣洁、幸福、百年好合

橄榄枝——和平

野百合——幸福即将来临

梅花——刚毅、坚贞不屈

红罂粟——安慰、慰藉

文竹——祝贺长寿

红蔷薇——求爱、爱情

常春藤——结婚、白头偕老

杜鹃——节制、盼望

水仙——尊敬、自尊

康乃馨——健康长寿

牡丹——拘谨、害羞

红茶花——天生丽质

牵牛花——爱情

山茶花——美好的品德

紫丁香——初恋

勿忘草——永志不忘、真挚和贞操

野丁香——谦逊、美好

黄郁金香——爱的绝望

万年青——长寿、友谊长存

红郁金香——宣布爱恋

红豆——相思

蓝郁金香——诚实

仙人掌——热心

樱花——心灵的美

美人蕉——坚实

并蒂莲——夫妻恩爱

在不同的国家和地区,同一种花也许会有不同的寓意,例如,在一些国家,菊花和康乃馨被认为是厄运的象征。垂柳在美国表示"悲哀",但在法国,柳则是"仁勇"的象征。实际上,同一种类型的花卉,因其不同的颜色,也有不同甚至截然相反的意思。如红色的郁金香是"爱的表示",蓝色的郁金香象征"诚实",而黄色的郁金香则象征"无望的恋爱"。因此,要恰当运用好"花卉语"。

2. 不同场合的赠花

向恋人赠玫瑰花的花语是"我真心爱你",蔷薇花象征"我向你求爱,小天使",桂花表示"我挚意爱你",这类花卉赠之恋人,可谓心有灵犀一点通之功。若将这类花卉赠之其他对象,则会交际不成,反而引起误会。

婚礼赠花可以送一束美丽鲜艳的由红玫瑰、吉祥草、文竹等花组成的花束。红玫瑰象征爱情美好;吉祥草祝朋友吉祥如意、生活美满;文竹绿叶葱葱,祝朋友爱情永葆青春。此外,并蒂莲表示"恩爱如初,幸福长存",百合花象征"百年好合",它们及红色郁金香等花都是婚礼的理想花卉。

慰问病人,送一束黄月季,表示"早日康复",一束芝兰,象征"正气清运,贵体早康",或送一束松、柏、梅花,以鼓励他们与病魔做斗争"坚贞不屈","胜利属于你"。

庆贺生日赠花,年轻一点的可送其火红的石榴花、鲜红的月季花、美丽的象牙花,祝其前程如火样红烈,青春如红花鲜艳等。对年老者,赠之以万年青、寿星草、龟背竹等,以示祝福老人健康长寿、快乐幸福。

3. 赠花的注意事项

在正式场合,如组织开张、纪念、庆典等,大多可送花篮;在迎宾、欢送、演出时,送给演员,大多送花环、花束;宴请、招待会等送胸花;参加追悼会时送花圈以示哀悼。

送花一般不能送单一的白色花,因为会被人认为不吉利;送玫瑰花时应送单数,不要送双数,但十二除外,不要将红玫瑰送给未成年的小姑娘,不要将浓香型的鲜花送给病人。

送一束花时最好用彩色透明纸将花包装好,再系一根与鲜花颜色相匹配的彩带,这样既便于携带,又使花显得更漂亮。

第五章　导游口才

第一节　导游口才基础知识

导游是随着现代旅游业的发展而出现的一种社会服务性职业,其出现是现代旅游业发展的必然结果,在现代旅游业中发挥了重要作用。导游代表旅行社或接待社为旅游团队提供全过程的服务,既是旅游活动的组织者,也是旅游活动的服务者。

正因为导游这一角色在旅游活动中的特殊地位,其服务质量的高低从某种意义上说不仅代表了整个旅游行业的服务水准,也体现了一个地区、一个国家的文明程度。随着现代旅游业的发展,社会对导游素质的要求也越来越高,导游的素质决定着旅游经营活动的成败。

一、导游的含义

导游,从字面看可以知道它的大概意思。"导"有"引导""开通"的意思,"游"则指"旅行游览"。因此,导游即"引导他人参观游览"。随着旅游业的发展,"导游"的内涵也在不断变化和发展。

一般来说,"导游"这一概念包括两层含义:一是指组织、协调旅游活动,满足旅游者游览需求的旅游服务工作;二是指导游员或者导游工作者。我们说的"导游",一般指导游员或者导游工作者。

《旅游业词典》(美国查尔斯·梅特尔卡著)一书指出,导游员是指"已拥有职业特许证并受雇于某公司带领旅游者在当地进行旅游观光活动的工作人员"。《导游服务质量》说导游人员是"持有中华人民共和国导游资格证书、受旅行社委派、按照接待计划,从事陪同旅游团参观、游览等工作的人员"。国家旅游局于1995年发布的《导游员职业等级标准(试行)》对导游员所下的定义是:"运用专门知识和技能为旅游者组织安排旅行和游览事项,提供向导、讲解和旅途服务的人员。"《导游人员管理条例》中认为,导游人员"是指依照本条例的规定取得导游证,接受旅行社委派,为旅游者提供向导、讲解及相关旅游服务的人员"。

根据以上定义可以知道,导游员需具备三个条件:持有导游职业资格证书,受旅行社委派,为旅游者提供旅游服务。

总之,导游员是以旅游者为工作对象,以组织并指导参观游览、沟通思想为主要工作方式,以安排旅游者的吃、住、行、游、购、娱为主要任务,以增进相互了解和友谊、为国家和地方建设积累资金为目的的接待服务人员,也是进行民间外交和促进地区间横向联系的第一线工作人员,同时必须具备国家管理部门颁发的有关资格证书。

二、导游的类型

由于导游的工作内容和职责不同,导游有多种名称。按照不同的标准,导游可以分为不同的类型。

（一）根据导游的工作内容分类

因工作内容不同,导游有不同的名称,主要有领队、全程导游员、地方导游员、定点导游员等。他们为旅游者提供各种服务,分别代表着受雇的旅行社,秉承着不同的工作职责。他们相互支持、共同合作,在有关旅游接待单位的配合下,帮助、引导旅游者完成旅行游览。

（1）领队即国际导游员。领队是带领旅游团出入境旅游,为旅游者提供出入境服务,督促境外接待社和导游人员执行旅游计划的导游员。

《导游服务质量》把领队称为"受海外旅行社委派,全权代表该旅行社带领旅游团从事旅游活动的工作人员"。领队的主要职责有:全程服务、督导落实旅游计划、团队管理、联络工作等。

（2）全程导游员即全程陪同,简称全陪。全陪受接待社委派,负责向旅游者提供境内全程导游服务。作为国内旅游团,所谓的全陪是受组团社的指派,是组团社的全权代表,为国内跨省、自治区、直辖市范围旅游的旅游者提供全程导游服务。

全陪是旅游团在国内旅游活动的全程服务者与行动决策者,在导游集体中起着主角的作用。其主要职责在于:实施旅游计划、联络协调、景观讲解、为旅游者在国内提供旅行服务。

（3）地方导游员即地方陪同,简称地陪。地陪是受地方接待社委派,为旅游者在本省、自治区、直辖市范围内或导游所在地的游览提供导游服务,西方称为"导游翻译员"。

地陪的主要职责在于执行旅游计划、景观讲解、处理旅游事故等。

（4）定点导游员也称定点陪同或者讲解员。定点导游员是景点自设的讲解人员,专门负责某一个参观游览点的讲解工作。对于一些专业或较特殊的景点来说,定点导游员需要具备较高的专业知识。

在一些西方国家,定点导游员级别最高,因而对定点导游员的考试也最为严格。我国台湾岛的许多景点也设有高水平的导游员。相比较而言,我国内地一些景点的讲解员层次还有待提高。

（二）根据导游等级分类

根据导游人员的业务工作水平,可以分为初级导游员、中级导游员、高级导游员和特级导游员四个等级。

（1）初级导游员。要求在获得导游员资格证书一年后,就技能、业绩和资历进行的考核、考试合格。

（2）中级导游员。要求获得初级导游员资格两年以上,业绩明显,考核、考试合格。

（3）高级导游员。要求取得中级导游员资格四年以上,业绩突出、水平较高,在国内外同行和旅行社中有一定影响,考核、考试合格。

（4）特级导游员。要求获得高级导游资格五年以上，业绩优异，有突出贡献，有高水平的科研成果，在国内外同行和旅行社中有较大的影响，经考核合格。

（三）根据导游职业性质分类

根据导游的职业性质，导游有专职和兼职的区别如下。

（1）专职导游员。指长期受雇于某家旅行社，为该企业的正式职员的导游员，也称"固定职业导游员"。

（2）兼职导游员。也称"业余导游员"，通常指在业余时间从事导游工作的人。

此外，根据导游员所使用的不同语言，导游员可以分为外语导游员、汉语普通话导游员、地方方言导游员和少数民族语言导游员。

第二节　导游口才的类别

导游界有句行话，叫作"全凭导游一张嘴，调动游客两条腿"。这句话形象生动地反映了导游的工作总体是以说为主的，讲解、介绍、交流贯穿于整个带团过程中。

导游工作的形式和内容千变万化，所以导游口才的类型也是复杂多变的。例如：根据导游具体职责和业务范围的不同，可以将导游口才分为领队口才和全陪导游口才、地陪导游口才和定点导游口才；根据导游口才的功能不同，可以将导游口才分为导游讲解口才和导游交际口才；根据导游口才的具体使用区域和表达风格的不同，可以将导游口才分为欢迎词、解说词、交际词和欢送词。

下面分别对欢迎词、解说词、交际词和欢送词作简单的介绍。

一、欢迎词

欢迎词，是指导游在迎接游客到来时的致辞。导游在展开服务工作之前，必须首先向游客致欢迎词，以赢得游客的好感、支持和信任。

无论是领队、全陪、地陪还是定点讲解员，在工作开始前对游客来说都是陌生人。导游必须先让游客了解自己，并且从情感上接受自己，这样才能实现从陌生人到朋友的角色转换。

游客们大都讲究"第一印象"，而致欢迎词是导游给游客留下"第一印象"的极佳机会。一篇热情洋溢、亲切友好的欢迎词，能瞬间拉近导游与游客的情感距离，给游客留下良好的印象。因此，艺术性地致好欢迎词尤为重要。

（一）欢迎词的特点

欢迎词不同于一般的导游口才，具有其自身的特点，主要表现如下。

1.内容简洁

导游致欢迎词一般是在旅游活动开始之前，即游客在旅游车上入座，出发前往下榻地或者旅游景点时的致辞。

游客一般在旅行前都会比较兴奋，会充满期待，想马上了解旅游景点的情况；有的游客经过长途旅行,想在去景点途中稍作休息。作为导游,应当考虑到游客的这两种情况,而且游客的主要关注对象不是导游,而是旅游景点。所以,导游致欢迎词的时间不宜太长,内容应当简洁、得体,点到为止,以免游客产生厌恶的情绪。

导游致欢迎词只要能够让游客体会到自己的欢迎之情就可以了,欢迎词的时间要控制在 5 分钟以内。

2. 亲切热情

为了便于导游工作的开展,导游首先必须得到游客的认同,需要尽快与游客熟悉起来,让游客把自己当作旅行途中的朋友。

在致欢迎词时,导游要以好客的主人身份,以亲切热情的口吻对游客表示欢迎,迅速拉近与游客之间的情感距离。

不同的导游会有不同的风格,或任劳任怨,或细心谨慎,或幽默风趣,或知识渊博,等等。导游风格固然可以百花齐放,但必须以亲切热情的风格为主导。

3. 语言自然

导游的突然出现,难免会让游客产生突兀之感。为了消除游客的突兀之感,导游在致欢迎词时,语言应该自然,语调和缓,让游客自然而然地接受自己为他们讲解。

4. 针对性强

导游说话需要根据说话的对象和场合,选择适当的言辞。导游在致欢迎词时,需要细心观察游客的特点和心理,有针对性地迎合他们的心理,在欢迎词中间接透露一些旅游地的有关信息,缓解游客可能存在的不满心理。

（二）欢迎词的基本要素

一般而言,欢迎词包括以下五个基本要素。

1. 欢迎光临

在欢迎词的开头,导游要对游客进行问候,对他们的光临表示欢迎。

在欢迎游客光临时,要特别注意对游客的称呼,要对来自不同国家和地区的游客使用不同的称呼。一般来说,对国内游客,称呼"各位朋友(团友)";对来自欧美和东南亚地区的游客,普遍称呼为"女士们、先生们";对来自东亚地区的游客,则可以称呼"先生们、小姐们"。

导游要代表旅行社对游客表示热烈欢迎之意。因此,导游在欢迎词中必须说明聘用自己的旅行社名称。

2. 自我介绍

自我介绍,是欢迎词的重点内容之一。

导游可以把自己的姓名、性格、工作和背景等内容巧妙地设计成完整的自我介绍。自我介绍通常要向游客说明自己的姓名、身份和单位,还应该告诉游客如何称呼自己,如:

我的名字叫×××,大家可以叫我小×。

我姓×,各位就叫我×导吧。

My name is×××,You can call me×××.

为了便于游客记忆,很多导游都会在自己的姓名上大做文章。例如,湖北荆州的一位导游将自己的姓名巧妙地融合成了一道菜名"香葱蛋花汤",令游客们过耳不忘;江苏南京的一位导游给自己起了个英文名——"Spring",游客们回国后所写的感谢信中仍然念念不忘她给游客们带来的"春天的感觉"。这些都是成功的自我介绍例子,但要注意,介绍自己内容不可过多,时间不宜过长,否则会喧宾夺主,扭曲了欢迎词的本义。

3. 介绍工作伙伴

在自我介绍之后,欢迎词中必须紧接着介绍一下自己的工作伙伴。

一般情况下,导游需要向游客介绍的工作伙伴有全陪(或地陪)、司机或旅行社领导。在欢迎词中,对工作伙伴的介绍次序,依情况的不同而有所区别。

(1)海外来华团首站地的全陪介绍次序:旅行社领导—请领导致辞—首站地地陪—请地陪致欢迎词。

(2)海外来华团首站地的地陪介绍次序:全陪—司机—旅行社领导—请领导致辞。

(3)非首站地的地陪介绍次序:司机—旅行社领导—请领导致辞。

4. 表达服务意愿

导游在欢迎词中要向游客表明自己的工作态度,一般包括三个方面的内容:非常乐意为游客导游、保证努力工作和希望游客合作,这也是欢迎词的一个重要内容。

在这一部分内容中,导游不妨先给游客打一个"预防针"。许多旅游地由于基础设施较为落后,其中不免会出现一些不足之处。导游在欢迎词中应先提醒游客,这样可以避免游客产生巨大的失望情绪。

5. 祝福

在欢迎词的最后,导游要祝愿游客们此次旅游顺利、愉快。

以上五个方面是欢迎词的基本要素,但不一定是欢迎词的全部内容。欢迎词的内容应该根据游客国籍、类型、时间、地点、成员身份等方面的不同而有所区别,不可千篇一律。导游可以在以上五个基本要素的基础上进一步发挥,如果能够在欢迎词中加入我国一些传统谚语和格言,如"有朋自远方来,不亦乐乎""有缘千里来相会"等,将为欢迎词增色不少。

(三)欢迎词的主要类型

致欢迎词的形式是不拘一格的,没有固定的模式。这里从语言艺术的角度,介绍三种致欢迎词的方式。

1. 风趣式

导游与游客大多是初次接触,互相比较生疏。为了融洽关系,给游客以信赖感和亲切感,导游必须消除游客"敬而远之"的陌生感。因此,在致欢迎词时适当地运用风趣幽默的语言,不仅能缩短导游与游客的感情距离,而且能活跃现场气氛,激发游客兴趣,给人以热情、开朗的良好印象。例如:

各位上午好! 我叫×××,是××旅行社的导游,十分荣幸能为各位服务! 各位大都是医生吧? 医生是人间最美好的职业,我一出生就对医生有特别的感情——因为我是难产儿,多亏了医生我才得以"死里逃生"(游客笑)。长大以后,虽然没有考上医学院,但我每年都要去医院好几次。我这人特别容易感冒,医生当不了,当病人却十分合格,真没有办法(游客笑)……今天的旅游节目是这样为大家安排的,首先参观岳阳楼、洞庭湖,然后去参观一家中医院。如果还有时间,我想请大家"参观"一个特别节目,就是看看我为什么老是容易患感冒(游客大笑)。谢谢!

2. 闲谈式

闲谈式在实际使用中运用得较为频繁。一方面,在闲谈时,双方共处同一语境,这有利于游客集中注意力;另一方面,闲谈式大都情感真挚,语气平和,不急不缓,娓娓道来,如拉家常似的,能给人以亲切自然的感受。例如:

各位早上好!昨天晚上大家坐了七八个小时的车,一定很累吧?的确,由于我国交通事业目前还不十分发达,新中国成立后虽然取得了很大进展,但比贵国还有很大差距。若乘贵国新干线上的列车,那么,北京到大同,就会从现在的七八个小时缩短到两三个小时,大家都不会像现在这样疲劳了。但众所周知,我国幅员辽阔,面积是贵国的 26 倍。实现这一愿望当需时日,同时也需要技术上的大力支持与协助。在此,我真诚地希望各位能为中日友好,也为大家今后在我国旅游的方便做出贡献。说到贡献,大家实际上已付诸行动了。诸位这次来我国旅游不正是对我国旅游业的支持与贡献吗?对此,我代表大同市 120 万人民及国旅大同分社全体职工,对各位表示衷心感谢与热烈欢迎。中国有句古话叫"有朋自远方来,不亦乐乎",此次能为大家导游,我感到由衷的高兴……

3. 感慨式

导游用激情满怀的语调、善解人意的语言致欢迎词,能消除客人低落的情绪,使游客情绪高涨,从而引起客人感情上的共鸣。例如:

各位朋友们,晚上好!我是××旅行社的导游×××,非常高兴能够作为各位此次旅游的导游。中国有句成语"好事多磨",各位昼思夜想地盼了 50 年,临到家门口却还要等好几个钟头才能够通过海关。中国人在中国的土地上却不能自由行动,真是很奇怪的现象!历史的原因我们不用过多地回首,只希望将来能够尽快改变这种局面。宋代诗人陈师道说:"去远即相忘,归近不可忍"。前半句我不同意,大家离别家乡 50 年,难道忘得了自己的故乡吗?忘得了家乡的亲人吗?中国台湾地区有一首民歌,叫《我的家乡在大陆上》,各位唱了 50 年,今天终于唱回家了。在自己家里,要唱就唱,要笑就笑吧!我谨以家乡亲人的名义,祝贺大家终于回——家——了。(游客集体哼唱《我的家乡在大陆上》)

二、解说词

解说词是导游语言的主体,是导游在特定的语境中,借助语言艺术,通过对人文景观或自然景观进行讲解,以满足旅游者娱乐情趣和求知欲望的致辞。

讲好解说词的难度很大,导游除了需要具有广博的知识、熟练掌握所用的语言外,还要根据旅游者的不同情况,灵活巧妙地运用导游艺术和技巧,使导游内容生动活泼而又富有魅力。因此,讲解词是决定导游服务质量和工作能力的关键。

（一）解说词的特点

1. 内容丰富

导游的主要工作之一，就是运用语言描绘自然和人生，以满足游客求知、求解、求乐的欲望。而游客来自世界各地，他们的旅游目的、文化修养、知识水平、审美情趣千差万别。因此，这就要求导游的解说词必须详细而全面，知识容量极大。

2. 现实性强

导游讲解是在旅游景点实地开展的、带有强烈实用目的的导游工作，因而讲解词具有很强的现实性。

另外，判断一篇解说词好坏的标准，就是看它能否应用到导游的实际工作中去，或者说是否有利于导游的工作和游客的参观游览。

3. 交互式

旅游者在听完导游的解说之后，必然会发生一定的变化，如增长知识、振奋精神或引起兴趣等等，而这些变化又必将通过旅游者的外在表现反馈给导游，使导游解说词发生一定的变化。也就是说，解说词是始终处于导游与旅游者之间交叉传播的互动过程之中。

4. 变化多样

导游的解说词，必须根据所接待的旅游者、所处的环境、所安排的旅游行程不同而不断变化。因此，导游即使讲解同样的内容，也必须掌握多种具体的讲解方法，以多变的类型来开展讲解工作。

5. 配合使用

解说词主要通过口头语言来传播信息，但同时也借助其他手段作为有效补充，以促进解说词准确、全面，如态势语言、副语言等。

（二）解说词的基本要素

1. 概况介绍

在解说词开头，必须先点明所讲解景点的名称和范围，再简明扼要地介绍景点的大致情况，如位置、历史、特色、价值等。

2. 提醒

为了确保旅途顺利，在进入旅游景点前，导游要提醒游客有关的注意事项，如时间安排、管理制度等。在讲注意事项时，导游应尽量使用带有褒义色彩的词汇，语气柔和，以免让游客觉得导游在冷冰冰地下命令。

3. 景观讲解

这是解说词的主体部分，导游一般是按照景观的自然结构来进行讲解的。

在每个景观前，讲解词首先要指出景观的位置，其次描绘景观的形态，再次结合介绍相关知识，发表感慨或议论，最后启迪游客。如果有必要，还要对下一个景观进行铺垫。

4. 总结结尾

在讲解完景点的每个具体景观之后，应当以对景观进行整体总结作为结尾。在这一部分，导游可适当地阐发议论，使讲解词的主题得到升华，源于景观又胜过景观。

有关讲解词的艺术技巧，在第三节会有详细介绍，在此不赘言。

三、交际词

在旅游过程中，导游必须与游客展开交际，以保证工作的顺利进行。而在交际中，语言是其中最基本、最重要的传递信息、交流感情的载体，它"负载"着一个人的思想、品质、知识、气质、修养等诸多因素。因此，有效地运用交际语言是导游与游客之间增进了解和友谊的重要途径，是游客评价导游服务水平的重要方面。

在与游客交际时，导游要注意交际对象、交际话题、交际时间三个方面的内容。

（一）交际对象

作为导游，经常要面对各种类型的游客，而且要在一个融洽的人际氛围之中完成交际活动，这将考验导游的应变观察能力，导游必须针对不同性格的游客调整自己的交际语言。

1. 与稳重型旅游者交际

稳重型旅游者，大多谈吐文雅、知识渊博、友好待人、言辞精辟。

导游与稳重型旅游者交际时，应事先确定一个鲜明且有深度的话题，比如可适当地讨论当下热门的社会话题或本地独特的内容，少谈论粗俗不堪、荒诞不经的内容，这样才能使对方产生交流的兴趣，切忌唯唯诺诺、毫无主见。另外，导游还可以通过与稳重型旅游者交际的机会了解他们对自己工作的评价等。

与稳重型旅游者交际时，导游一定要注意气氛的变化，既要防止交流变成无聊的絮叨，也要避免交流变成严肃的学术研究，一般是以轻松的探讨式气氛为宜。

导游的态度要谦逊，以求教的态度与其交谈，会使其在心理上和精神上得到满足，这也是许多稳重型旅游者乐于接受的交谈氛围。

2. 与活泼型旅游者交际

活泼型旅游者，活泼开朗，思维活跃，乐于聊天。

导游与他们交谈时要突出"新""奇""趣"的内容，例如可以大谈历史典故和民间传说，笑话、趣闻也可为谈话内容增色不少。枯燥的理论、学术和思想最好少提，有说服力但趣味性不足的信息引用则点到为止。

活泼型旅游者希望通过谈天说地获得放松与愉悦，因此导游在与活泼型旅游者交际时，要努力营造快乐轻松的交流气氛。如果导游的看法与游客不一致，导游要尽快转移话题，引开游客的注意力，消除一切可能导致不和的苗头。

交谈时导游还可以组织活泼型旅游者做游戏，这也是他们非常喜欢的一种交流形式。

3. 与忧郁型旅游者交际

忧郁型旅游者性格孤僻，内心脆弱，交流欲望不强，喜欢一个人独处。

导游在与他们交际之前，应先在一旁观察以便了解他们的兴趣爱好，然后再有针对性地谈论他们所感兴趣的话题。

导游在交谈时的注意力一定要高度集中，如果对他们的问题置之不理或者反复询问"对不起，我刚才没有听清楚，您能再说一遍吗"，就会让他们觉得被忽视，以后也很难再展开交谈。

忧郁型旅游者不太喜欢参与聚谈,导游在与其进行交际时,一定要语气柔和,音量小,尽量不引起太多人关注。同时,他们特别注重个人隐私,交谈时切勿涉及个人问题,一旦涉及了他们比较忌讳的地方,要及时收住话题,以免造成对方的不快。

4. 与急躁型旅游者交谈

急躁型旅游者好问少思,经常主动向导游征询,所提问题却往往肤浅。

导游对他们绝对不要充耳不闻,更不能在其他游客面前取笑他们,而是要有足够的耐心与热情解答他们的问题。

急躁型旅游者的观点往往比较偏激,在聚谈中容易与其他游客发生争执。因此,不要强求他们加入聚谈,一旦发生冲突要及时调解。'

导游的观点要不偏不倚,语言上不要伤害任何一方。

(二)交际话题

美国的伦纳德·朱尼博士提出"五分钟交朋友"的观点,认为交际时的第一个 5 分钟是十分关键的。只有双方在这 5 分钟之内谈得投机,之后的交际才得以展开,双方的感情才能逐渐融洽起来。也就是说,交际话题得当是顺利与游客开展交际的关键因素。

导游与游客交际的话题,大致可以分为三种:寒暄话题、社会话题和旅游话题。

1. 寒暄话题

寒暄话题通常是在旅游活动开始之初所采用的话题。这类话题可以缩小彼此之间的感情距离,打破双方陌生的界限,使彼此之间有初步的了解。

寒暄的话题有很多,根据交谈对象的不同,寒暄话题可分为以下几种:

(1)普遍性话题,如天气、饮食和方言等;

(2)男士话题,如地域文化、民族和历史等;

(3)女士话题,如服饰、民居和土特产等;

(4)外宾话题,如传统文化、经济和风俗等。

2. 社会话题

当导游员与游客相处一段时间后,双方比较了解,这时交谈的话题就由寒暄话题转入了社会话题。

社会话题要尽量向游客靠拢,如果能够与他们的职业、经历或生活环境等方面有所联系,则更能引起他们交谈的兴趣。

在讨论社会话题时,导游要做个有心人,细心观察游客的言谈举止,了解他们的籍贯、职业、生活经历等信息,这样便于寻找他们感兴趣的社会话题,以进一步拉近与游客的距离,帮助自己开展随后的导游工作。

在谈论社会话题时,导游应当注意话题切勿涉及游客的隐私和敏感性的问题,例如政治、宗教、生理、收入、家庭、年龄等话题。

3. 旅游话题

在旅游活动进入尾声阶段时,导游与游客彼此已经非常熟悉,建立了相当深厚的感情。

这时,游客会与导游交流他们在旅游过程中的感受,把他们所看到的、感受到的都与导游一起分享,可能还会向导游表达对旅游服务工作的看法和评价,这时导游也需要利用这个机会征询游客对旅游服务工作的意见。对于游客提出的感受和意见,导游应当认真听取,同时进行解释说明和弥补工作,让游客乘兴而来,尽兴而去。

因此,在旅游活动的后期,导游与游客交谈比较多的是旅游话题。

（三）交际时间

导游与游客交谈时要有时间观念,把握好时间。导游应当根据交谈的场合和话题,把握交谈的起止时间和时间的长短,而这又取决于交谈双方的生理和心理状况。在不同的时间和场合,导游和游客的身体和情绪都不一样,导游需要根据实际情况,不断变化交谈的时间。

1. **旅游车上的交谈时间**

在车上,导游一般是在已经做完了主要的沿途导游讲解之后再与游客交谈,与每位游客的交谈时间以 10 分钟为宜,最长不要超过 20 分钟。

在即将开始下一段沿途讲解或即将抵达旅游景点时,导游要至少提前 5 分钟结束交谈,准备对全体游客做沿途讲解或景点概况介绍。

2. **游览途中的交谈时间**

在游览途中,导游除讲解和介绍经典外,还可以选择在休息时间与游客交谈,应当在游客已经找到休息的地方之后再与之攀谈,时间不宜太长,最好为五六分钟,如果休息时间较长,则可以适当延长。

3. **其他场合下的交谈时间**

在游客用餐后小憩、观赏文娱节目的前后、先行抵达集合地点等候其他游客时,都是导游与游客交谈的机会。

这些场合下的交谈,没有十分固定的时间要求,导游可以视现场情况、游客情绪和周边环境灵活掌握,但时间一般控制在 10 分钟到 30 分钟。

四、欢送词

欢送词是指导游送别游客时的致辞,它关系着导游的全程服务在游客心中留下的整体印象,也会影响到游客的重游兴趣,是导游语言中不可忽视的组成部分。

（一）欢送词的特点

1. **简洁干练**

与欢迎词一样,欢送词并不是导游语言工作的主体,无须过于复杂,文字上以简洁干练为主要特征。如果在送别时,导游太啰唆,会给游客留下婆婆妈妈、拖泥带水的感觉,可能损害本来已经形成的良好印象。

2. **动之以情**

送别是导游接待工作的尾声,这时导游与游客已熟悉,有的还发展成了朋友,因而也或深或浅地建立了感情基础。在欢送词中,导游不能忽视游客的这种心理,在欢送词中要充满依依惜别的感情,以浓厚的感情氛围感动游客,但一定要注意这种感情应该是真挚的、自然的,切不可"为赋新词强说愁"。

3. 含义深远,耐人寻味

欢送词并不是简单地向游客说再见,还包含着对旅游活动的回顾和思考。

在欢送词中,导游有必要对全部旅游活动和导游服务做一次归纳和总结,并征询游客对导游工作的意见,以弥补前期工作中的不足。

(二)欢送词的基本要素

一般认为,有水平、符合规范的"欢送词"应包括以下 5 个要素。

1. 小结旅游

指与游客一起回忆一下这段时间所游览的景点、参加的活动,以免因逗留时间相对短暂和活动项目比较密集而导致游客在旅游结束时淡忘其中一些内容。

2. 表示惜别

指欢送词中应含有对分别表示惋惜、留恋之情,讲此内容时,面部表情应深沉,不可嬉皮笑脸,以免给客人留下"人一走,茶就凉"的感觉。

3. 征求意见

即告诉游客,我们如有不足,经大家帮助,下一次接待会更好。还可适当表达对游客的谢意,千万别让游客感到旅行成功只是导游努力的结果。

4. 期待重逢

指要表达对游客的情谊和自己的热情,希望游客成为回头客。只要导游在旅游过程中与游客相处得十分融洽,这项内容很容易让游客产生同感,也是旅游目的国(地)吸引游客重游的一项重要因素。

5. 美好祝福

出于礼貌,在欢送词的最后通常会向游客致以美好的祝愿,如"祝您一路顺风""祝大家平安快乐"等。

(三)欢送词的主要类型

1. 普通欢送词

普通欢送词比较规范,只是多少会让游客感到有些平淡,缺少吸引人的地方。在时间仓促的情况下,普通欢送词是完全合格的。

> 各位朋友:天下没有不散的宴席。我们相处了二十多天,但今天就要分别了。二十多天的时间不算很长,但各位由南到北,由东到西,既观赏了一些名山大川,又领略了一些古迹名胜,对中国有了一个概略的印象。通过这段时间的相处,得到了大家的协助和配合,旅行进行得十分顺利,对此我由衷地感谢大家。我有服务不周的地方,请各位多多谅解。我们有幸这次相逢,深信将来还有缘再会。最后,祝大家旅途顺利,

身体健康！谢谢！

2. 自责欢送词

中国旅游业还很年轻，导游工作中不尽如人意之处在所难免。因此，导游可选择带有一定自责色彩的欢送词，这不仅能向游客表示自己谦逊的态度，而且也是导游高素质、高修养的体现，是导游具有良好职业道德的反映。如：

> 要和在座的各位说再见了！此刻，我的心情既激动又难过！这次陪同大家一起前往……在这次旅游过程中，我有许多应该做好而没有做好的工作。那我现在能向大家说些什么呢？只有一句话，那就是——谢谢各位对我工作的支持！是你们的支持使我增强了信心，是你们的帮助使我增加了力量，是你们的理解使我战胜了困难，请允许我再一次向你们表示感谢！我要努力工作，或许来年我们有缘再次相会，我将提供更好的服务！愿我们的友谊天长地久！最后，祝愿大家一路顺风，万事如意！

但要注意，由于西方文化重视自我价值，因此这类欢送词不适合西方国家的游客。

3. 歌咏欢送词

为使欢送词给游客留下难忘的印象，导游可选用有"文采"的语言来表达一种情感。富有"文采"的语言，包括人们耳熟能详的歌曲或著名诗篇，导游可以通过演唱或朗读来调动游客的情绪，形成导游工作中的最后一个亮点。如：

> 朋友们，只有在离别的时候，才深深地感到我们相处的时间太短。……在此期间，大家亲如兄弟，胜过亲人！得到大家的关照，我们才能顺利完成工作任务。说真的，我真有点儿舍不得离开你们，我会想念大家的。接下来我就以大家非常熟悉的歌手邓丽君小姐的一曲《路边的野花不要采》来向大家告别吧——"送朋友送到飞机场，有句话儿要交代：虽然旅游已结束，但我们的友谊永存在！记住我的情，记住我的爱，记住我们有缘还会来相会，我呀衷心期待着这一天，千万不要把我来忘怀，欢迎大家再来玩！"再见！

第三节　导游口才的技巧

导游口才不像辩论口才、谈判口才那样逻辑推理严谨缜密，因游客是来游览自然景观或人文景观的，需要的是轻松和自然。因此，导游员的语言表达方式可叙事托景，融情入景，妙趣横生；可运用修辞手法，形象生动，寓庄于谐。导游的讲解要使旅游者尽情享受到旅游的快乐。

一、欢迎词的表达技巧

导游员带团之初都要有礼貌地致欢迎词。欢迎词的内容以表达问候、欢迎、自我介绍，以及介绍同伴、景点或游程、服务意愿和祝福等含义为主。

（1）介绍式，用简洁清晰的语言进行自我介绍和工作伙伴介绍，包括姓名、好记忆的称

呼及电话号码等,如:

> 各位朋友,大家一路辛苦! 我是××旅行社导游员×××,大家称我小王,也可以叫我王导,我的电话是1397×××,这是我们的司机牛师傅,他姓牛,开车也很"牛",一路上由我们为大家服务。

(2) 表达式,表达服务意愿和祝福,并提出要求,如:

> ××是个美丽的城市,有着与众不同的自然景观和丰富的人文底蕴,在旅程中我会尽心尽力来做好导游工作,希望能够给大家留下深刻而美好的印象(表达服务意愿)。同时也祝愿在座的各位朋友在旅游中都有一份好心情,都能高兴而来,满意而归(祝福)! 为了旅途顺利、安全,希望大家服从旅程安排,有要求请拨我的电话(提出要求)。好,咱们出发!

(3) 幽默式,用诙谐幽默的语言消除游客刚到目的地的疲惫,营造轻松的旅游氛围,拉近和游客的距离,如:

> 亲爱的游客朋友,大家好! 我是导游员××,欢迎各位贵宾到桂林参观和指导,我会全心全意热心服务,让您没白跑。旅游之前有些事情在这儿和您聊一聊,好让您的这次旅游含金量更高。桂林是个旅游城市,环境特别好,希望各位能够入乡随俗、注意环保;旅游旺季就要来到,景区人山人海,您千万别烦恼,如果有烦恼,别忘了笑一笑……景区小摊小贩吆喝声挺高,土特产品没有保障,建议你别瞧,您瞧了也别买,买了也别吃,要是吃了出了问题我可管不了。我说了这么多,唾沫费不少,总之,希望您在桂林感觉会很好,到底好不好,逛了就知道……

(4) 文学式,欢迎词如注意吸取一些谚语、名言、充满文采的语言,也会收到意想不到的效果,如:

> "有朋自远方来,不亦乐乎""千年修得同船渡""千里有缘来相会""世界像部书,如果您没出外旅行,您可只读了书中之一页,现在您在我们这里旅行,你可就读完中国这部书的其中一章。"

二、景点讲解表达技巧

景点讲解是指导游员带领游客欣赏景点时对景点所做的讲解,它是导游口才中最重要的主体用语。

(一) 景点讲解的基本要求

景点讲解以书面解说词为蓝本,其基本要求主要体现在内容、语言、表达三个方面。

1. 内容翔实丰富

景点讲解的内容一般包括景点的历史渊源、历史人物、诗文出处、发源地质、地貌形成、风光的观赏品位、审美等,这些都需要导游员进行翔实的讲解,这也是旅游者获得知识的主要途径。例如:

女士们,先生们,我们很快就要到达目的地了。现在我给大家简单介绍一下几个主要的景点,诸位见到的一座巨石上面刻着四个大字"南天一柱"。根据中国传统的说法,天是圆的,它由地上四个角的四根柱子支撑着,这就是一根柱子的化身,它支撑着南天,让人民安居乐业。除此之外,我认为,它更能代表海南人民坚强、勇敢的性格,是海南人民的象征。到了天涯海角,诸位会看到两块巨石,上面分别刻有"天涯""海角"的字样,这就是我们的目的地。在此我有一个提议,到了天涯海角咱们来个集体合影好吗?希望这张合影能给各位留下永久的记忆,谢谢!

2. 语言通俗易懂

解说词在讲解前要进行充分的书面语准备阶段,但一旦导游将解说词通过口头语言表达出来,就必须做到通俗易懂,不能像背台词一样机械抽象。例如:在北京向美国游客推荐游览王府井时,美国人感觉"王府井"令人费解,你只要说"请你们去看看北京的纽约第五大街"就可以了。

因为纽约第五大街是全美最著名的商业街,他们一听不仅有亲切感,而且能很快理解王府井的性质和特点。

3. 表达富于变化

在解说景点的过程中,导游不可能完全依据自己的事先准备,完整地将解说词和盘托出,因为在解说的过程中会遇到游客提问或其他意料之外的事情,因此,在表达过程中,要依据实际情况适时调整解说方式,使解说灵活多变,富有对话色彩。例如:"This is Dingling,the one of Yijun Zhu and his empresses,Xiaoduan and Xiaojing(这是定陵,是朱翊钧和他的皇后孝端和孝靖的寝陵)。"英美客人很难一下理解这句话的意思,因为他们不熟悉中国历史,若变换一种表达方式:"This is the tomb of the thirteenth emperor of ming dynasty where he was buried with his two empresses(这是明朝第十三个皇帝的陵寝,他与他的两个皇后葬在这里)。"

(二)景点讲解的基本原则

讲解解说词时,导游员要注意知识性、趣味性、科普性和参与性等基本原则。

1. 知识性

导游的口才体现在解说词上,解说词里所包含的知识是游客最想知道的,因此,导游员的任务就是把自己所知道的景点知识做深入研究后,以自己独到的讲解方式向游客描述,使游客听导游的讲解就如同读书,开卷有益。例如:

各位朋友,欢迎你们来到布达拉宫。举世闻名的布达拉宫是西藏的标志性建筑,同时也是宝贵的世界文化遗产之一。布达拉宫是西藏地区现存最大最完整的宫堡式建筑群,也是地球上海拔最高的大型古代宫殿。这座无与伦比的神宇宫阙被誉为世界十大杰出土木石建筑之一,集中体现了西藏建筑、绘画等艺术精华。当你决定将双脚踏上布达拉宫山脚那巨大的花岗石阶的时候,你应该在内心默念:布达拉宫是世界上最高的宫殿群,它神秘、肃穆、伟岸,傲立尘世;它荟萃世间最美好的珍宝与伟大的心灵……它的存在本身就是不可思议的奇迹!

2. 趣味性

导游员在解说时适当地穿插一些有关景点的传说故事、笑话、当地的顺口溜,或者名人留下的诗歌、散文等,增加情趣,或者导游员善于借题(借景或借事)发挥,用夸张、比喻、讽刺、双关语等,活跃讲解气氛,增强艺术表现力,让游客在欣赏美景的同时又得到精神的愉悦享受。例如:

> 游客朋友,我们旅游的目的地山西永济就要到了。地处黄河中游的山西,有许多值得去的地方……传说中"沉鱼落雁""闭月羞花"的四大美人之一的杨玉环就出生于永济的独头村。"一苍三阁老,对门九尚书。站在古楼往南看,二十四家翰林院。大大小小知州县,三斗六升菜籽官。"这句流传至今的顺口溜可以证明这里是人才辈出的地方。

3. 科普性

导游在介绍景点时不能只注重神话故事、历史传说和民俗风情的解说而忽略科学知识的讲解,应让游客在通过旅游放松心情的同时又增长知识。例如,对有关地质遗迹景观的特点、成因演变、保护等科学内容应多讲解。这需要导游员多学习地质学、地理学、生态学、环境学等方面的知识,以满足游客增长科普知识的需要。例如:

> 朋友们,九寨沟的水美在色彩,赤、橙、黄、蓝、紫、绿一应俱全。赤的赤得发紫,黄的黄得灿烂,绿的绿得青翠,蓝的蓝得清纯。九寨沟的水为什么这么色彩斑斓? 这是石灰岩的化学溶解引起的一系列地貌现象。九寨沟地表大量堆积的钙形成钙化堤、钙化滩、钙化池,在九寨沟地表地理环境下,较强的蒸发作用、地下水溢出后压力的减小、地形陡变处水流流速的增大,特别是水生植物的光合作用对二氧化碳的大量吸收,更加速了钙的堆积,这种现象形成喀斯特景观,成为九寨沟的一大杰作。

4. 参与性

导游对景点妙处的评说可以"蜻蜓点水"般点到即止,余下的让游客自己去慢慢体味和思考,吊起游客胃口,让游客带着问题饶有兴趣地赏玩。如果是年轻游客,很难静下来听导游的长篇大论,不妨采取问答的方式与他们交流、互动,反而会收到意想不到的效果。例如:

> 导游:"女士们,先生们! 岳阳有句俗话,叫作'三醉岳阳成仙人',各位是不是也想成仙呢?"
>
> 游客:"成仙? 当然想,梦寐以求啊!"
>
> 导游伸出两个指头:"大家若想成仙,有两个条件:一是醉酒,二是吟诗。"
>
> 导游:"如果谁既能饮酒,又会吟诗,而且到过岳阳三次,那么就会像吕洞宾一样成仙。如果只会饮酒,不会吟诗,或者只会吟诗,不会饮酒,那就只能半人半仙了。"

(三)景点讲解的技巧

景点讲解应该针对景点的不同、游客的类型、游客的情绪等进行不同的表达,采用不同的技巧,使讲解活泼多样。

1. 简述讲解

简述法就是用准确简练的语言,把景观介绍给游客,使他们在具体欣赏景观之前对景观有一个初步印象。可以按前后顺序,或按时间、地点、人物、事件等,或按因果关系对景物进行系统解说。

例如:

> 这就是驰名中外的岳阳楼,它与武昌的黄鹤楼、南昌的滕王阁合称江南三大名楼,素有"洞庭天下水,岳阳天下楼"的美誉。它原是三国时代东吴时鲁肃训练水师的阅兵台。唐代建为岳阳楼,宋代由巴陵县令滕子京主持重修,整个楼阁为纯木结构,重檐盔顶,1984年落架大修后重新开放。现在楼高20米,由四根楠木柱支撑,楼顶就像古代将军的头盔。全楼没有一颗铁钉,这在力学、美学、建筑学、工艺学等方面都有杰出的成就。现在,楼内藏有清代刻的《岳阳楼记》雕屏,大家要想领略"衔远山,吞长江,浩浩荡荡,横无际涯"的风光,请随我登楼观赏。

2. 描绘讲解

描绘法就是用具体形象和富有文采的语言对眼前的景观进行描绘,使其细微的特点显现于游客面前。在旅游过程中,有些景观没有导游人员的讲解和指点,很难发现其美的所在,唤起美的感受。而经过导游的一番画龙点睛或重彩泼墨似的描绘之后,感受就大不一样。例如:

> 朋友们,我们现在身在仙山妙境。请看,我们的前面是一望无垠的太湖,身后是一片葱翠的丛林。青山绕着湖水,湖水映着青山;山石伸进了湖面,湖水"咬"住了山石;头上有山,脚下有水。真是天外有天,山外有山,岛中有岛,湖中有湖;山如青螺伏水,水似碧海浮动。真是"茫茫三千顷,日夜浩青葱,骨立风云外,孤撑涛声中"。

3. 诗话讲解

优秀的解说词在精心描绘的基础上,还可以适度诗化,再加上导游员适度表情的配合,可以极大地调动游客的感情,引发游客的联想。例如:

> 我们先来观赏"梧竹幽居"。"梧竹幽居",俗称"月到风来亭"……梧桐,是圣洁高昂的树;翠竹,是刚柔忠义之物。正所谓:"家有梧桐树,何愁凤不至。"两旁有一副对联:"爽借清风明借月,动观流水静观山"。慢慢品味,细细咀嚼,眼前似乎出现了两幅山水图画:一幅是皓月当空,夜色朦胧,清风徐来,沁人肺腑;另一幅是阳光明媚,鸟语花香,心动水动,心静山静。用心琢磨一下园主此时此刻的心境,大概同张大千的"心似闲蜇无一事,细看贝叶立多时"有着异曲同工之妙……

4. 联想讲解

联想法是指用畅想式的语言由此景联想到彼景,或是与此景有关的知识让游客展开丰富的联想,得到很大的满足。例如:

> 我们奇石林的石头,不看不知道,一看真奇妙。这些石头奇形怪状,鬼斧神工,请

大家展开想象的翅膀去联想、遐思。

请大家看这块石头，我们称它为"象鼻石"，看了它，就会想起桂林的象鼻山；再看这块……它们把奇石林装点得生机勃勃，令人心旷神怡！

5. 感慨讲解

感慨法就是用寓情于景、富有哲理性的语言激发游客的情绪，得到一种愉悦的启迪。例如：

朋友们，眼前这锦鳞片片，白帆点点的水面就是东海，多少年来，这海拥抱着、冲刷着佛顶山，以它特有的气势启迪着人们：海是辽阔的，胸怀无比宽广；海是厚实的，什么都能容纳；海是深沉的，永远那么谦逊……常看大海，烦恼的人会开朗，狭隘的人会豁达，急躁的人会沉稳……

6. 述古讲解

述古法就是向游客叙述有关历史人物、事件、神话故事、逸闻典故等；以丰富游客的历史知识，使他们运用形象思维更好地了解眼前的景观。例如：

这座古琴台相传是春秋战国时期楚国琴师俞伯牙鼓琴的地方。有一次，俞伯牙坐船遇风，阻隔在汉阳，在这里，他遇见了一个叫钟子期的人，伯牙知道钟子期喜欢听琴，就用十弦竖琴弹了两支曲子，一曲意在高山，一曲意在流水。钟子期听完，很快把乐曲的含义说了出来，伯牙十分钦佩，两人从此成了莫逆之交。一年后，钟子期病逝，俞伯牙十分难过，特地到钟子期的墓前弹奏了一曲"高山流水"，弹完后就把琴摔掉了，发誓不再鼓琴，这就是后人所说的伯牙摔琴谢知音。北宋时，为了纪念他们的坚贞友情，就在当年他们鼓琴、听琴的地方建了这座琴台，起名伯牙台。

7. 猜谜讲解

猜谜法就是根据旅游景观的内容和特点，以猜想推测的形式引发游客的兴致。例如：

这儿的山路蜿蜒幽静，路边的溪水叮咚作响，远近的山峦郁郁葱葱。清代文人俞樾游到这里时，诗兴大发，挥笔写道："曲曲环环路，叮叮咚咚泉，远远近近山……"诗的每一句都用了叠词，朋友们猜猜看，第四句写树时，诗人用的什么叠词？游客们议论纷纷，有的说"郁郁葱葱树"，有的说"大大小小树"，最后在导游员的启发下猜出是"高高下下树"。大家都惊叹诗人用词的精妙，这"高"和"下"贴切传神，写活了沿山而长的树林。

8. 悬念讲解

悬念法是根据不同的导游内容，有意识地创造连环套似的情境，先抑后扬地提出问题，以造成"欲知结果如何，且听下回分解"的悬念，使游客由被动听讲解变为主动探寻，以激起欲知其究竟的好奇心和求知欲。例如：

定陵可分为门前、展室和地宫三大部分。在门前，先讲概况，然后点出发掘年代，想知道发掘过程吗？请到展室来。

9. 设问讲解

有时为了激起游客的兴致,让游客在游览中观察,在观察中领悟,可以运用提问、反问等方法,做到讲中有问,问中有答,你问我答,我问大家答,使双方关系融洽。例如:

> 游客们,你们知道"黄山"名字的由来吗? 你们知道"猴子观海"的传说吗? 各位团友,天涯海角很快就要到了,为什么要将此地称为"天涯海角"呢? 在这个世界上真有"天涯海角"这样一个地方吗? 这正是我要告诉大家的。

10. 对比讲解

即在介绍眼前景物前,先简述天下知名景点中的同类景物,对比法可以唤起游过该地的游客的美好回忆,同时又是对眼前景物的烘托映衬,引起游客的游兴。例如:

> 九寨沟,人间仙境,有"看完九寨不看水,看完黄山不看山"之说。可能你看过漓江,看过黄河,看过长江,但今天你将要看到的是不同于以往所看到的任何水的美景——九寨,为你展示的是一幅色彩斑斓、多姿多彩的水的世界。

11. 幽默讲解

劳累、景观重复等原因会使游客情绪降低,此时用幽默与调侃的语言,能够让游客在笑声中消除疲劳,在游玩途中获得知识。例如:

> 朋友们,这个疯和尚有个雅号叫"十不全",就是说有十样毛病:歪嘴、驼背、斗鸡眼、招风耳、癫痫头、跷脚、抓手、鸡胸、斜肩胛,外加一个歪鼻头。大家别看他相貌不完美,但残而不丑,从正面、左面、右面看,你会找到喜、怒、哀、乐等多种表情……另外,那边还有五百罗汉,大家不妨去找找看,也许能发现酷似自己的"光辉形象"。

12. 变换讲解

变换法就是将外国游客难以理解的词或句子意译或变换成他们所熟悉的易懂的词或句子。例如:

> "三个臭皮匠,赛过诸葛亮",如果直译成日语,日本人不一定懂,若意译成日本民谚:"三人凑一块,可顶上文殊菩萨的智慧。"效果就好得多。

三、欢送词的表达技巧

欢送词是旅游结束,送别旅客时导游员所说的结束语。一段好的欢送词犹如一篇好文章的精彩结尾,会给游客留下长久的回味,也为前面的导游讲解工作锦上添花。

1. 小结旅游

小结旅游是指与游客一起回忆一下这段时间所游览的项目和参加的活动、收获及成果。例如:

> 乘大家休息的间隙,让我们再回忆一下这趟旅程。我们从哪里回忆起呢? 是一望无际的大草原,还是草原上珍珠般点缀的小白羊? 是从包头南下在鄂尔多斯见到的浩

瀚无边的沙漠和沙漠之舟——骆驼,还是那里的沙子会唱歌的响沙湾?是一代天骄成吉思汗陵园,还是闻名遐迩的喇嘛神宇——五当召?是蜿蜒流淌的九曲黄河,还是……我想不管是哪个景点,哪段经历,都或多或少给我们留下难忘而美好的记忆,将成为我们人生中宝贵的精神财富。

2. 感谢合作

感谢合作是指对旅游中游客给予的支持、合作、帮助、谅解表示感谢,并表示没有他们的支持就难以保证旅游的顺利和成功。

3. 表示惜别

表示惜别是指对分别表示惋惜之情、留恋之意。在讲到这方面内容时,面部表情应深沉一些,有"相见时难别亦难"的感慨,以给游客留下深刻、难以忘怀的记忆。例如:

> 天下没有不散的宴席,送君千里,终有一别。在你们即将踏上返程的时刻,我不由得想说:"朋友,别忘了这里的冬雪,还有夏凉,还有秋实,还有春暖,还有接待你们的导游员——小赵。"

4. 期盼重逢

期盼重逢是分别时表示留恋之意可又不得不分开的心情。期盼重逢,后会有期,与游客建立长久感情的最后告别。例如:

> 中国有句古语,叫作:"两山不能相遇,两人总能相逢",我期盼着不久的将来,我们还会在这里相见,欢迎大家重游美不胜收的九寨沟。再见,祝一路顺风!

第六章　命题演讲

第一节　演讲稿的准备

演讲是一种具体的社会实践活动,其有形的语言载体就是演讲稿。好的演讲者必须要有好的演讲稿。俗话说:"巧妇难为无米之炊。"再好的演说家也无法将肤浅空洞的内容演绎得天花乱坠。

演讲不仅要从形式上吸引人,更需要从内容上打动人,写出一篇好的演讲稿,演讲就成功了一半。

一、确定主题

所谓主题,就是演讲者在演讲中所要表达的中心思想或基本观点,可以说是整个演讲的灵魂。在确定主题时,要注意以下两点。

一是主题要合适。演讲的主题应该是人们普遍关心的问题,这样的主题才有价值,才能被听众所欢迎。同时还要注意听众的年龄、受教育程度、职业等,根据听众的具体情况,来把握演讲的内容,这样才会在演讲的过程中形成听众与演讲者的互动。

二是主题要集中。一般来说,一篇演讲稿只能确定一个主题,如果主题太多,会造成演讲的内容头绪纷繁,结构松散,话说了很多,但台下的听众却不知道你到底想要表达什么观点。所以演讲稿只需要围绕一个主题,把问题讲清楚,讲透彻,结构层次清楚,这样听众听得明白,自然会在脑海里留下深刻的印象。正如德国著名的演说家海因兹·雷曼所说:"在一次演讲中,宁可牢牢地敲进一个钉子,也不要松松地按上几十个一拔即出的图钉。"

二、选用材料

材料是演讲的血肉,材料的选择和使用在演讲稿的写作过程中是一个重要的环节。

(1)要围绕主题筛选材料。主题是演讲稿的思想观点,是演讲的宗旨所在。材料是主题形成的基础,又是表现主题的支柱。演讲稿的思想观点必须靠材料来支撑,材料必须能充分地表现主题,有力地支撑主题。所以,凡是能充分说明、突出、烘托主题的材料就应选用,否则就应舍弃,要做到材料与观点的统一。另外,还要选择那些新颖的、典型的、真实的材料,使主题表现得更深刻、更有力。

(2)要考虑到听众的情况。听众的思想状况、文化程度、职业状况及心理需求等,都对演讲有制约作用。因此,选用的材料要尽量贴近听众的生活,这样,不仅容易使他们心领神会,而且听起来也会感兴趣。一般而言,对青少年的演讲应形象有趣,寓理于事,举例时要尽量选取他们所崇拜的人和有轰动效应的事情；对工人、农民的演讲，要生动风趣，通俗易懂，尽可能列举他们身边的人或他们周围的事做例子；而对知识分子的演讲，使用材料时必须讲究文化层次。

三、安排结构

不同类型、不同内容的演讲稿，其结构方式也各不相同，但基本是由开头、高潮、结尾三部分构成。

（一）开头

俗话说："良好的开头是成功的一半。"好的演讲开头能够先声夺人，富有吸引力，它在全篇中占据着重要的地位。开头的方式有以下几种。

（1）开门见山，揭示主题。演讲稿的开头就直接提出演讲意图和演讲主题。例如，鲁迅先生在《少读中国书，做好事之徒》的开头：

> 今天我的讲题是：《少读中国书，做好事之徒》。我来本校是搞国学研究工作的，是担任中国文学史课的，论理应当劝大家埋首古籍，多读中国书。但我在北京，就看到有人在主张读经，提倡复古。来这里后，又看见有些人老抱着《古文观止》不放，这使我想到，与其多读中国书，不如少读中国书好。

再如宋庆龄《在接受加拿大维多利亚大学荣誉法学博士学位仪式上的讲话》的开头：

> 我为接受加拿大维多利亚大学荣誉法学博士学位感到荣幸。

这种演讲的开头，简明扼要，不绕弯子，开宗明义地提出自己的观点。

（2）介绍情况，说明根由。开头如能向听众报告一些新发生的事实，就比较容易吸引听众，引起人们的注意。恩格斯的《在燕妮·马克思墓前的讲话》的开头：

> 我们现在安葬的这位品德崇高的女性，在 1814 年生于萨尔茨维德尔。她的父亲冯·威斯特华伦男爵在特利尔城时和马克思一家很亲近；两家人的孩子在一块长大。当马克思进大学的时候，他和自己未来的妻子已经知道他们的生命将永远地连接在一起了。

这个开头对发生的事情、人物对象做出了必要的介绍和说明，为进一步向听众提示论题做了铺垫。

（3）提出问题，引导思考。通过提问，引导听众思考一个问题，并由此造成一个悬念，引起听众想知道答案的好奇心。弗雷德里克·道格拉斯于 1854 年 7 月 4 日在美国纽约州罗彻斯特市举行的国庆大会上发表的《谴责奴隶制的演说》，一开讲就能引发听众的积极思考，把人们带入一个深沉而愤怒的情境中去：

> 公民们，请恕我问一问，今天为什么邀我在这儿发言？我，或者我所代表的奴隶们，同你们的国庆节有什么相干？《独立宣言》中阐明的政治自由和生来平等的原则难道也普降到我们的头上？因而要我来向国家的祭坛奉献上我们卑微的贡品，承认我们得到并为你们的独立带给我们的恩典而表达虔诚的谢意么？

像这种开头方式,就是先用问题来引起听众的注意,把听众的注意力集中到演讲上来,再用自问自答的方式来阐述自己的观点,这样能够达到激发听众思维、引起听众思考的效果,并且能给听众留下较深刻的印象。

(4)援引事实,引起关注。可以引用一些初看不太可能,但的确是现实的典型事例来开头,同样能抓住听众的心,吸引他们的注意力。卡耐基曾说他的一个学生在一次演讲中是这样开头的:

各位听众,你知道吗? 现在世界上还有 17 个国家未取消奴隶制。

听众听后自然大吃一惊:"什么,目前还有奴隶制吗? 都什么年代了? 是哪些国家? 在哪儿?"吊起了听众的胃口,接下来的演讲就顺利了。

(5)故事导入,妙趣横生。用一个具体生动的故事导入演讲主题。这里的故事可以是生活中的趣闻,可以是书中的传奇,也可以是历史上有影响的事件。白岩松的演讲《人格是最高的学位》就采取了这种故事导入的方法:

> 很多年前,有一位学大提琴的年轻人向 21 世纪最伟大的大提琴家卡萨尔斯讨教:"我怎样才能成为一名优秀的大提琴家?"卡萨尔斯面对雄心勃勃的年轻人,意味深长地回答:"先成为优秀而大写的人,然后成为一名优秀的音乐人,再然后就会成为一名优秀的大提琴家。"

在这里,听众自然就把卡萨尔斯的话与主题"作文与做人"联系起来,也就有兴趣去听演讲者是如何分析二者之间的关系,从而收到较好的现场效果。

(6)名言切入,增强力度。利用名言警句引出演讲的主题内容。这种开头既能点明演讲的主旨,又能增强语言的文采,展现出深厚的文化底蕴。如《事业是怎样成功的》这篇演讲稿是这样开头的:

> 著名的心理学家赫巴德说:"全世界都愿意把金钱和名誉的最优奖品,只赠给一件事,那就是创造力。"创造力是什么? 简单来说,就是不必人家指示,就能够做出别人没做过的事……

这篇演讲的开头借用赫巴德的名言切入,指出事业的成功和人的创造力是分不开的。

此外,演讲词的开头方式还有很多种,在这里就不一一举例了。不管哪种方式,我们的目的就是要唤起听众的好奇心,引起他们的兴趣,才能取得良好的演讲效果。至于哪种方式适合演讲者本人,这需要演讲者在广泛的演讲实践中,根据不同的演讲主题来选择。

(二)高潮

没有高潮的演讲是平淡的,甚至是乏味的,也可以说是失败的。所谓高潮,即演讲中最精彩、最激动人心的段落。当听众听到高潮部分时,会和演讲者产生共鸣。那么如何将演讲推向高潮? 可采取以下几种方法。

(1)由点及面,逐步扩展。由对"这一个"事实的叙述推及包含"这一类"的事实,由点及面将演讲推向高潮。

演讲稿《铭记国耻,把握今天》中有这样一段话:

> 吉鸿昌高挂写有"我是中国人"标语的木牌,走在一片蓝眼睛、黄头发的洋人群中。

正是这千百万个赤子,才撑起了我们民族的脊梁,才使我们看到了祖国的希望;正是他们,冒着敌人的炮火,用满腔的热血,谱写了无愧于时代的《义勇军进行曲》……正是他们,才使得我们今天的炎黄子孙一次又一次地登上世界最高领奖台……

演讲者以吉鸿昌的爱国举动做"点",联想到千千万万个爱国者,通过层层铺排推进,概括出一代代爱国者的崇高情怀,使单一的事例所体现的思想意义得到扩展、升华,将演讲推向高潮。

(2)由表及里,进行深化。由对客观存在的事实的叙述,升华为内在思想,由表及里深化主题,从而达到演讲高潮。孙中山先生在一次演讲中讲到这样一个故事:

南洋爪哇有一个财产超过千万的华侨富翁,一次外出访友,因未带夜间通行证怕被荷兰巡捕查获,只得花钱请一个日本妓女送自己回家。为什么请一个日本妓女呢?因为日本妓女虽然很穷,但是她的祖国强盛,所以她地位高,行动自由。这个华侨虽然很富有,但他的祖国落后,所以他的地位还不如日本的一个妓女。

最后孙中山先生大声疾呼:

如果国家灭亡了,我们到处都要受气,不但自己受气,子子孙孙都要受气啊!

孙中山先生在这里对一个典型材料进行了由表及里的深化分析,揭示出国家贫弱,人民必受欺凌,"落后就要挨打"的道理,唤起了听众强烈的爱国之心,将演讲推向了高潮。

(3)由抑及扬,形成反衬。先抑后扬,"抑"为"扬"蓄势,最后由抑及扬,形成反衬效果。卢国华的演讲《愿君敢为天下先》的高潮部分:

也许有人说,年轻气盛,不知天高地厚,改革的潮是那么好弄的吗?弄得好,该你走运,福星高照;弄得不好,该你倒霉,身败名裂……如果我们徘徊观望,如果我们不求有功但求无过,如果我们事不关己,高高挂起,如果我们害怕枪打出头鸟,信奉"人言可畏"的法则,那么,我们就会被历史所淘汰,被时代所抛弃,被生活所嘲弄。因此,我们必须去无畏拼搏,去大胆开拓,去承担风险,去顽强竞争!

在这里,演讲者先设立一个与结论相反的前提,极力地"抑",再用否定性结论,为结论的"扬"蓄势,最后才水到渠成地"扬"起来,这样由抑及扬的反衬,把演讲推向高潮。

能将演讲推向高潮的方法还有很多,大家要注意的是在主体部分的行文上,要在理论上一步步说服听众,在内容上一步步吸引听众,在感情上一步步感染听众。要精心安排结构层次,层层深入,水到渠成地推向高潮。

(三)结尾

结尾是演讲内容的自然收束。言简意赅、余音绕梁的结尾能使听众精神振奋,并促使听众不断地思考和回味;而松散疲沓、枯燥无味的结尾只能使听众感到厌倦,并随着时过境迁而被遗忘。怎样才能够使听众留下深刻的印象呢?美国作家约翰·沃尔夫说:"演讲最好在听众兴趣到高潮时果断收束,未尽时戛然而止。"这是演讲稿结尾最为有效的方法。在演讲处于高潮的时候,听众的大脑皮层高度兴奋,注意力和情绪都由此而达到最佳状态,如果在这种状态下突然结束演讲,那么保留在听众大脑中的最后印象就特别深刻。下面就给大家介绍几种结尾方式。

（1）总结式结尾。卡耐基在《演讲训练教程》中谈到这样一个例子，芝加哥铁路公司的一名交通经理在演讲结束时讲道：

> 总之，根据我们自己操作这套设备的经验，以及根据我们在东部、西部、北部使用这套机器的经验——它操作简单，效果精确；再加上它在一年之内预防撞车事故发生而节省下的金钱，促使我以最急切的心情建议：请立即采用这套机器。

对此，卡耐基给予了高度评价：你们看出了这篇演讲成功的地方吗？你们不必听到演讲的其余部分，就可以感受到那些内容。他只用了几个句子，就把整个演讲重点全部概括进去了。

（2）号召式结尾。例如，毛泽东的演讲《论联合政府》是这样结尾的：

> 成千上万的先烈，为着人民的利益，在我们的前头英勇地牺牲了，让我们高举起他们的旗帜，踏着他们的血迹前进吧！一个新民主主义的中国不久就要诞生了，让我们迎接这个伟大的日子吧！

（3）幽默式结尾。一个演讲者在演讲结束时能赢得笑声，不仅能创造融洽和谐的氛围，还会给听众留下美好的回忆。我国著名作家老舍先生在某市的一次演讲中，开头即说：

> 我今天给大家谈六个问题。接着，他第一、第二、第三、第四、第五，井井有条地谈下去。谈完第五个问题，他发现离散会的时间不多了，于是他提高嗓门，一本正经地说：第六，散会。

听众开始一愣，立刻就欢快地鼓起掌来。老舍在这里运用的就是一种"平地起波澜"的演讲艺术，打破了正常的演讲程序，从而出乎听众的意料，收到了幽默的效果。

第二节　命题演讲的类型

从演讲者的角度来说，演讲是一种表达个人观点、见解、思想的行为；从目的和内容来说，演讲是一种目的明确而且内容纷繁复杂的活动。在演讲活动中，由于演讲者的身份各不相同，演讲的目的多种多样，加之演讲的内容复杂、演讲的方式多样、演讲者的风格迥异等众多因素，演讲的分类标准也是多种多样的。

根据演讲的准备情况和题目限制，可将演讲分为命题演讲和即兴演讲。

一、命题演讲的概念

所谓命题演讲，是指演讲者根据指定的题目或者限定的主题，在正式演讲之前做了充分准备的演讲。

一般情况下，命题演讲能使演讲者有足够的时间写好演讲稿，并进行精心设计和反复演练。

命题演讲是演讲活动中最基本的、也是运用最广泛的演讲方式。

二、命题演讲的种类

命题演讲是根据事先规定好了的题目或者主题,在充分准备的基础上所做的系统的、完整的、比较全面的演讲。

根据演讲的不同场合,可将命题演讲分为专题型命题演讲和比赛型命题演讲两种类型。

专题型命题演讲,指演讲者就某一件事情或者某一个问题表明自己的观点、态度,针对性或者专业性比较强的演讲。

比赛型命题演讲,指演讲者根据指定的题目或限定的主题,表明自己的观点、态度的演讲。

此外,人们通常把报告、讲话、发言、学术讲座等主题明确、事先准备充分的演说形式也归为命题演讲。这些形式的演说,在某些方面符合命题演讲的特征,虽然不是完全意义上的命题演讲,但可以看作广泛意义上的命题演讲。

我们来看以下几类具体的命题演讲。

(一)学术演讲

所谓学术演讲,是指相关学者利用学术会议等活动平台,展示自己的科学研究成果,传授科学知识和阐述学术见解的专题演讲。它是一种高层次的演讲,是学术研讨会、学术讲座等场合常见的交流形式,具有独到性、科学性和专业性等特点。

因为是学者在某专门领域进行的学术探讨或成果展现,将其理论或见解以演讲的形式表达出来,所以学术演讲不能是学术论文的机械性搬动,也不是一个简单的说明。学术演讲应该选择具有学术价值和现实意义的论题,具有讨论的性质,并尽量用通俗的语言来讲解和探讨。所以,它应该是一个包括信息转换、媒介转换、情境调控等过程的活动。

学术演讲的信息转换主要是指文体的转换,即在确保学术信息真实的前提下,把论文、专著、教科书、标书甚至学术思想等转换成为与会者容易理解和接受、学术演讲媒介适合演示的文本形态。如在形式上,把研究论文改写成演示稿(如 ppt 文件);对原作的内容进行加减处理,即扩展或缩写;对原作进行通俗化、口语化、图式化、视频化等处理,即以提纲、表格、框架图、箭头图、简图甚至图片、视频等简单明了、容易理解的形式展现给与会者。精彩的学术演讲应是有共鸣、真实、言之有物、幽默、有激情、精短、脱稿的演讲。

学术演讲的媒介转换,是指演讲者把书面材料、图表等转换为视听媒体的过程,它的目的在于有效地传递学术信息,便于吸引与会者的注意力,提高其学术交流兴趣。值得注意的是,媒介化处理过程中,呈现在视听媒体上的学术内容绝不能只是文稿内容的机械转移,而应该是以条理化、精练化、图表化的图文来再现文稿内容,以口述和多媒体演示相结合的方式呈现。同时,学术演讲应该学会利用交流的媒介工具,通过与会者的视觉、听觉、触觉、嗅觉、味觉五大感官,特别是视觉来实现与会者对演讲内容的理解和把握。因此,利用幻灯片或投影进行学术演讲,其效果显然优于单纯的口头演讲。

学术演讲的情境调控,是指学术演讲情境应既庄重又活跃,既紧凑又宽松。学术演讲者如果能恰如其分地驾驭演讲气氛,就能营造出学术演讲的良好氛围。演讲者可以从以下几点去尝试。

1. 选择适宜演讲的内容

演讲内容的学术价值高,如立论准确、观点新颖、具有学术启迪意义等,交流者、参与者的兴致就高,会场氛围就热烈。这就要求演讲者对与会者群体的背景和期待有足够的了解,也要求演讲者有真知灼见。

2. 擅长应用演讲的技巧

学术演讲需要合理运用与会者的感官以及"形体—表情—语言—媒体"的技巧,如:利用形体传意;利用表情左右与会者的情绪;利用媒体助讲等。演讲技巧的运用,能显示出演讲者的水平。演讲技巧的灵活运用,需要多次的实践和总结。

3. 善于同与会者互动

学术演讲中,与会者通常都是在同一领域有所研究和成就,难免会与演讲者有共鸣或者争鸣,演讲者对此应该予以正视和重视。学术演讲中,还要善于创设情境,引导与会者去质疑和讨论,激发与会者的求知欲望和探究动机。

学术演讲一般力求表明演讲者的观点、意图、思想,让与会者明白并理解。所以,在演讲的时候可以淡化演讲的表演性质,不用太多的手势和肢体语言,要以演讲者自身的文化修养和学者的气质、风度来折服听众。

(二)会议专题演讲

所谓会议专题演讲,是指在各种会议活动中所进行的演讲,它一般是作为传达上级指示、部署工作任务、统一思想、协调行动的重要手段。会议演讲因其内容不同而可以分为多类,主要包括开幕词和闭幕词、会议报告和典型发言等类型。

1. 开幕词和闭幕词

开幕词是指党政机关、社会团体、企事业单位的领导人,在会议开幕时所做的讲话,旨在阐明会议的指导思想、宗旨及会议的重要意义,向与会者提出会议的中心任务和要求。不论召开什么重要会议,或开展什么重要活动,按照惯例都会由主持人或主要领导人致开幕词,这是一个必不可少的程序,它标志着会议或活动的正式开始。

开幕词通常用于阐明会议或活动的性质、宗旨、任务、要求和议程安排等,旨在集中体现大会或活动的指导思想,对会议活动起着定调的作用;同时,它对引导会议或活动朝着既定的正确方向进行,保证会议或活动的圆满成功,有着重要的意义。所以,开幕词要求篇幅简短精练,并且能快速切入正题,内容忌重复、啰唆;语言既要求口语化并富有感情色彩,又要求生动活泼;语气既要热情、友好,也要激越、高亢。

与开幕词相对应的是闭幕词,它也被看作会议或活动一道必不可少的程序,标志着整个会议或活动的结束。所谓闭幕词,是指在一些大型会议或活动结束时由有关领导人或德高望重者向会议所做的讲话。闭幕词具有总结性、概括性、评估性、号召性、简明性、口语化等特点。

闭幕词通常要对会议或活动做出正确的评估和总结,充分肯定会议或活动所取得的成果,强调会议或活动的主要精神和深远影响,激励有关人员宣传会议或活动的精神实质和贯彻落实有关的决议或倡议。因此,要求发言者务必紧扣活动主题,观点鲜明,感情充沛。

又因为闭幕词出现在会议终了，所以要与开幕词前后呼应、首尾衔接，显示大会开得很圆满、很成功。

2. 会议报告

会议报告是指在重要会议和群众集会上，主要领导人或相关代表人物发表的指导性讲话，是发言人在会议上讲话的总称。它既可以作为一种书面文字材料，又是会议文件的重要组成部分和贯彻会议精神的依据，还是供查阅的历史资料，具有宣传、鼓动、教育作用。它包括政治报告、工作报告、动员报告、总结报告等。

（1）政治报告。它是领导机关为实现一定历史时期的政治目标而作的路线、方针、政策方面的报告，多由领导机关的主要负责人来完成。

（2）工作报告。它是以经济建设、科学文化、教育卫生等工作为主要内容的报告。如国务院总理的《政府工作报告》，各省、市、州、县政府主要负责人向同级人民代表大会所做的工作报告，以及各系统各单位领导就所属范围的工作向下级单位和人民群众所做的工作报告等。

（3）动员报告。它是为动员有关人员去完成某专项工作或突击任务的报告。动员的目的，是使人们提高认识，明确任务，增强信心，圆满完成任务。

（4）总结报告。它包括工作总结报告和会议总结报告两类。工作总结报告是对前段工作进行总结的报告。工作总结报告与工作报告有一定的区别。工作报告虽然也有回顾前段工作的内容，但非常简要，重点放到今后的任务上，而工作总结报告的重点是从回顾前段工作中得出带有指导意义的经验与教训。会议总结报告是在会议结束时，对会议的整个情况进行总结的报告。

会议报告具有主题集中鲜明、内容条理分明、语言通俗、口语化、形式灵活多样等特点，具有一定的约束性和指导意义。不同种类的会议报告，会有不同的写作或者演说要求，如在做工作报告时，要兼有谈话和专业的风格，既要产生活泼的会议气氛，又要不失报告的严肃严谨性。

3. 典型发言

所谓典型发言是指在表彰大会或推广经验的交流会上，由先进单位、部门的代表或先进个人，报告本单位、部门或个人的先进事迹、工作经验的发言。

在内容上，典型发言有工作上、学习上、生产生活上、技术改革上的发言；形式上，典型发言有个人发言、集体发言、代表发言；发言方式上，典型发言有综合介绍、重点介绍、一般介绍等类型。

因为典型发言是发言者在具体的会议上介绍经验或者推广技术等，所以发言既要言之有物、独具特色，又要具有普遍的适用意义和指导作用。这要求演讲者抓住事物的本质，总结和反映事物的普遍规律。另外，在作典型发言时，一般要求发言者所引用的材料真实准确，同时秉持实事求是的心态，对材料做出客观正确的评价。

（三）比赛型命题演讲

比赛型命题演讲，主要是指在演讲比赛中所进行的演讲。这种演讲以宣传教育为主要目的，在提高自身能力、增进友谊、表达个人观点见解的同时，以赢取名次作为目标。比赛型命题演讲观摩性、竞争性和教育宣传性很明显,同时还具有听众广泛、公平竞争、自由阐述观点等特点。

要成功地做好比赛型演讲,首先要了解演讲比赛的评分标准及演讲技巧。

1. 演讲比赛的评分标准

演讲比赛的评分,一般可以从演讲内容、语言表达、形象风度、会场效果等方面来进行。

(1) 演讲内容。首先要求思想内容能紧紧围绕主题,观点正确、鲜明,见解独到,内容充实具体。其次要求材料真实、典型、新颖,事迹感人、事例生动,反映客观事实,具有普遍意义,体现时代精神。再次要求讲稿结构严谨,构思巧妙,文字简练流畅,具有较强的思想性和条理性。

(2) 语言表达。一是要求演讲者语言规范,一律使用普通话,吐字清晰,声音洪亮圆润。二是要求演讲者在表达上做到准确、流畅、自然。三是要求演讲者语言技巧处理得当,语速恰当,语气、语调、音量、节奏张弛符合思想感情的起伏变化,能熟练表达所演讲的内容,最好能够脱稿演讲。

(3) 形象风度。要求演讲者精神饱满,能较好地运用姿态、动作、手势、表情,表达对演讲稿的理解。着装上朴素、端庄、大方,举止自然得体,演讲时有风度,富有艺术感染力。

(4) 会场效果。演讲具有较强的感染力、吸引力和号召力,能较好地与听众感情融合在一起,营造良好的演讲效果和氛围。演讲时间控制在比赛要求的范围之内。

2. 演讲比赛的演讲技巧

演讲比赛在日常生活中比较常见,不论是在学校,还是在工作单位,或者是在社会其他场合,演讲比赛随处可见。因此,不仅要把握好演讲比赛的评分准则,也要掌握好演讲比赛中的演讲技巧。

(1) 做好演讲的准备

比赛演讲一般是事先通知的,演讲者有一定的时间作准备。这就需要演讲者对演讲的各个方面进行了解和把握,包括了解听众,熟悉演讲主题和内容,搜集素材和资料,准备演讲稿,进行适当的演练等。比赛型演讲的比赛成分和表演成分,要求演讲者最好能脱稿演讲,并能顾及听众的感受,所以事先的准备是一个很重要的方面。

(2) 优秀演讲者的条件

做一名优秀的演讲者,必须具备以下几个条件。

① 有足够的权威性和理智性。演讲者不论在台下是什么身份,一旦走上讲台,就要有一种能将人说服、让人折服的自信,这源自自己学识的渊博、话语的权威性和富有哲理性。

② 具有较强的语言表达能力和技巧。演讲者不仅要有思想,而且要懂得用最好的演说方式来表达,这就需要演讲者具有较强的语言表达能力和技巧,正确把握好语气、语调和语言的节奏等。

③ 有热情。热情是一个演讲者所必须具备的,演讲者要在演说过程中将自己的想法、见解以热情洋溢的态度展现出来,而不是死气沉沉的演说。

④ 合适的仪表状态。仪表状态作为演讲者的风度展现,也是一个不可忽视的因素,合适的、庄重的仪表给人大方得体的印象,而演讲者精力充沛、积极向上的精神面貌也能给人

振奋和清爽的感觉。

（3）运用适当的演讲艺术和技巧

演讲的艺术包括开场白的艺术、结尾的艺术、立论的艺术、举例的艺术、反驳的艺术、幽默的艺术、鼓动的艺术、语音的艺术、表情动作的艺术，等等。演讲者通过运用各种演讲艺术，使演讲具备逻辑的力量和艺术的力量。

广义上的演讲技巧包括演讲稿的写作技巧，演讲时的言语技巧、表情、态势语，等等。演讲时演讲者要以轻松的姿态展现在听众面前，这样就会显得自信大方、泰然自若，过度的紧张会让人觉得不自信，而且会影响演讲的效果。

演讲时克服紧张的方法之一是注意演讲时的视线。一般情况下，演讲的视线可以分为环视、扫视、点视等。所谓环视，就是演讲者看着听众的时候，让每一个听众都觉得演讲者在看着自己，事实上演讲者的眼光不是在某一个人身上，也就是说他眼里是没有人的。扫视，是指演讲者在演讲过程中，有意或者无意地扫视听众，一来可以了解听众的反响，二来可以使自己的眼神不致死板呆滞。点视，则是指在演讲过程中，演讲者的眼神停留在某个听众身上的时间比较长，这样可以使得听众的精神更加集中，也能增强演讲者和听众的眼神交流。这些不同视线的运用，都可以增加演讲者的自信心，且更好地展现演讲者的风度和魅力。

演讲时的脸部表情无论好坏都会带给听众极其深刻的印象，这就要求演讲者在演讲过程中尽量控制好自己的表情。首先"不可垂头"，人一旦"垂头"就会给人一种"丧气"之感，让听众觉得演讲者很不自信。如果演讲者的视线不能与听众接触，就难以吸引听众的注意。其次是"缓慢说话"，说话速度不要过快，即便是对演讲稿内容很熟练。脱稿演讲不等同于背诵演讲稿，不是背出来就可以了事的。如果出现忘词或者卡壳的情况，要放慢语速，这样既可稳定情绪，脸部表情也得以放松，全身上下也能够为之泰然自若。

（4）善用演讲空间

所谓演讲空间，就是指进行演说的场所范围、演讲者所在之处以及与听众间的距离等等。演说者所在之处以位居听众注意力容易汇集的地方最为理想，这样不但能够提升听众对演讲的关注，甚至具有增强演说者信赖度、权威感的效果。在注意利用空间效果的同时，还要注意与观众互动，这样可以渲染场上的氛围，增强感染力，也会使演讲更加有活力。

第三节　命题演讲的特点及程序

一、命题演讲的特点

命题演讲除了具有演讲的现实性、艺术性、鼓动性、工具性等一般特征外，还具有以下几个特点。

1. 主题鲜明，具有针对性

命题演讲是对事先规定好了的主题或者题目的演讲，所以要求演讲者在演讲时主题鲜明，具有针对性。不论是学术演讲、演讲比赛，还是会议报告、典型发言，演讲者都要针对已经确定的主题或者题目,进行演讲稿的写作,做到主题鲜明,有针对性。学术演讲在有针对性的基础上,要注重专业性、科学性和独到性;典型发言则要具有实用性、适用性和典型性等。

2. 结构完整,具有严谨性

命题演讲要求演讲者有充足的准备,要写好演讲稿。在演讲稿的写作和演讲的过程中,要求演讲的结构完整,具有严谨性。命题演讲较之即兴演讲更加正式和严肃,所以它的程序也就显得更加明显和重要。演讲的开场白、高潮和结尾等,都是必不可少的环节。

3. 内容充实,具有稳定性

命题演讲要求演讲的内容与主题一致,而且要言之有物,不能不着边际,内容要充实、实用,具有稳定性。命题演讲的听众在事先也知道演讲的主题,因此他们也会有一定的心理预期。所以,在演讲之前,演讲者要基本上确定好自己演讲的内容,然后写成演讲稿,在正式演讲的时候,内容基本上没变化。

二、命题演讲的程序

命题演讲的演讲者在事先就被指定,并且也确定了演讲的题目或者主题。因此,命题演讲有一定的程序。

(一)准备和构思阶段

不论演讲者是自愿的还是被指定的,都会在事先知道自己的演讲"任务",所以,演讲者就有一个准备和构思的时间。所谓准备和构思阶段,主要是指演讲稿的写作,其中包括审题、定题、搜集和选择材料、构思和定稿等阶段。

1. 审题

众所周知,命题演讲是按照规定好了的题目或者主题进行的演讲,所以审题就是非常重要的一个前提。如果没有正确的审题,就有可能偏离演讲的主题,写出来的演讲稿也可能会"下笔千言,离题万里"。不论是演讲者自己选择题目还是使用给定的题目,都需要认真审题。

审题时有两个需要注意的地方。

(1)选题的角度问题。同样的一个话题,演讲者可以从不同的角度切入,但是切入的角度要新、要适度。新,就是创新,要避免和别人的观点相同或者相近,要有自己的想法和创新,要尽可能地给人耳目一新的感觉。适度,就是演讲题目的角度要适度,角度太大就不容易把握,也很难讲得透彻;角度太小,则又显得容量不够,内容不够充实,也显示不出演讲者的特色和水平。

(2)要懂得扬长避短,发挥自我优势。命题演讲中因为主题已经确定,那么在创新的基础上,能够发挥自己的优势,选择自己的长处表现出来,就能完美地表现自己的演讲艺术。比如考虑到自身因素和听众因素,选择适合自己或者听众感兴趣的题目,就能于演讲之前为自己的演讲加分。

2. 定题

定题是命题演讲的一个关键点,一个精彩出众的题目,是成功的一半。一个好的题目,既能让听众明白演讲的内容,又能提高听众的兴趣,更是对演讲内容的一个高度概括。

如何确定一个好的题目呢?

(1)要把握主题的时代性。即主题要适应时代的发展,适应社会的需要,具有发展的眼光。

(2)题目要窄而深。即题目不要太宽泛,也不要很多的主题词。题目可以单一,讲的内容也可以有所偏重,讲到了核心和本质的问题就是好的。

3. 搜集和选择材料

如果说有力的论点是演讲稿的骨骼,那么材料就是演讲稿的肌肉。在演讲的准备阶段,演讲者要学会如何搜集和选择适当的材料。

首先,要确定好方向,有了方向才能有所收获,在演讲的时候才会用得上。其次,材料作为演讲的信息载体,是要有力而且有用的,这就需要演讲者在选择材料时具有一定的选择标准,并对材料进行优化组合。

演讲中运用的材料既要能恰当地表现主题,也要能满足听众的需要,既要真实典型,又要具体新颖。

4. 构思和定稿

命题演讲的构思要考虑到两个方面。

(1)构思演讲稿的写作,包括开场白、主体、高潮、结尾等,这实际上要结合材料进行适当的安排和处理。

(2)精心设计演讲的现场控制。演讲的现场是不能主观决定的,存在很多临时性和突发性的状况,但是演讲者还是可以在事先进行精心设计,预想效果和反复演练。

演讲者在构思演讲稿的时候,就应该考虑到现场的效果和听众的接受情况,在演练的过程中将具体的演讲细节突出,做到心中有数。这种演讲的设计和设想,包括各种演讲技巧的运用,比如说手势、眼神、肢体语言、语气和语调等,这也是命题演讲的一个不可缺少的环节。

在进行初步设想之后,就可以将演讲内容执笔成文,变成真正意义上的演讲稿,然后再进行演练。

值得说明的是,演讲稿的写作也不是一蹴而就的,要经过反复的修改和推敲。命题演讲的成败,很大程度上取决于演讲稿的优劣,所以演讲稿的写作是非常关键的。

(二)演练阶段

演练阶段是命题演讲的一个重要阶段和环节,主要包括背诵和处理演讲稿。

演讲中,演讲稿虽然是一个重要的部分,但是如何表现演讲稿的特色,如何完美地进行演讲,也是一个不容忽视的问题。

命题演讲中,有不脱稿的演讲和脱稿的演讲,但是不论怎样,都要求演讲者对演讲稿的内容非常熟悉。

演讲,不是对演讲稿的背诵,不能照着稿子念,也不能照着稿子背。演讲稿只是一个文字的记录,只是让演讲者心里有底,但是文字稿中无法体现语气语调、停顿甚至手势、表情等方面的内容,而这些都只能通过演讲者反复的演练才能体会出来。当然,在真正演讲的时候,演讲者可以有自己的发挥。所以,演练阶段尤为重要。

演练中的精心处理,主要包括以下几个方面。

(1)要对演讲稿非常熟悉,即通常所说的背稿。这里所说的背稿,不是简单地将内容记下来,而是要把停顿、断句等一并记下来。

(2)感情基调的把握。即要根据演讲稿的内容,做出相应的反应,或平实,或激昂,或欢快,或悲壮。如果感情的基调把握不好,就很难将演讲稿所要表现的思想感情准确地表达出来。演讲稿写得再精彩,演讲的效果也不会好。

(3)语音的处理。即对语气、语调等方面的把握。将演讲稿转化为语言,首先要注意语调,演讲中的语言应该是抑扬顿挫的,有感情起伏的,不能出现念稿和背稿的现象;但是演讲的语调也不能太夸张,不能过头,过头了就有些装腔作势,就不是演讲了。演讲既要自然地表达感情,又要艺术化地处理感情,要充满激情,也要正确地表达。同时,要注意全局把握演讲的感情,不要拘泥于某一个段落、某一句话甚至某一个词语。

(4)态势的处理。即在演讲中对服饰、手势、身姿、表情的处理。态势的可变性和随机性比较强,不是完全能够设计好的,只能够大体把握。另外,细节方面和关键之处可做适当的设计。这样一来,演讲者就能在演讲台上应付自如了。

（三）演讲阶段

通常说台上一分钟,台下十年功。事先的所有准备,都是为了登台演讲。所以,这是一个非常关键的环节。演讲者在正式的演讲阶段,要注意以下几个关键之处。

1.登台亮相

听众在演讲者一上台就能看清楚演讲者的所有面部表情。如果演讲者的亮相给人的印象好,就能于无形之中加分;如果给人一种萎靡、消沉甚至邋遢的印象,就很难在之后的演讲中博得听众的认可和赞赏。

演讲者登台亮相,应首先站定,然后抬头看听众,可以扫视全场,也可以轻轻点头或者鞠躬,以表示对大家的感谢和问候。

登台亮相要表现出端庄大方,亲切自然,给听众创造一种轻松、良好的氛围。

2.开场白

开场白不仅要开得好,而且要开得妙;开场白既要扣题,又要营造气氛。

演讲的开头,可以有不同的方式,可以是设问开头,用问题引发听众的兴趣;可以是叙事开头,用故事吸引听众;可以通过实物展示开头,给听众以直观的印象和感受。总之,不论怎样,精彩的开场白能在瞬间抓住听众的心,甚至几句话就能使现场变得火爆,掌声、笑声不断。

在演讲稿的设计中,有对开场白的设计,所以只要演讲者按事先的演练临场表现出来就行了。但是,也会有现场和想象出现不吻合的情况,这就需要演讲者根据现场情况做出相应的调整。

好的开场白能够奠定全场的感情基调和气氛,开头精彩就会引起听众的兴趣,演讲者也能轻松上阵,发挥出自己的最佳水平。

3. 高潮

就像写小说和讲故事一样，最忌平铺直叙，演讲也需要高潮。没有高潮的演讲，是平淡的、乏味的。

演讲的高潮，表现在听众的全身心投入，掌声、笑声、欢呼声不断，现场形成强烈的"共振效应"。

演讲者可以通过造势和强化等方法来制造演讲的高潮。

在高潮来临之前，演讲者运用制造悬念、故作迷阵、情感铺垫等方法，都是为了高潮之处能唤起听众的共鸣，能够赢得他们热烈的掌声，这就是造势。

而强化则是指演讲者说到动情之处，要利用语言、手势、表情等来加强情感的表达。高兴的事情，可以说得眉飞色舞；伤心的事情，可以说得潸然泪下；气愤的事情，可以说得咬牙切齿。这样听众也会感同身受，产生共鸣，从而达到高潮的效果。

高潮的突出和强化，还可以通过修辞和语气来实现。

修辞方面，主要是运用反问、比喻、夸张、排比等来加强语气，这些修辞手法可以使演讲的语言不单调，更有起伏，而且能够更加形象生动地说明问题，情动之处也更能打动人心。

语气方面，则是指演讲者在演说过程中的抑扬顿挫的语调和时而缓慢、时而迅速的语速等，可以更好地表达出演讲者的感情，也会使演讲有节奏感。

演讲中段落的过渡和收尾的处理也是重要的。过渡的自然、承上启下，结尾的呼应和简短有力，都是演讲中应该注意和把握的。

第七章　即兴演讲

第一节　即兴演讲基础知识

即兴演讲是一种与拟稿演讲相对而言的演讲。作为一种最能反映人们的思维敏捷程度和语言组织能力的演讲形式，它已经渗透到社会生活的各个领域，发挥着巨大的作用。

一、即兴演讲的含义

即兴演讲，又称即席演讲或临时演讲，是一种不凭借文字材料来表情达意的语言交际活动。演讲者"兴之所至，有感而发"，在事先没有准备或准备不充分的情况下，就眼前的场面、情境、事物、人物等，发表意见、看法或表达某种情感、愿望。

"兴之所至"是演讲者在特定的景物、人物、气氛的激发下，产生发表演讲的兴致和欲望。"有感而发"是演讲者在所处的环境中有所感悟，产生了某种感触和思想。"事先没有准备或准备不充分"是演讲者在特定的时空环境下，对讲与不讲和讲什么内容都没有预期，但又受时空环境所迫不得不讲。

二、即兴演讲的特点

1. 临场性

有无演讲稿是拟稿演讲与即兴演讲的重要区别。即兴演讲大多只有几分钟的时间打腹稿，靠"临阵磨枪"就地取材或展开联想，或借题发挥。例如，王红在同学生日宴上所做的致辞。

2. 敏捷性

即兴演讲是在特定的时空环境下临时发表的演讲，要求演讲者在很短的时间内根据眼前的特定场合、对象等，有的放矢，进行构思，组织材料发表演讲。例如，2010 年 4 月，玉树发生地震，时任总理温家宝第一时间赶赴灾区，在随后的日日夜夜里，他发表了许多饱含深情，让人难以忘怀的救灾即兴演讲。

3. 精练性

由于临时准备、即兴发挥，演讲者很难构思出长篇大论来，所以即兴演讲的内容单一（一个场景、一件事情、一个观点），短小精悍（1～5 分钟），语言简洁、生动、形象。例如，瞿秋白"如何做好北伐战争宣传报道工作"的即兴演讲只有 26 个字——"宣传关键是一个'要'字，鲁智深三拳打死镇关西，拳拳打在要害上。"

三、即兴演讲的类型

即兴演讲的演讲者可以由事而发、因景而发或因情而发。根据其选择程度的不同,大致可以分为主动选题式、被动选题式、命题赛场式三种类型。

1. 主动选题式

主动选题式即兴演讲,虽然没有演讲稿,但有一定的思想准备。会议的开场白、发言、总结,教师在主题班会、迎新仪式、毕业典礼上的讲话等都属于这一类型。例如,2008 年 1 月 30 日"2007 年 CCTV 中国经济年度人物颁奖典礼"上,联想集团高级副总裁兼大中华区总裁陈绍鹏发表即兴演讲,陈先生的这一演讲,演讲之前就已经选准了话题,形成了思路,酝酿了腹稿,因而具有相对的主动权。

> 各位朋友,1988 年的这个时候,我是在甘肃读高中三年级,从广播里知道韩国在举办"首尔奥运会"。2008 年 8 月,全世界的观众将守在电视机旁,等待着这一支承载了我们中国人骄傲和自豪的火炬跑进"鸟巢"……

2. 被动选题式

被动选题式即兴演讲,是指在欢迎、欢送、哀悼、竞选、就职、答谢、婚礼、寿庆等场合所做的致辞。例如曾有杂志刊载,某人在同学婚礼上被主持人推举,与会者一致附和,而自己又无法推托的情况下,做了以下婚礼致辞:

> 今天,阳光灿烂,天上人间共同舞起了美丽的霓裳。今夜,星光璀璨,多情的夜晚又增添了两颗耀眼的新星。新郎夏天先生和新娘时间小姐,情牵一线,踏着鲜红的地毯幸福地走上了婚姻的殿堂,从此,他们将相互依偎着牵手撑起一片爱的蓝天。我作为他们的同学,也是二人从小到大的朋友,此时也激动不已、幸福不已、欢喜不已。
>
> 十月一日,一个特别吉祥的日子。天上人间最幸福的一对将在今天喜结良缘。今天,西班牙王储费利佩正式迎娶他美丽的平民新娘。此时,夏天先生也与西班牙王子一样,幸福地拥有了人间最美丽的新娘。我说,其实最幸福的当属我们眼前的这二位了。

3. 命题赛场式

这种演讲大体可以分为两种:一种是在比赛之前,给演讲者一个较大的内容范围和一段准备时间,再在比赛或带有测试性质的场合,让选手抽取讲题的演讲;另一种则是没有内容范围,演讲开始后由演讲者临时抽取题目,然后按照规定的题目做短暂准备后开始演讲。例如:

> 大家好!今天我抽到的题目是"爱心"。说起爱心,我们在座的同学可能首先想到的是自己的父母……

四、即兴演讲的要求

要想获得即兴演讲的成功,掌握技巧固然重要,不过能否巧妙驾驭技巧,走向成功,还需要我们持续不断地积累学识、胆识、眼光和经验。而多读书、多思考、多练习、多观摩、多演练,能够让我们拥有足够的信心和能力,迎接即兴演讲的挑战。

1. 努力学习

即兴演讲的内容包罗万象,涉及政治、经济、教育、文化、哲学等诸多问题。演讲者只有读书看报,学识丰厚,才能深刻认识事物本质,把握演讲内容;只有关注时事,积累素材,才能在短暂的时间内找到生动的例证和恰当的词汇,连贯成文,增添即兴演讲的魅力。

2. 积极思考

平时要养成“站着思考”的习惯,在边想边说的过程中,尽量运用联想法、发问法、归纳法、演绎法、对照法、引述法、比喻法和举例法等思维方法,以便扩展“站着思考”的空间,灵活打通讲题思路,提高边说边想的本领。

3. 勤奋训练

要调节好心态,大胆地与周围人、社会人、各阶层人接触,敢于说话,不要怕,不要躲躲闪闪。遇到发言的机会,积极参与,不要说“我不会说,说得不好”等消极的话。演讲时遇到怯场、忘记词语等现象,要沉着冷静,巧妙应变,扭转被动局面,反败为胜。

第二节　即兴演讲的技巧

一、主题确认和选材

(一)主题的确认

一般来说,即兴演讲大多属议论式,即围绕一个观点组织几则材料进行论证和说明,讲究一事一议,短小精悍。因此,确定一个正确的主题,是进行一场精彩的即兴演讲的首要条件。这就要求我们无论参加什么活动(会议),都要全神贯注,有很强的警觉和思想准备,以最快速度掌握活动(会议)的主题、讨论的具体题目和争论的焦点。

在掌握了活动(会议)的基本情况后,可以借用逆向思维、纵深思维、发散思维、善用现场等方法来确定主题。

1. 逆向思维法

逆向思维指从反传统、反常规的角度思考问题,提出与之相对或相反的观点。

例如,在传统观念中,“东施效颦”是讽刺东施无自知之明盲目模仿,结果适得其反。然而,俗话说“没有丑女人,只有懒女人”,在现实生活中一个人固然天生丽质,但如果不自重,荒于打理,“美”就可能逐渐丧失,成了“丑女”。反之,“东施”也不可能永远是丑的,她如果保持自尊、自重、自立、自强,积极学习并合理利用美的元素,并注意提高自己的内在素质,也可以改变自己在人们心中“丑”的形象。运用逆向思维来思考这一问题,就可以确定“东施效颦何错之有”的主题,令人耳目一新。

2. 纵深思维法

纵深思维是从一般人认为不值一谈的小事,或无须作进一步探讨的定论中,深入探索、揭示被现象掩盖着的事物本质。

例如，近年来，数字"8"身价倍增，许多人喜欢选用带"8"的电话号码、门牌号码和牌照号码。这一现象，可以认为是历史进步的标志之一，因为中国人已告别了"越穷越光荣"的观念，直截了当地喊出了"想发财"的心声，这无疑体现了历史的进步。再进一步剖析，"8"之所以如此受欢迎，是因为中国人传统的心理定式并未改变，信天信地，信"8"信"发"，就是不信自己。幸运号码背后沉淀着的民族心理、民族文化、民族素质等方面的症结引人深思。于是，"理性看待'8'"的主题就显而易见了。

3. 发散思维法

发散思维是指从同一问题中产生各种各样的答案，在处理问题中寻找多种多样的正确途径，多端、灵活、精细、新颖是它的特点。

例如，从"滥竽充数"这一事件出发，我们可以联想到南郭先生不学无术、冒充内行的做法应该受到指责；同时，齐宣王好大喜功，讲排场，不管有无本领，一律吃大锅饭的做法应该废除；还有齐缗王不墨守成规，改"必三百人"为"一一听之"，这种改革精神实在可嘉；以及南郭先生不会吹竽却能长期在乐队里混，队长和其他队员也有责任，这种既不忠于本职，又不重友情的做法应受到指责……思维一经发散，即兴演讲的主题也就丰富多彩了。

4. 善用现场法

善用现场指可以从"在什么地方说""对谁说"等方面做文章，迅速确定主题。

例如，1924年5月8日，北京学术界为印度诗人泰戈尔举行了64岁祝寿仪式，梁启超登台做了即兴演讲。因泰戈尔想让梁启超为他起一个中国名字，所以梁启超从印度称中国为"震旦"，讲到从天竺（印度）来的都姓竺，并将两个国名联起来，赠给泰戈尔一个新名叫"竺震旦"。由于话题选择得好，故整篇演讲词生动活泼，情趣盎然，寓意深刻。

（二）材料的选择

确立了主题，就要围绕主题精心组织材料进行论证。

即兴演讲抓取材料主要有两种方法：一是平时的知识积累，二是眼前的人和事。这两种方法应以后者为主，因为过多地引用间接材料后，往往会失掉即兴演讲的现实感和针对性，起不了应有的作用；只有多联系现场中的人和事，才能紧紧抓住听众的注意力。

1. 平时的知识积累

"巧妇难为无米之炊"，许多演讲者感到演讲的最大困难在于没有演讲材料，这反映出演讲者在知识积累方面的缺失。

这就要求平日里有意识地从生活中收集素材，对当今国内外发生的重大政治、经济、文化、科技等各个领域的事件和人物等有关情况了如指掌，并进行深入思考和理性剖析；同时，要广泛地阅读和收集人文、历史、社会、心理、传播等学科书籍，多收集历史资料，多熟悉有关重要的历史事件和历史人物。此外，多记名人名言、俗语谚语、古典诗词、经典文学、寓言故事、时文政评等，在即兴演讲中不失时机地引经据典、穿插，使演讲文采大增。最后，要加强自我思想、道德、情感等方面的修养。

2. 眼前的人和事

选择听众所熟悉、易理解的事物为媒介，易激发听众的共鸣，迅速沟通演讲者与听众的心灵。

围绕主题选取的材料,可以结合自身实际,或结合现场实际。演讲者讲述自己的亲身经历,可以加强真实感,获得听众的信任;结合现场实际,尤其是当演讲者的内容涉及某些听众并有肯定之意时,会使听众更加关心和注意,形成台上台下的良性互动和精神交流。

（三）材料的组合

在选好素材后,还需注意材料的组合形式。

材料的快速组合是体现即兴演讲能力的主要因素之一,它要求演讲者在极短的时间内解决好"说什么"和"怎样说"这两个问题。

一般而言,即兴演讲中材料的组合有并列式、正反式、递进式三种形式,它们有时可以互相结合、互相套用。

1. 并列式

即兴演讲可以将总论题分解成三四个分论题,这三四个分论题各自独立又互相连贯,共同阐明同一个主题。这种材料的组合方式,可使演讲条理井然,极具力量和气势。

2. 正反式

即兴演讲可以围绕主题,先列举一些反面事例进行分析、批评,然后从正面阐释、评说。正反对比,效果明显突出,引人深思。

3. 递进式

即兴演讲可以围绕中心谈论两个以上具有由浅入深、由表及里关系的问题。演讲层层递进,高潮迭起,令听众如痴如醉。

二、整体布局

在确定了主题和选材后,如何在短时间内(有时甚至只有数秒钟)组织好一篇质量较高的演讲稿呢?

一般情况下,即兴演讲可以按照一定的框架模式来准备。这种框架模式叫三段式,即全文分为三大部分。如此,在拟定演讲稿时就会从容不迫。

（一）开场揭题

古人云:"好的开始是成功的一半。"演讲一开始,应该简单地对演讲题目内涵做出解释,或对其意义作用进行阐述,简洁明了、旗帜鲜明地亮出演讲的主题和观点。

一般来说,开头可以从这几个方面下手。

1. 触景生情,引经据典

例如,1945 年 5 月 4 日,云南大学、中法大学等校学生,在云南大学操场上举行五四运动纪念大会,天突降暴雨,一些学生离开会场,会场秩序一时大乱。这时,闻一多迎着暴雨站在台上高呼:

> 热血的青年们过来!继承五四精神的热血青年站起来!怕雨吗?我来讲个故事:
> 今天是天洗兵!武王伐纣那天,陈师牧野的时候,军队正要出发,天下大雨,武王说:

"此天洗兵。"要把蒙在甲胄上的灰尘洗干净,好上战场攻打敌人。今天,我们纪念五四运动,天下雨了,这也是天洗兵,不怯懦的人上来,走近来!勇敢的人走拢来!

闻一多的开场白,借用"景(雨)"和"情(下雨)",引发出武王伐纣的故事,用古代"天洗兵"的壮志豪情,号召现代青年们继承"五四"光荣传统,经受暴风雨的洗礼,做一个坚强的民主革命战士。由此来看,即兴演讲的开场白要想取得好效果,要善于触景生情,引经据典,才能精彩纷呈。

2. 话题转承,借"兴"而发

演讲者可以巧借会议司仪的某个话题,转入演讲的主旨,形成机智、活泼的开篇语。

抗日战争时期,陈毅率领抗日游击队打日寇。有一次,部队在浙江开化县华埠镇休整,有一抗日群众组织请陈毅讲话,司仪主持会议时说"今天请一位将军给大家讲话"。陈毅这样开场:

> 我姓陈,耳东陈的陈;名毅,毅力的毅。称我将军,我不敢当,现在我还不是将军。但称我将军也可以,我是受全国老百姓的委托去将日本鬼子的军!这一将,一直到把它们将死为止!

话音刚落,现场爆发出雷鸣般的掌声。陈毅这段开场白,在演讲主旨上作了发挥,为深化演讲主旨做了铺垫,鼓舞了抗日群众的斗志。

3. 拉近关系,营造共鸣

演讲者从沟通与听众的感情入手,选择与听众息息相关或最易为听众所接受的话题开头,以引发听众的共鸣。

1914年,英国首相丘吉尔在美国圣诞节的即兴演讲就是这样开头的:

> 我的朋友,伟大而卓越的罗斯福总统,刚才已经发表过圣诞前夕的演说,已经向全美国的家庭致友爱的献词。我现在能追随骥尾讲几句话,内心感到无限的荣幸。我今天虽然远离家庭和祖国,在这里过节,但我一点也没有异乡的感觉。我不知道,这是由于本人的母亲血统和你们相同,抑或是由于本人多年来在此所得的友谊,抑或是由于这两个文字相同、信仰相同、理想相同的国家,在共同奋斗中所产生出来的同志感情,抑或是由于上述三种关系的综合。总之,我在美国的政治中心——华盛顿过节,完全不感到自己是一个异乡之客……

丘吉尔动用感情沟通法,把美国总统罗斯福说成自己的朋友,缩短了演讲者与听众之间的心理距离,开场白取得了良好效果。

4. 挖掘历史,出奇制胜

演讲者可以敏锐地把握活动场地、参会人员等活动背景,在其中蕴含深刻的含义,作为开场白的导语。

鲁迅先生1927年1月曾在厦门中山中学作过一次演讲,他开头说:

> 今天,我能够到你们这学校来,实在很荣幸。你们的学校,名叫中山中学,顾名思义,是为纪念孙中山。中山先生致力于国民革命四十年,结果,创造了中华民国。但是

现在军阀跋扈，民生凋敝，只有"民国"的名目，没有民国的实际。

鲁迅从演讲的会址中山中学入题，将深刻的含义寓于"中山"二字之中，一针见血地指出名与实之间的强烈反差，从而激发了中山中学师生们的革命热情。

5. 善用赞美，调动气氛

群众性集会多有特定的地点、特定的内容以及各不相同的气氛，演讲者在开场时可以不吝赞美，借题发挥，调动起现场的热烈气氛。

上海市新闻工作者协会主席，原《解放日报》总编辑王维出席上海市企业报新闻工作者协会成立大会，他即兴演讲的开头是这样的：

> 我来参加会议，没有想到有这么好的会场，这个会场不要说是市企业报记者协会成立大会，就是市记协成立大会也可以在这里召开。没想到有这么多的企业报记者、编辑参加这个大会，它说明企业报的同人是热爱自己的组织、支持这个组织的。没有想到今天摆在主席台上的杜鹃花这么美丽。鲜花盛开，这标志着企业报记者协会也会像杜鹃花一样兴旺、发达……

王维的开场白把会场、人员和鲜花三者巧妙地联系起来，揭示了企业报记协雄厚的经济实力，表达了对记协的美好祝愿。

6. 借物寓意，引人深思

有的演讲者在开场白中采用以物证事的方法，借用某种具体事物达到暗示事理的目的，也可起到奇效。

在上海市"钻石表杯"业余书评授奖会上，《书讯报》主编贾伟的演讲独具一格，他的开场白尤为精彩。

> 今天，我参加"钻石表杯"业余书评授奖会，我想说的是一句话：钻石代表坚韧，手表意味着时间，时间显示效率。坚韧与效率的结合，这是一个人读书的成功所在，一个人的希望所在。

贾伟的开场白避开了恭维话的俗套，以"钻石"象征"坚韧"，"手表"象征"时间"的修辞手法，给人的是力量、启迪与深思。语义深刻，揭示了读书求知、成才的道理，令人回味无穷。

（二）正文谋篇

一般情况下，我们可以根据主题和演讲的时间要求，确定两到三个观点，再用具体典型的案例来加以阐释。

以一次即兴演讲比赛中的"保障人身安全，减少交通事故"这一主题为例，可以看出下面两种模式的优劣。

1. 开门见山式

开门见山式也叫金字塔式，先亮出主题，然后对主题作较详细的论证和分析说明。

> （亮出主题）今天我要讲的内容是：保障人身安全，减少交通事故。
> （分析原因）造成交通事故的原因通常有如下几点：……

（发出呼吁）交通安全十分重要，这不是一个可讲可不讲的问题。我们要把它放在心上。所以要杜绝交通事故的发生，必须做到：司机应该……行人应该……让我们都珍惜生命，遵守交通规则吧！

2. 曲径通幽式

曲径通幽式也称为卡耐基的"魔术公式"，先举例，再叙主旨要点，三说理由，进行论证分析。

（举例）上星期四，特地购买的 450 具晶莹闪亮的棺材运到了我们的城市……

（分析）也许你会惊奇，这是干什么？也许你会不在意，这与我何干？不讲交通规则，那订购的 450 具棺材也许正等着你，等着我，等着我们的亲人……

（呼吁）面对这么多令人心痛的惨剧，我们应该反思：……

相比之下，开门见山式虽然能把问题说清，却难以赢得听众的关注和兴趣，采用曲径通幽式却要注意思维的连贯和紧密，切不可将叙述蔓延开去，无法收场，遗忘了演讲时间的限制。

（三）结尾呼应

演讲切忌虎头蛇尾，精彩的结束语往往使演讲收到意想不到的效果。

通常情况下，结尾不应冗长拖沓，更不能画蛇添足，而要在达到高潮时戛然而止，即使没有讲完，也要壮士断腕，给听众以余音绕梁、回味无穷之感。

在把握好分寸的基础上，或发出倡议，或表示决心，或展望未来，再次呼应第一部分的主题。

著名作家老舍在一次演讲中，他开头说：

我今天给大家谈六个问题。第一，……第二，……第三，……第四，……第五，……

当他发现就快要到散会时间时，提高嗓门道：

第六，散会！

现场先是鸦雀无声，接着掌声雷动，为老舍的幽默和果敢所折服。

即兴演讲的准备过程中，分分秒秒都十分宝贵。按照三段式格式，草拟即兴演讲稿就像做填空题一样简单，可减少演讲者谋篇布局方面的时间，将节约出来的时间用于实质内容的思考，语言的组织与推敲。此三段式虽然僵化了一些，但非常实用。

三、即兴演讲的情感运用

要使听众激动，演讲者自己首先要有激情。演讲者动了真情，才能喜怒哀乐分明，语言绘声绘色，从而感染听众，达到交流情感的目的。那么，如何才能恰如其分地运用自己的感情呢？

这就需要正确地认识自己，扬长避短。科学研究表明，人的气质类型分为多血质、胆汁质、黏液质、抑郁质四大类。与此相应的是，每类气质均有自己独特的感情特征。演讲离不开情感，要想在即兴演讲中获得成功，就必须十分了解自己的气质特征，在演讲中恰如其分地流露真情实感，恰到好处地扬长避短。

1. 多血质者的情感运用

多血质的人善于表达自己的感情,一般具有良好的控场能力,在演讲时容易引起听众注意,能够塑造良好的自我形象。

这类人在演讲中,或慷慨激昂声泪俱下,或语重心长娓娓道来,其音速、音调和音势灵活多变,给人以优美的音乐感。但是,多血质演讲者因为其夸张的肢体动作,容易给人以手舞足蹈的不够庄重之感。所以,平日里可以精心设计各种情况下的手势、眼神、面部表情等肢体动作,在表达情感时做到适度、适量。

2. 胆汁质者的情感运用

胆汁质者感情炽烈,在表达方面迅速而猛烈,在音速方面快而猛,因此也能引起听众注意。但因其音调高而不稳,音势重而不灵,缺乏稳定性、持久性,在演讲时塑造自我形象方面有难度。所以,要注意根据具体情况,在前后基调一致的情况下训练自己表达情感的持久性;要注意使音速、音调、音势在符合内容的情况下,缓急有度,轻重得当;还要适当增加态势语言的运用范围、运用频率和运用幅度。

3. 黏液质者的情感运用

与以上两大活泼类型相对的是,黏液质者情绪不易外露,故感情表达不充分;音速、音调、音势缺乏变化,比较单调乏味。因此,不仅需要在动真情上下功夫,以便充分地表达出自己的内心情感,还要探索情感表达的变化性和感染力,以免给人单调、重复之感,并要根据具体内容调节音速、音调、音势,增加一些符合演讲内容、情境的态势语言来辅助有声语言,使其灵活多变,以取得即兴演讲的成功。

4. 抑郁质者的情感运用

抑郁质的人同样属于“闷葫芦”。这类人在演讲时容易害羞甚至怯场,音速、音调、音势过慢过沉,引起听众注意的能力较弱。因此,演讲者要在符合演讲场景的前提下,大胆表达自己的真情实感,适当多用上声调,多锻炼自己运用态势语言的能力,力求以大方自然、感情充沛的形象出现在听众面前。

综上所述,只要确定好自己所属的气质类型,在即兴演讲中合理利用、充分发挥自己气质的良好方面,扬长避短,将有利于做好每一次即兴演讲,并形成自己独特的演讲风格。

四、即兴演讲的注意事项

即兴演讲应有“五注意”:

一是注重开头,引人入胜;注重结尾,耐人寻味;

二是注重内容,言之有物,机敏幽默,蕴含深刻;

三是注重语言形式,以口语短句为主,巧用比喻、排比、设问、反问、引用、反复等修辞手法,注意过渡词、句、段的使用和衔接,不用粗话、碎屑语,不能多用方言;

四是注重有激情,语调抑扬起伏;

五是注重演讲者的形象,防止不良陋习。

第八章 辩论口才

第一节 辩论口才基础知识

一、辩论的特点

1. 针锋相对

辩论各方的观点必须是截然对立的或至少是有鲜明分歧的。没有对立便没有辩论。辩论中,辩论者既要千方百计地证明并要对方承认自己观点的正确性,又要针锋相对地批驳对方的观点,并使对方放弃自己的观点,这就决定了各方立场的鲜明对立性,这样才有辩论的必要。

2. 策略灵活

赛场辩论,犹如战场布阵,非常讲究用兵之道,即运用策略,这也是辩论活动的明显特点。在辩论中可正面攻击、长驱直入,可侧面迂回、步步紧逼,也可巧布疑阵、投石问路。竞赛型的辩论都需要讲究策略性。这种策略性首先表现在辩论的准备阶段,要求在摸清敌我双方各方面条件的情况下,制定好防御策略、攻击策略、配合策略、攻心策略等,在辩论开始后逐步实行,并根据需要随时灵活地调整这些策略。

日常辩论在许多时候打的是无准备之战,在唇枪舌剑的战斗中,双方思维的紧张程度不亚于短兵相接。语言信息的传播与反馈比起一般的会话来快得多。因而既需明察对方的策略,又要应付对方的"明枪暗箭",而这一切往往来不及深思熟虑,都需要临场发挥。所以辩论者必须具有敏捷的思维能力,高度的判断能力,机智的语言运用能力。

3. 机敏幽默

在辩论中,尽管辩论双方各有准备,但辩场风云变幻莫测。因此,首先,要求辩论双方反应机敏,对对方的提问和反驳应迅速做出反应,否则,会处于被动和劣势的地位。其次,反应要正确。对方发言时,要记住要点,捕捉漏洞,反驳时要击中要害,出奇制胜。最后,要巧妙幽默。作家老舍说过:"文章要生动有趣,必须利用幽默。"写作如此,辩论言谈亦如此。幽默对答,不仅含有笑料,使人轻松,而且表情达意更为含蓄、深沉、犀利,能取得特殊的论证和反驳效果。

4. 语言简洁

辩论的得失成败,往往在很大程度上取决于语言。要击中对方的要害,最好是"一针见血",使对方猝不及防。要字斟句酌,谨防在语言上给对方留下把柄。语言要简洁犀利,表达时,要游刃有余,切忌啰里啰唆,言不达意。否则,会削弱自己的辩驳力,暴露自己的破绽。

二、辩论类型

一般而言,辩论分为生活辩论和专题辩论两大类型。

(一)生活辩论

辩论产生于日常生活中,我们对社会生活中的某些事情产生看法并发表意见,有人附和,有人反对,由此产生的辩论就是生活辩论。

生活辩论往往没有规定的地点,没有固定的人数,也没有一定的规则。总之,它是人们在社会生活中由于观点的对立自发产生的而不是有意识组织的。它甚至不能产生结果、分不出胜负,有时候会不了了之。

(二)专题辩论

专题辩论,是指在特定场合下进行的有特定议题的辩论。专题答辩的类型很多,主要有以下几种。

1. 法庭辩论

法庭辩论是指在审判长主持下,在法庭上由诉讼双方根据法律与事实,就案件的关键性问题及如何适用法律、做出公正裁判等问题,面对面地直接进行论述、争辩和反驳的一种司法口语表达。

这种口语表达,在遵循法律规定和依据事实的前提下,具有以下特征。

(1)预防性。辩论的双方,在参加法律辩论之前,都必须做好思想上、材料上和口语表达上的充分准备。尤其是公诉人和辩论人,辩论前都要依法查阅卷宗、讯问或会见被告人和进行必要的调查,撰写好公诉和辩护词,一般还经过本部门集体讨论,准备好对对方可能提出的问题的回答。所谓"九备一说",说的就是事先九分准备,在法庭上的直接表达仅仅是一分而已。

(2)临庭性。在审判长的主持下,在特殊的场合和特殊的气氛中,面对着特殊的对象,辩论双方面对面地阐述、争论、反驳,面对面地向审判庭提出各自的请求和主张。

(3)职责性。辩论的双方各有法定的明确职责,如公诉人的职责是揭露、证实被告人犯罪并请求依法予以惩处,辩护人的职责是辩驳、辩护,公诉人不得为被告人进行辩护,辩护人不可代替公诉人对被告进行控诉。

(4)均等性。法律规定,辩论双方的口语表达机会是均等的,允许公诉方发一次言,也允许辩护方发一次言(一方有两人派一人发言);一方发言时,对方不得打断。

2. 决策辩论

决策辩论,是指人们在行动之前围绕行动目标和手段的选择而展开的辩论。决策是人类的基本活动之一,我们做很多事情都会经过考虑,然后做出决定,这便是决策的一种简单表现形式。决策同时也是一种重要的领导行为,如政府机关、公司企业的运作,往往离不开正确的决策,而决策者往往是团体的领导者。

决策就是人们对行动目标和手段的探索、判断和抉择。在这种判断、抉择过程中,人们肯定存在着不同思想观点的交锋。交锋的过程,其实就是一种决策辩论的过程。

决策辩论的内容,一般包括目标选择和方案选择两大部分。

一般而言,决策辩论具有以下基本特征。

(1)集体性。决策是现代社会的产物,是实施民主化、科学化的重要手段。决策是在一个集体、集团里进行,这决定了决策辩论具有集体性的特点。只有依靠领导集体的决策系统和参谋系统人员的集体力量,博采众长,互相启发,开阔视野,深化思想,进行全面的、比较的思考,才能形成周密的、系统的、准确的决策方案。

(2)可选择性。可选择性指的是在决策的时候,不能只有一套方案,而要有两套或两套以上方案,为最终决策提供选择。具体而言,在围绕方案和目标的选择而展开的决策辩论中,肯定会出现不同的方案,这就需要我们运用辩证的思维方法,从利与弊、长远利益和眼前利益、整体利益与局部利益的比较中,权衡思考,然后选择其一或综合成一,做出一种最好的抉择。如果只有一套方案,则缺乏选择的余地。

(3)预测性。决策辩论具有预测性。预测是指在掌握现有信息的基础上,依照一定的方法与规律对未来的事情进行测算,以预先了解事情发展的结果。决策的过程,也是一个对决策对象未来发展的预测过程。在决策辩论时,必须掌握足够的信息,对信息进行充分研究和准确判断,从历史和现状的各种联系中,对事物未来的发展轮廓和趋势做预测。决策辩论应考虑可能出现的有利和不利因素,从而做到减少决策的风险、避免决策的失误。

3. 赛场辩论

赛场辩论即辩论赛、辩论会,源于 1922 年英美一些有识之士发起的"国际雄辩大赛",参赛者多为各国高校学生。

赛场辩论在形式上是参赛双方就某一问题进行辩论的一种竞赛活动,实际上它是围绕辩题而展开的一种知识竞赛、思维反映能力竞赛以及语言表达能力竞赛,是一个综合能力的竞赛。

辩题在赛前确立,告知各辩方,辩题可以涉及社会、道德、法律、伦理、政治等人们所关心的问题。

竞赛双方分为正题方和反题方,正题方支持这一辩题,反题方则反驳这一辩题。

评分以参赛人员的立场、辞令和演讲风度三项为标准,总分最高者为优胜。

竞赛的过程分为规则辩论和自由辩论两阶段。

一般来说,赛场辩论具有以下特点。

(1)以辩口才为主

一般辩论,辩论者往往各有自己明确的立场和主张,辩论的目的是为了说服对手接受自己的观点,与此同时也应有被对方说服或做出妥协的心理准备。而赛场辩论往往不问辩论者本人的立场和主张,各方的立场和观点都由随机抽签决定,即使某一方不赞成这个观点,也要在赛场上极力维护这个观点,辩论双方都不会被对方说服,也不期望说服对方,而是以驳倒对方并争取裁判和听众的反响来取得辩论的胜利。

(2)辩题由组织者确定

赛场辩论的辩题往往由比赛组织者确定,辩题确立正反相互对立或矛盾的两种观点,一般用抽签方式决定双方所持观点。

正反观点确立后,持正方观点的为正方,持反方观点的为反方。比如,2007年的国际群英辩论赛,中南财经政法大学对澳门大学的辩题:赞成/不赞成送父母去养老院。中南财经政法大学是正方队,持赞成送父母去养老院的立场;澳门大学是反方队,持不赞成送父母去养老院的立场。

(3)严格的规则

赛场辩论从赛制、程序到细则都有严格规定,按照既定规则有条不紊地进行(见表8-1)。

表8-1　大学生辩论赛程序及用时规定

序　号	程　　序	时　　间	备　　注
1	正方一辩发言	2分30秒	
2	反方一辩发言	2分30秒	
3	正方二辩选择反方二辩或三辩进行一对一攻辩	1分45秒	每个提问不超过15秒
4	反方二辩选择正方二辩或三辩进行一对一攻辩	1分45秒	每次回答不超过20秒
5	正方三辩选择反方二辩或三辩进行一对一攻辩	1分45秒	
6	反方三辩选择正方二辩或三辩进行一对一攻辩	1分45秒	
7	正方一辩进行攻辩小结	1分30秒	
8	反方一辩进行攻辩小结	1分30秒	
9	自由辩论(正方先开始)	8分钟(双方各4分钟)	
10	观众向反方提一个问题	回答时间不超过1分钟	除四辩外任意辩手回答
11	观众向正方提一个问题	回答时间不超过1分钟	除四辩外任意辩手回答
12	观众向正方提一个问题	回答时间不超过1分钟	除四辩外任意辩手回答
13	观众向反方提一个问题	回答时间不超过1分钟	除四辩外任意辩手回答
14	反方四辩总结陈词	3分钟	
15	正方四辩总结陈词	3分钟	

(4)具有主观性的胜负评判标准

赛场辩论的胜负评判标准,不是某方立场的正确性如何,而是根据各方的理论、材料、风度、幽默以及应变技巧等综合因素,由评委根据评判标准及主观印象进行裁定。如1997年的第三届国际群英辩论赛中,反方马来亚大学的立场是"真理不会越辩越明"。我们知道,辩论的一个重要作用就是探索未知世界,还有明辨是非、追求真理。反方所持的观点与公众的认识有些相悖而行,但反方口齿伶俐、妙语连珠、从容不迫地辩论道:

真理不会越辩越明,已从无数的事实中一一证实。

首先,千百年来许多的哲学命题,经历了无数智慧超群的先哲们的唇枪舌剑,到今天仍然是公说公有理,婆说婆有理。两千多年前,孟子的性善论和荀子的性恶论已为我们开设了一个激烈的辩论舞台。4年前,台大代表和复旦代表还在这舞台之上为这一千古难题而争论不休呀！再看看庄子和惠施为了鱼是否快乐进行了一场古人津津乐道的辩论，可是有了这场辩论之后，对方辩友能告诉我鱼是快乐的吗？

其次，心灵层次的真理要靠觉悟。佛陀在菩提树下静坐冥思，最后悟出人生的真谛。这是辩论所造成的吗？如果佛陀热衷于辩论，想必他也没有多少时间明心见性地去追求真理了。

再次，真理的检验要靠实践。邓小平说得好，不管黑猫白猫，会捉老鼠的就是好猫。好猫还是坏猫不是由辩论决定的，不会捉老鼠的猫在辩论中把它称赞得天花乱坠它仍然不是好猫啊！

最后，主观真理不会越辩越明。一朵花是否漂亮，一种食物是否美味，天龙八部与神雕侠侣何者更为精彩，可是见仁见智啊！多些辩论或许能够产生一些新的意见，但你能告诉我这会辩出真理吗？

尽管反方的观点"真理不会越辩越明"与公众认知有所不一，但他们凭借出色的辩论，最终赢得了这场辩论的胜利。

除上述三种辩论外，论文答辩、竞选辩论、外交辩论均属专题辩论范畴，这里不再详述。

三、辩论程序及细则

（一）辩论赛程序

辩论赛开始；

宣布辩题；

介绍参赛代表队及所持立场；

介绍参赛队员；

介绍规则评委及点评嘉宾；

辩论比赛；

规则评委及点评嘉宾退席评议；

观众自由提问；

规则评委入席，点评嘉宾评析发言；

宣布比赛结果；

辩论赛结束。

（二）辩论赛程序中的细则

以下是辩论赛程序中的细则。

1. 时间提示

自由辩论阶段，每方使用时间剩余 30 秒时，记时员以一次短促的铃声提醒，用时满时，以钟声终止发言。

攻辩小结阶段，每方使用时间剩余 10 秒时，记时员以一次短促的铃声提醒，用时满时，以钟声终止发言。

其他阶段，每方队员在用时尚剩 30 秒时，记时员以一次短促铃声提醒，用时满时，以钟声终止发言。终止钟声响时，发言辩手必须停止发言，否则作违规处理。

2. 陈词

提倡即兴陈词,引经据典恰当。

3. 开篇立论

由于辩论赛辩题大都富于生活化色彩,所以开篇立论无须在理论的层面上过多纠缠。立论要求逻辑清晰,言简意赅。

4. 攻辩

(1) 攻辩由正方二辩开始,正反方交替进行。

(2) 正反方二、三辩参加攻辩。正反方一辩作攻辩小结;正反方二、三辩各有且必须有一次作为攻方;辩方由攻方任意指定,不受次数限制。攻辩双方必须单独完成本轮攻辩,不得中途更替。

(3) 攻辩双方必须正面回答对方问题,提问和回答都要简洁明确。重复提问和回避问题均要被扣分。每一轮攻辩,攻辩角色不得互换,辩方不得反问,攻方也不得回答问题。

(4) 正反方选手站立完成第一轮攻辩阶段,攻辩双方任意一方落座视为完成己方攻辩,对方选手在限时内任意发挥(陈词或继续发问)。

(5) 每一轮攻辩阶段为 1 分 30 秒,攻方每次提问不得超过 10 秒,每轮必须提出三个以上的问题,辩方每次回答不得超过 20 秒。用时满时,以钟声终止发言,若攻辩双方尚未完成提问或回答,不作扣分处理。

(6) 四轮攻辩阶段完毕,先由正方一辩再由反方一辩为本队作攻辩小结,限时 1 分 30 秒。正反双方的攻辩小结要针对攻辩阶段的态势及涉及内容,严禁脱离比赛实际状况的背稿。

5. 自由辩论

自由辩论阶段,正反方辩手自动轮流发言。发言辩手落座为发言结束,即为另一方发言开始的计时标志,另一方辩手必须紧接着发言;若有间隙,累积时间照常进行。同一方辩手的发言次序不限。如果一方时间已经用完,另一方可以继续发言,也可向主席示意放弃发言。自由辩论提倡积极交锋,对重要问题回避交锋两次以上的一方扣分,对于对方已经明确回答的问题仍然纠缠不放的,适当扣分。

6. 观众提问

观众提问阶段正反方的表现计入比赛成绩。观众提出的问题先经两位以上规则评委判定有效后,被提问方才能回答。正反方各回答两个观众提出的问题,双方除四辩外任意辩手作答。一个问题的回答时间为 1 分钟,如一位辩手的回答用时未满,其他辩手可以补充。

7. 结辩

辩论双方应针对辩论会整体态势进行总结陈词,脱离实际、背诵事先准备的稿件适当扣分。

四、辩论原则

与人类其他语言艺术一样,辩论必须遵循一定的基本原则。所谓辩论的基本原则,是指参与辩论的各方在整个辩论过程中必须遵守的一些原则。辩论的基本原则可以起到规范、约束辩论的作用，使辩论能够正常、顺利地进行下去，使其真正达到探求真理、揭露谬误的目的。

一般而言，辩论的基本原则如下。

1. 实事求是原则

辩论是由双方观点对立或矛盾，为力证自己、驳斥对方而进行，然而辩论的目的不仅仅是为了说服他人，辩论的更高追求应该是探求真理、揭露谬误。因此，在辩论中应该坚持实事求是的原则。

辩论不应停留在辩论赛上那种狭隘的以"辩口才"为主的层面上，应该在辩论中承认人类已经取得的真理性认识，当对方引用真理性认识论证其观点时，我们应予以承认。

2. 平等原则

辩论各方不管其职务高低、知识财富的多寡，他们在辩论中的地位是平等的。这是一个基本的原则，否则辩论就无法展开，任何一方强势的地位都将引起对方的反抗，甚至无法进行正常的辩论。

平等的原则具体来说包括两方面，一方面是指辩论双方有平等的辩护和反驳的权利，另一方面指辩论双方在价值上应该是平等的。

3. 同一原则

同一原则是指辩论者的思想要具有前后一致性和确定性，不能随着辩论的开展自己前后矛盾、飘浮不定。

同一原则具体来说包括两个方面：一方面，要求辩论者所使用概念的内涵和外延要前后一致，不能出现偷换概念的现象；另一方面，辩论中的辩题必须保持统一，不能随着辩论的开展，飘浮到别的辩题上去。如果出现乱象的辩论，就没有任何意义了。

4. 充足理由原则

充足理由原则要求有充足的理由来论证辩论者提出的思想观点。

这包括三个方面的内容：其一，认证的理由和论据要真实有效；其二，辩论者提出的理由必须能够充分证明自己论点的正确性；其三，观点或者思想和论据或者理由之间的逻辑联系是必然的，从论据出发要能顺理成章地得出论点。

第二节　辩论赛的准备

竞赛式辩论，是一种比知识、比谋略、比机敏、比逻辑的综合性比赛。因其具有知识密集、斗智斗勇的特点，成为人们提高论辩口才的有效途径。

一、熟悉比赛规则

兵家云："知彼知己，百战不殆""三军未动，粮草先行"。辩论犹如战争，赛前准备十分重要。

（一）了解人员组成

1. 参赛者

正反参赛队伍各由 4 名成员组成，分为"一辩手""二辩手""三辩手""四辩手"或"一辩手""二辩手""三辩手"和"自由发言人"，并按此顺序，由辩论赛场的中央往旁边排列座位。辩手们可呈现不同的论辩风格，一般来讲，"一辩手"亲切感人，"二辩手"逻辑严密，"三辩手"热情机智，"四辩手"高屋建瓴。

2. 主持人

主持人亦称主席，主持辩论活动，维护辩论会场的良好秩序，保障辩论活动按照辩论规则有条不紊地进行。主持人坐在两个参赛队中间、比参赛人员座位稍后一点的中央位置，便于观察整个辩论会场的情形。

3. 评判组

评判组，一般由专家组成，按照一定的标准，分别从立论、辩词、风度、整体合作等方面对参赛双方评分。5 位评委时，一般采用投票制；7 位评委时，一般采用打分制。

4. 公证人

大型辩论赛一般都有公证人参加，对辩论竞赛活动及竞赛结果进行公证，为辩论赛活动及有关人员提供法律认可的证据。

（二）熟知比赛模式

1. 新加坡模式

正方一辩陈词，阐述正方的基本观点（3 分钟）。

反方一辩陈词，阐述反方的基本观点，其中包括反驳正方的观点（3 分钟）。

正方二辩陈词（3 分钟），反方二辩陈词（3 分钟）。

正方三辩陈词（3 分钟），反方三辩陈词（3 分钟）。

自由辩论（每方 4 分钟，共 8 分钟）。

反方四辩总结陈词（3 分钟）。

正方四辩总结陈词（3 分钟）。

总时间约 32 分钟。

2. 2003 年国际大专辩论赛新赛制模式

立论：正方发言（3 分钟）。

立论：反方发言（3 分钟）。

盘问：反方提问，正方回答（2 分钟）。

盘问：正方提问，反方回答（2 分钟）。

驳论：反方发言（2 分钟）。

驳论：正方发言（2 分钟）。

对辩：正方先发言（2 分钟）。

对辩：反方先发言（2 分钟）。

嘉宾提问：先问正方再问反方（4 分钟）。

自由辩论：正方先发言（6 分钟）。

反方总结陈词（3 分钟）。

正方总结陈词（3 分钟）。

总时间约 34 分钟。

二、研究比赛辩题

辩论是具有对立面的语言互动，辩题概念内涵非常丰富，具有值得辩、可以辩的特点。分析辩题所属类型，准确界定辩题概念，是辩论展开的基础和起点。

1. 分析辩题类型

辩题确定后，要多设疑、多提问，坚持"为我、公认、重点"的原则，从辩题概念的内涵及外延两个方面"定性""定位"，要克服主观武断。

（1）判断型，即对辩题进行分析判断。例如："恶贯满盈的人是否值得同情，（是非判断），"人人是否生而平等"（价值判断），"计算机是否给人类带来福音"（事实判断）。

（2）比较型，即对事物先做比较，然后得出"……更……"或"……比……"的结论。例如："男人比女人更需要关怀，还是女人比男人更需要关怀"。

（3）利弊型，即先对同一个事物的利弊情况进行比较，再得出利大于弊或弊大于利的结论。对利弊型的命题，首先要肯定利弊兼有，然后再通过比较来证明己方观点，例如："英语四六级考试利大于弊还是弊大于利"。

2. 明确辩题概念

赛场辩论的辩题一般都是中性的，在理论上双方都存在着薄弱点，而这些薄弱点在辩论的过程中又往往很难回避。因此，要想获得辩论胜利，在审题过程中，明确辩题概念，必须在遵循逻辑思维规律的基础上，从辩题的思想倾向、辩题的感情色彩、辩论双方的"共认点""异认点"和"聚焦点"入手，对辩题进行艺术加工，使立论有所突破和创新。例如："对于金钱是万能的"这一辩题，就要界定"万"是一个虚数，代表很多的意思，指很多功能、作用，而不是指"全能"。

三、广泛搜集材料

事实胜于雄辩，权威、典型、真实、充分、新颖的材料，是辩论时最具雄辩的武器。因此，辩论赛前，要通过各种途径，搜集辩论所需的材料，并对材料进行分类、整理、加工。

1. 事实材料

事实材料包括例证、数据、实物等。经典的例证会使己方的论辩有理有据，给评委、听众留下深刻印象，支持己方观点。

2. 事理材料

事理材料包括科学原理、法律条文、名人名言、谚语成语等。经典生动的名人名言，具有权威性，既能强化论辩力量，又能给辩论增添文学色彩，可谓一箭双雕。例如，在"美是客观存在/主观想象"的辩论中，反方辩手的辩词。

从孔子的"智者乐水,仁者乐山",到柳宗元的"夫吾美不自美,因人而彰",都说明了美是主观想象。如果对方辩友还不相信,那我还可以告诉你们:实验心理学的学者们早就用科学研究的方法证明,任何线条、颜色本身并不具备美的标准,而人类为什么会对这些线条和颜色的组合产生感情,觉得它美呢?那是因为我们对它倾注了很多情感和想象,加上各自不同的文化背景,才构成了这个斑斓的美的世界。

四、认真撰写辩词

孙子曰:"上兵伐谋。"高水平的辩论赛首先是辩论双方在辩论立场、思维上的较量。对于一个已经确定下来的命题,辩手要加强交流,熟悉自己及其他辩手所持的论点、论据,按照所制定的逻辑框架,撰写既具"个性",又能始终为"共陛"服务的辩词。

第三节　辩论的技巧

一、辩论策略

(一)借力打力

武侠小说中有一招数,名叫"借力打力",是说内力深厚的人,可以借对方攻击之力反击对方,这种方法也可以运用到论辩中。

例如,在关于"知难行易"的辩论中,有这么一个回合:

> 正方:对啊! 那些人正是因为上了刑场死到临头才知道法律的威力。法律的尊严,可谓"知难"哪,对方辩友!

当对方以"知法容易守法难"的实例论证于"知易行难"时,正方马上转而化之,从"知法不易"的角度强化己方观点,给对方以有力的回击,扭转了被动局势。正方之所以能借反方的例证反治其身,是因为他有一系列并没有表现在口头上的、重新解释字词的理论作为坚强的后盾:辩题中的"知",不仅仅是"知道"的"知",更应该是建立在人类理性基础上的"知";守法并不难,作为一个行为过程,杀人也不难,但是要懂得保持人的理性,克制内心滋生的杀人欲望却很难。这样,正方宽广、高位定义的"知难"和"行易"借反方狭隘、低位定义的"知易"和"行难"的攻击之力,有效地回击了反方,使反方构建在"知"和"行"表浅层面上的立论框架崩溃了。

(二)移花接木

剔除对方论据中存在缺陷的部分,换上对我方有利的观点或材料,往往可以收到"四两拨千斤"的奇效,这一技法称为"移花接木"。

例如,在《知难行易》的论辩中曾出现过如下一例:

> 反方:古人说"蜀道难,难于上青天",是说蜀道难走,"走"就是"行"嘛!要是行不难,孙行者为什么不叫孙知者?

正方：孙大圣的小名是叫孙行者，可对方辩友知不知道，他的法名叫孙悟空，"悟"是不是"知"？

这是一个非常漂亮的"移花接木"的辩例。反方的例证，看似有板有眼，实际上有些牵强附会：以"孙行者为什么不叫孙知者"为驳难，虽然是一种近乎强词夺理的主动，但毕竟在气势上占了上风。正方敏锐地发现了对方论据的片面性，果断地从"孙悟空"这一面着手，以"悟"就是"知"反诘对方，使对方提出关于"孙大圣"的引证成为抱薪救火、惹火烧身。

移花接木的技法在论辩理论中属于强攻，它要求辩手勇于接招，勇于反击，因而它也是一种难度较大、对抗性很高、说服力极强的论辩技巧。诚然，实际临场上雄辩滔滔，风云变幻，不是随时都有"孙行者""孙悟空"这样现成的材料可供使用的，也就是说更多的"移花接木"，需要辩手对对方当时的观点和我方立场进行精当的归纳或演绎。

比如在关于"治贫比治愚更重要"的论辩中，正方有这样一段陈词：

……对方辩友以迫切性来衡量重要性，那我倒要告诉您，我现在肚子饿得很，十万火急地需要食物来充饥，但我还是要辩下去，因为我意识到论辩比充饥更重要。

话音一落，掌声四起，这时反方从容辩道：

对方辩友，我认为"有饭不吃"和"无饭可吃"是两码事……

反方的答辩，激起了更热烈的掌声。正方以"有饭不吃"来论证贫困不足以畏惧和治愚的相对重要性，反方立即从己方观点中归纳出"无饭可吃"的旨要，鲜明地比较出了两者本质上的天差地别，有效地扼制了对方偷换概念的倾向。

（三）顺水推舟

表面上认同对方观点，顺应对方的逻辑进行推导，并在推导中根据己方需要，设置某些符合情理的障碍，使对方观点在所增设的条件下不能成立，或得出与对方观点截然相反的结论，为"顺水推舟"技法。

例如，在"愚公应该移山还是应该搬家"的论辩中：

反方：……我们要请教对方辩友，愚公搬家解决了困难，保护了资源，节省了人力、财力，这究竟有什么不应该？

正方：愚公搬家不失为一种解决问题的好办法，可愚公所处的地方连门都难出去，家又怎么搬？……可见，搬家姑且可以考虑，也得在移完山之后再搬呀！

神话故事都是夸大其事以显其理的，其精要不在本身而在寓意，因而正方绝对不能让反方迂回到就事论事之上，否则，反方符合现代价值取向的"方法论"必占上手。从上面的辩词来看，反方的就事论事，理据充分，根基扎实，正方先顺势肯定"搬家不失为一种解决问题的好办法"，继而说明"愚公所处的地方连门都难出去"这一条件，自然而然地导出"家又怎么搬"的诘问，最后水到渠成，得出"先移山，后搬家"的结论。如此一系列理论环环相扣、节节贯穿，以势不可当的攻击力把对方的就事论事打得落花流水，真可谓精彩绝伦！

（四）正本清源

所谓正本清源，就是指出对方论据与论题的关联不紧或者背道而驰，从根本上矫正对方论据的立足点，把它拉入我方"势力范围"，使其恰好为我方观点服务。较之正向推理的"顺水推舟"法，这种技法恰是反其思路而行之。

例如，在"跳槽是否有利于人才发挥作用"的论辩中有这样一节辩词：

> 正方：张勇，全国乒乓球锦标赛的冠军，就是从江苏跳槽到陕西，对方辩友还说他没有为陕西人民做出贡献，真叫人心寒啊！
>
> 反方：请问到体工队可能是跳槽去的吗？这恰恰是我们这里提倡的合理流动啊！对方辩友戴着跳槽眼镜看问题，当然天下乌鸦一般黑，所有的流动都是跳槽了。

正方以张勇为例，他从江苏到陕西后，获得了更好的发展自己的空间，这是事实。反方马上指出对方具体例证引用失误：张勇到体工队，不可能是通过"跳槽"这种不规范的人才流动方式去的，而恰恰是在"公平、平等、竞争、择优"的原则下"合理流动"去的，可信度高、说服力强、震撼力大，收到了明显的反客为主的效果。

（五）釜底抽薪

刁钻的选择性提问，是许多辩手惯用的进攻招式之一。这种提问通常是有预谋的，它能置人于"两难"境地，无论对方作哪种选择都于己不利。对付这种提问的一个具体技法是，从对方的选择性提问中，抽出一个预设选项进行强有力的反诘，从根本上挫败对方的锐气，这种技法就是釜底抽薪。

例如，在"思想道德应该适应（超越）市场经济"的论辩中有如下一轮交锋：

> 反方：……我问雷锋精神到底是无私奉献精神还是等价交换精神？
>
> 正方：……对方辩友这里错误地理解了等价交换，等价交换就是说，所有的交换都要等价，但并不是说所有的事情都是在交换，雷锋还没有想到交换，当然雷锋精神谈不上等价了。（全场掌声）
>
> 反方：那我还要请问对方辩友，我们的思想道德的核心是为人民服务的精神，还是求利的精神？
>
> 正方：为人民服务难道不是市场经济的要求吗？（掌声）

第一回合中，反方有"请君入瓮"之意，有备而来。显然，如果以定式思维被动答问，就难以处理反方预设的"两难"：选择前者，则刚好证明了反方"思想道德应该超越市场经济"的观点；选择后者，则有悖事实，更是谬以千里。但是，正方辩手跳出了反方"非此即彼"的框框设定，反过来单刀直入，从两个预设选项抽出"等价交换"，以倒树寻根之势彻底地推翻了它作为预设选项的正确性，语气从容，语锋犀利，其应变之灵活、技法之高明，令人叹为观止！

当然，辩场上的实际情况十分复杂，要想在论辩中变被动为主动，掌握一些反客为主的技巧还仅仅是一方面的因素，另一方面反客为主还需要仰仗于非常到位的即兴发挥，而这一点却是无章可循的。

（六）攻其要害

在辩论中，常常会出现这样的情况，双方纠缠在一些细枝末节的问题、例子或表达上，争论不休，结果看上去辩得很热闹，实际上已离题万里，这是辩论的大忌。

辩论的一个重要技巧，就是要在对方一辩、二辩陈词后，迅速地判明对方立论中的要害问题，从而抓住这一问题一攻到底，以便从理论上彻底地击败对方。如"温饱是谈道德的必要条件"这一辩题的要害是：在不温饱的状况下，是否能谈道德？在辩论中只有始终抓住这个要害问题，才能给对方以致命的打击。

在辩论中，人们常常有"避实就虚"的说法，偶尔使用这种技巧是必要的。比如，当对方提出一个我们无法回答的问题时，假如强不知以为知，勉强去回答，不但会失分，甚至可能闹笑话。在这种情况下，就要机智地避开对方的问题，找对方的弱点攻击。然而，在更多的情况下，我们需要的是"避虚就实"，"避轻就重"，即善于在基本的、关键的问题上打硬仗。如果对方一提问题，我方立即回避，势必会给评委和听众留下不好的印象，以为我方不敢正视对方的问题。此外，如果我方对对方提出的基本立论和概念打击不力，也是会失分的。善于敏锐地抓住对方要害，猛攻下去，务求必胜，乃是辩论的重要技巧。

（七）利用矛盾

由于辩论双方各由四位队员组成，四位队员在辩论过程中常常会出现矛盾，即使是同一位队员在自由辩论中，由于出语很快，也有可能出现矛盾。一旦出现这样的情况，就应当马上抓住，竭力扩大对方的矛盾，使之自顾不暇，无力进攻己方。

比如，1993 年，剑桥大学队对复旦大学队"温饱是不是谈道德的必要条件"辩论赛中，剑桥大学队的三辩认为法律不是道德，二辩则认为法律是基本的道德。这两种见解显然是相互矛盾的，复旦大学队乘机扩大对方两位辩手之间的观点裂痕，迫使对方陷入窘境。又如对方一辩起先把"温饱"看作人类生存的基本状态，后来在复旦大学队的凌厉攻势下，又大谈"饥寒"状态，这就与先前的见解发生了矛盾，复旦大学队"以子之矛，攻子之盾"，使对方于急切之中，理屈词穷，无言以对。

（八）引蛇出洞

在辩论中，常常会出现胶着状态。当对方死死守住其立论，不管我方如何进攻，对方只用几句话来应付时，如果仍采用正面进攻的方法，必然收效甚微。在这种情况下，要尽快调整进攻手段，采取迂回的方法，从看来并不重要的问题入手，诱使对方离开阵地，从而打击对方，在评委和听众的心目中造成轰动效应。

如在复旦大学队和悉尼大学队辩论"艾滋病是医学问题，不是社会问题"时，对方死守着"艾滋病是由 HIV 病毒引起的，只能是医学问题"的见解，不为所动。于是，复旦队采取了"引蛇出洞"的战术，其二辩突然发问："请问对方，今年世界艾滋病日的口号是什么？"对方四位辩手面面相觑，为不致在场上失分太多，对方一辩站起来乱答一通，复旦队友立即予以纠正，指出今年的口号是"时不我待，行动起来"，这就等于在对方的阵地上打开了一个缺口，从而瓦解了对方坚固的阵线。

（九）李代桃僵

当遇到一些在逻辑上或理论上都比较难辩的辩题时，不得不采用"李代桃僵"的方法，引入新的概念来化解困难。

比如"艾滋病是医学问题，不是社会问题"这一辩题是很难辩的，因为艾滋病既是医学问题，又是社会问题。从常识上看，很难把这两个问题截然分开。复旦大学队预先的设想是，如果让其来辩正方，就会引入"社会影响"这一新概念，从而肯定艾滋病有一定的"社会影响"，但不是"社会问题"，并严格地确定"社会影响"的含义，对方就很难攻进来。但后来，复旦大学队在抽签中得到了辩题的反方，即"艾滋病是社会问题，不是医学问题"。在这种情况下，如果完全否认艾滋病是医学问题，也有悖于理。因此，在辩论中引入了"医学途径"这一概念，强调要用"社会系统工程"的方法去解决艾滋病。而在这一工程中，"医学途径"则是必要的部分之一，这样一来周旋余地就大了，对方得花很大力气纠缠在我方提出的新概念上，其攻击力就大大地弱化。

"李代桃僵"这一战术之意义就在于引入一个新概念与对方周旋，从而确保我方立论中的某些关键概念隐在后面，不直接受到对方的攻击。

（十）缓兵之计

在日常生活中，我们可以见到如下情况：当消防队接到求救电话时，常会用慢条斯理的口气来回答。这种和缓的语气，是为了稳定说话者的情绪，以便对方能正确地说明情况。

如两口子争吵，一方气急败坏，一方不焦不躁，结果后者反而占了上风。再如政治思想工作者常常采用"冷处理"的方法，缓慢地处理棘手的问题。这些情况都表明，在某些特定的场合，"慢"也是处理问题、解决矛盾的好办法。

论辩也是如此，在某些特定的论辩局势下，快攻速战是不利的，缓进慢动反而能制胜。例如：

> 1940年，丘吉尔在张伯伦内阁中担任海军大臣，由于他力主对德国宣战而受到人们的尊重。当时，舆论欢迎丘吉尔取代张伯伦出任英国首相，丘吉尔也认为自己是最恰当的人选，但丘吉尔并没有急于求成，而是采取了"以慢制胜"的策略。他多次公开表示在战争爆发的非常时期，他将准备在任何人领导下为自己的祖国服务。当时，张伯伦和保守党其他领袖决定推举拥护绥靖政策的哈利法克斯勋爵作为首相候选人。然而，主战的英国民众公认在政坛上只有丘吉尔才具备领导这场战争的才能。在讨论首相人选的会议上，张伯伦问："丘吉尔先生是否同意参加哈利法克斯领导的政府？"能言善辩的丘吉尔却一言不发，足足沉默了两分钟之久。哈利法克斯和其他人明白，沉默意味着反对。一旦丘吉尔拒绝入阁，新政府就会被愤怒的民众推翻。哈利法克斯只好首先打破沉默，说自己不宜组织政府。丘吉尔的等待，终于换来了英国国王授权他组织新政府。

从上面的例子中，我们可以概括出在论辩中要正确使用"以慢制胜"法，至少要注意以下三点。

1. 以慢待机，后发制人

俗话说："欲速则不达。"在时机不成熟时仓促行事，往往达不到目的。论辩也是如此，"慢"在一定条件下也是必需的。"以慢制胜"法实际上是论辩中的缓兵之计，缓兵之计是延缓对方进兵的谋略。当论辩局势不宜速战速决，或时机尚不成熟时，应避免针尖对麦芒式的直接交锋,而应拖延时间等待战机的到来。一旦时机成熟,就可后发制人,战胜论敌。丘吉尔在时机不成熟时,不急于成功,以慢待机。在讨论首相人选的关键时刻,以沉默表示反对,最终赢得了胜利。

2. 以慢施谋,以弱克强

"以慢制胜"法适用于以劣势对优势、以弱小对强大的论辩局势,它是弱小的一方为了战胜貌似强大的一方而采取的一种谋略手段。"慢"中有计谋,缓动要巧妙。这里的"慢"并非反应迟钝、不善言辞的同义语,而是大智若愚、大辩若讷的雄辩家定计施谋的法宝之一。丘吉尔面对张伯伦的追问,装聋作哑,拖延时间,实际上是假痴不癫的缓兵之计。在这一种韧性的相持中,张伯伦一方终于沉不住气了,丘吉尔以慢施谋终于取得了胜利。

3. 以慢制怒,以冷对热

"慢",在论辩中还是一种很好的"制怒"之术,论辩中唇枪舌剑、自控力较差的人很容易激动。在这种情况下,要说服过分激动的人,宜用慢动作、慢语调来应付。以慢制怒,以冷对热,才能使其"降温减压"。只有对方心平气和了,才能顺利接受你讲的道理。

总之,论辩中的"快"与"慢"也是一种对立统一的辩证关系。兵贵神速,"快"当然好。可是,有时"慢"也有"慢"的妙处。"慢"可待机,"慢"可施谋,"慢"可制怒。"慢"是一种韧性的战术,"慢"是一场持久战,"慢"是舌战中的缓兵之计。缓动慢进花的时间虽长,绕的弯子虽大,然而在许多时候,它是取得胜利的捷径。

二、论证方法

论证,就是运用论据证明论点的过程和方法,是论点和论据之间的逻辑关系纽带。论证的方法很多,常用的有举例论证、正反论证、归谬论证、因果论证等。

1. 举例论证

举例论证法简称例证法,通过列举确凿、充分、有代表性的事例证明论点,其作用是"事实胜于雄辩",说服力强。

2. 正反论证

正反论证法是对比论证的一种,要求先提出论点,先反后正,或先正后反,进行论证,论证鲜明有力。

3. 归谬论证

归谬论证也称"反证法",即采用"以子之矛攻子之盾"的批驳方法,先假设对方的论点是正确的,然后加以推理引申以得出荒谬的结论,以此来证明对方论点的谬误的方法。

4. 因果论证

即通过分析事理,揭示论点和论据之间的因果关系来证明论点。因果论证可以用因证果,或以果证因,还可以因果互证。原因与结果具有时间上的先后关系,但具有时间先后关系的现象并非都是因果关系。除了时间的先后关系之外,因果关系还必须具备一个条件,即结果是由于原因的作用所引起的。根据客观事物之间都具有这种普遍的和必然的因果联系的规律性,通过提示原因来论证结果,就是因果论证。

三、攻击技巧

攻击,即在自由辩论中的主动进攻,主动发问,这在每个辩论队都是不可或缺的。然而,攻击能不能有效,又是由多方面因素决定的。

(一)攻击的准备

在辩论战略方案确定、辩词定稿之后,就应该着手攻击的准备了。

一般而言,每位辩手应该根据自己所阐述的内容准备向对方发问的问题,可根据自由辩论时间的长短来准备问题。每个辩手初次上场,则应该准备 20 个问题左右,四个辩手准备的问题就应该有 80 个,一般有足够的可能坚持到自由辩论结束。我们看到,在某些比赛中,有的队员有时间却没有问题可以问,这就是准备不足导致的。

准备的问题,应该从以下三个层面上进行。

1. 现象层面的问题

现象层面的问题又称事实层面问题。这类问题极易引起听众的共鸣,问题提得好则很容易出彩、出效果。但需要注意的是,不可故作新奇而偏离辩题,这样会产生负面效果。

2. 理论层面的问题

理论层面的问题又称论据层面问题,即对己方论点给予引申,对对方的论据予以驳击的问题。这类问题,直问,要提得尖锐;曲问,要问得巧妙;反问,要提得适时;逼问,要问得机智,其效果就是让对方不好回答又无法回避。

3. 价值层面的问题

价值层面的问题又称社会效应层面问题,即把对方论点、立场引申,从价值层面、社会效应层面去延伸它的效应,看其是否具备说服力,能否站得住脚。这类问题,能够扩大自由辩论的战场,给对方造成被动,同时也是争取听众、评委认同的重要方面。当然,如果辩题立场对己方不利,就应该慎重使用,以免搬起石头砸了自己的脚。

这三类问题中,事实层面的问题可包括历史事件、现实事实、数字事实等;而理论层面的问题周围除了立场中的论据,也可以延伸到公理、哲学的层面。

有了这三个层面的问题准备,就能够构成立体阵势,可以打自由辩论的立体战斗,就很容易让对方陷入立体包围之中,陷入被动局势。在现实比赛中,不少辩论队只准备了一个层面的问题,而且大多是现象层面的问题,只在有趣上花时间,其结果是打击力不强,且问来问去总是流于肤浅的现象之争,有时则就事实引发事实而偏题,变成了一般的语言游戏、提问游戏了,辩论的深度不容易看到。

(二)攻击的组织

1. 主辩的选择

自由辩论中的有效攻击应当体现出攻击的有序性,即看得出轮番上阵的脉络,而其基本要求就是在场上要有主动权,处于控制场面的主动地位。为了达到这个目标,场上应该有"主力辩手",或者称为"主辩""灵魂队员"。其实,哪个辩手来充当这个人物都可以,但是一般由三辩或一辩、二辩来充当,有时四辩也是很好的充当角色。

2. 主辩的任务

主辩的任务不仅要透彻地知道己方的立场,也要透彻地知道对方的立场,规定陈词一结束就能够发现对方的主要问题,从而有效地发起进攻。

具体而言,主辩队员的任务如下。

(1)有冷静把握整个自由辩论战斗局势的眼光,攻击务求有效。

(2)充当场上的指挥员。发问不在多,而在精。其发问不仅是对对方的攻击,也是对己方立论的揭示和强化。

(3)承担主动转移战场的任务。如在一个层面上问久了,则转向另一个层面发问;在一个层面处于被动、僵持了,则要转向另一个层面,开辟新的攻击点和战场。

(4)对对方提出的危及己方底线、事关要害的问题,能够有效地化险为夷、转危为安、化被动为主动。

(5)对己方误入对方圈套、远离己方、陷于被动之中的局面,要能够挽回并再度发起攻击。

当然,其他队员要主动配合,主动呼应,才能形成整体的力量,这就需要队员之间的默契,形成"流动的整体意识"。

3. 攻击组织的检查指标

攻击的组织,其要害就在于形成整体的有序流变性,而不是东一榔头西一棒槌,鸡零狗碎。零碎的攻击,谈不上组织,或许也有一时之效,但对于群体辩论而言是不可能握有主动权的。

攻击的组织,在上场前可以有如下的检查指标:

(1)有没有组织者,也就是有没有"灵魂队员"?其组织、应变能力如何?

(2)整个队伍有没有心悦诚服的默契和感应?

(3)整个队伍对特定辩题的立场认识是否完全一致?有没有大的梗阻?

(4)准备了几个层面的问题?这些问题可以对付、支撑多难的场面?能够支持多长时间?

(5)对于非常艰难的、苛刻的尖锐问题,己方研究到什么程度?有没有好的应对策略?

(6)自由辩论中最为艰难的局面将会是一种什么状况?己方应该怎么对付?

把这六个问题都想清楚了,都有解决的办法了,那么攻击的组织也就有序、主动了。

(三)攻击的技巧

攻击的技巧主要有以下几种。

1. 设置两难

设置两难的问题,无论答此或答彼都将陷入被动,但是一定要对准话题回答,不可以无病呻吟。

2. 主动引申

将对方的某个事实、某句话加以引申,造成己方主动、对方被动的局面。

3. 以矛攻盾

将对方论点和论据间的矛盾、这个辩手和那个辩手陈述中的矛盾、某个辩手陈词中的矛盾、答这个问题和答那个问题之间的矛盾或其他方面的矛盾,均予以披露,令其尴尬,陷其于难堪。

4. 归谬发问

将其论点或论据或其他问题引申归谬,陷其于左右被动、无力自救状况之中。

5. 简问深涵

问题很简单,但含义很深刻,与辩题密切相关。答准确很难,但是答不出来就很丢人,这也很容易陷入被动。

6. 撕隙抓漏

将对方的一小道缝隙撕裂撕大,将其明显的漏洞失误给予揭发提问,令其难堪。

7. 熟事新提

人往往对于身边、自身很熟悉的事物熟视无睹、充耳不闻;或非常熟悉,却只知道大概,不明白它的详细。一般对这类事情提问,也很容易让对方陷入被动。

8. 逼入死角

把对方的问题逼入死角,再发问,令其难以逃脱。

9. 多方追问

从几个方向、几个侧面、几个层次上同时问一类问题。但是要注意的是,这类问题必须对准一个核心,即辩论的主要立场和观点,以造成合围的阵势,使对方没有招架的能力,更没有回手的能力。

10. 夹击发问

两个或多个人同时问同一类或一个问题,造成夹击态势,使对方顾此失彼。

11. 同题异问

面对同一个问题,以不同的角度提问,使对方难以自圆其说,应接不暇。

12. 异题同问

抓住对方的不同问题、不同表述加以归纳,从问题的深度与高度上使其无法把握,无力应答。

13. 反复逼问

对己方提出的、对方非答不可的问题,对方闪避了,就可以反复逼问,但是一般不能超过三次,不可以无限发问,那样反会造成无题可问或令听众厌烦的负面效果。

14. 辐射发问

提出一个问题同时威慑到对方四个辩手,犹如子母弹一般。这类问题,一般多在哲学或价值层面上发问。

15. 同义反复

对同一个问题，用不同的语言方式（或角度不同，或问语不同）发问。这类问题，多为辩论的主要立场、观点方面的问题。

16. 近题遥问

看似很近的事，用远视点来透视和提问，对方遥答往往答不得，近答又很难接上，陷入了难以捉摸、无从下手的窘境。

17. 激情提问

用心理调控的手段直击对方情绪层，使其激动，引发情绪波动，从而淹没对方的理智，但是不能够进行人身攻击或情绪对抗，更不可陷入无理纠缠甚至胡搅蛮缠。

18. 布陷发问

也就是布置一个陷阱，让对方来钻；或想方设法将之套进去，其更高技巧就是连环套。

19. 长抽短吊

忽然提这样的问题，忽然又提那样的问题，不离辩题却又忽东忽西，以思维的快捷与机智来取得主动。

20. 答中之问

答中之问分为两种，一种是在对方答问时发现问题（包括陈词阶段发现的问题）予以提问，另一种是在自己回答对方问题时的反问。

（四）攻击的风格

由于自由辩论如疾风迅雷，所以不同场次、不同队伍的辩论风格也不尽相同。没有形成风格的队伍即使辩胜，也只是初级层次的。因此，有风格意识并力争形成自己的辩论风格，是一支辩论队有追求、有实力的表现。其实，它是一支队伍整体人格的呈现。

攻击的风格，一般而言有情绪型、理智型、稳健型三种。

1. 情绪型

情绪型的队伍往往只在趣事、情绪化的层面上实施攻击。它也能够引发一些活跃的效果，但易于耽于情绪，就事论事，甚至会误入谩骂的泥淖，使辩论流于表面，层次不高，缺乏应有的深度。

2. 理智型

理智型的队伍往往执着于理性辩论的层面，这容易体现思辨与深度，但又会使辩论的活泼不足，弱化了辩论应有的观赏性。

3. 稳健型

稳健型的队伍理智而稳健，也注意到了应有的活泼，兼具情绪型、理智型二者之长。显然，自由辩论的风格当以稳健为上。从比赛的实践看，稳健型风格的辩论队不仅易于取胜，且留给观众、评委的印象也较深刻。

（五）攻击的节奏

攻击的节奏应以张弛有度、疾徐有致为佳，一味快或一味缓都有缺陷，前者易流于狂躁，后者易陷于沉闷。

四、防守技巧

辩论中的自由辩论阶段，就是由进攻和防守两个方面组成的。因此，不仅要有进攻的准备，还要有防守的准备。只会进攻，不一定能够取胜；只会防守，当然更易陷入被动。该防守就防守，该进攻就进攻，能攻能守的队伍才能游刃有余。

防守中，应该注意的技巧有以下几个方面。

1. 盯人技巧

即各人盯住各人的防守对象，一般就是一辩盯一辩，二辩盯二辩……即一辩回答一辩的问题，二辩回答二辩的问题……各人有关注的具体目标，就不会出现好回答的问题就抢着回答，难回答的问题就你推我让的局面。当然，在分工之后又讲合作，最难回答的问题就由"灵魂队员"补救了。

2. 长项技巧

即根据各人的长项来分工，首先确认辩手各人的长项，或长于说理，或长于说史，或长于记忆，或长于辨析等，各人针对相应的问题来防守，以免出现混乱局面或冷场。

3. 合围技巧

假如对方有一位非常突出的辩手，不仅对方整个局面靠其支撑，且对己方威胁很大甚至己方队员对其有畏惧感，一对一的战术是不太可能奏效的，那就采取合围技巧。合围技巧即以全队四个人的力量来围击、合击，从四个人不同的侧面对准他的问题，以守为攻，一般都会有效。只要他顶不住了，对方的阵脚就会乱，自然就会垮。但要注意的是，有实力甚至实力更强大的队员，靠一两个回合是难以制服的，因此要有韧劲，不可太急，争取五六个回合使其难以招架，提不出更尖锐的问题，内在的进攻力度大大减弱，才能有取胜的基础。

4. 夹击技巧

即对有的问题、有的队员，采用二人夹击的方式来对待。

5. 高压技巧

一般在辩论赛中，由于参赛队的实力比较接近，所以在自由辩论中容易出现同位推顶的情况，这一方面容易浪费时间，另一方面不容易取胜，破解的办法是采用高位迫压防守。如对方提出的是现象问题，就将它上升到理论高度来回答；如对方提出的是现实问题，就从历史的角度来回答；如对方提出的是具体问题、微观问题，就以宏观认识来回答，以此类推。以高位下罩的方式使对方感到自己的思维稍逊一筹，从而内心动摇，攻击力也就随之弱化。

6. 指误技巧

不正面回答问题，而是指出对方所问问题在逻辑上、理论上、事实上、价值上、立场上、表达上和常识上的毛病，使之陷入尴尬局面。

7. 归谬技巧

对有的问题不做正面回答，而是将之做概括引申归谬，直指其终端的谬误，陷其于被动的境地。

8. 反问技巧

从反方向指出其问题的悖常性、悖题性、悖理性、悖逻辑性,从而化被动为主动。

9. 幽默技巧

面对自己能从容回答的问题,适时幽默对方一下,效果一定绝佳。

10. 短答技巧

用一字、一词、一个成语、一个句子就能够答清,且能够反陷对方于被动的问题,就应该果断而适时地使用。

11. 启导技巧

对于那些喜欢滔滔不绝有演讲欲而又容易动情、不易冷静理智的辩手,表现欲旺盛的辩手、语词啰唆繁复的辩手,在回答问题时不妨巧妙启发他的教导意识,任由其滔滔不绝地讲,其直接效果是消耗了对方的规定时间。

12. 揭弊技巧

在回答问题时,巧妙合理地揭示其弊端,如同一个人陈词与发问中的弊病与矛盾、前一个问题与后一个问题的矛盾、两个或数个人问题中的矛盾等,揭示其弊端与矛盾,使其问题本身站不住脚,防守便转为攻击,目的自然达到了。

13. 激怒技巧

答问时巧激其怒,使之心理由理智层进入情绪层,无法冷静,无从自控,就可望令其自乱心绪。但切忌人身攻击,这是犯禁行为。

14. 评价技巧

不正面回答问题,而是对其问题予以评价,指其目的,断其归路。

15. 闪避技巧

对那些一两句话难以答清的问题,采用合理闪避的方式,其基点是不离开辩题的立场。

16. 反复技巧

以同义反复的方式回答,也就是意思一样,但语言不同。

17. 类比技巧

面对对方的问题,不做正面拦截,而是用同类比较的方式,把问题抛给对方。

18. 陷阱技巧

在答问中巧设陷阱先让对方来钻,然后在下一个回合中予以指驳,使对方露馅。

19. 联动技巧

己方二人以上联动,回答问题时一唱一和,此唱彼和,你呼我应,以整体的优势对之。

20. 侧击技巧

不正面回答问题,而从侧面引出相关问题,反请对方来回答。

21. 连环技巧

在答问中故设连环,环环相扣,将对方的问题定格在某一环中,将其扣死。

22. 组接技巧

将对方的立场或陈词、反问、答问中的语言予以组合回答，即让对方自己打自己的嘴巴。

23. 名言技巧

恰到好处地巧借名言、警语、格言、民谚、诗歌、歌词、流行语等来回答，当然也可以改头换面、重组搭配来回答。

24. 错接技巧

有意错接问题，反让对方判断，以之主动防守。

25. 引申技巧

将问题引申开来，揭示其实质与要害，再一口咬破，直断其喉。

第九章　求 职 口 才

第一节　求职口才基础知识

随着社会经济的发展,人事制度改革日渐成熟。高校毕业生与用人单位基本上都实行了双向选择。面对人才市场的激烈竞争,怎样在资讯发达的信息时代,展示才华,推销自己;怎样在强手如林的竞争队伍中,脱颖而出,得到用人单位的青睐,实现自己的理想,这是每位求职者普遍关心的问题。

一、求职口才的含义

求职,就是选择、谋取职业。求职口才就是求职者在应聘(面试)过程中,进行语言沟通时所表现出来的才能。求职口才既是一个人诸多能力的外在标志,也是一个人综合素质的具体体现。招聘单位在注重学历层次的同时,更看重的是应聘者的综合能力。

二、求职口才的特点

求职口才除了具有口才的一般属性外,还具有其自身的特殊性,其特殊性主要表现在以下三个方面。

(1)目的性。在面试考场上,求职者运用简洁、坦诚而富有个性的语言进行自我介绍、回答提问等都是为了显示自己的实力和价值,让面试官认可自己,以获得理想的职位。

(2)自荐性。求职就是要把自己推销出去,能找到一个好"婆家"。作为应聘者,除了必须具备较高的思想素质和专业技术外,还必须能正确地评估自己,有针对性地优化自己,恰如其分地推荐自己。

(3)艺术性。求职现场是一个没有硝烟的战场,招聘人员往往会出其不意地提出一些让求职者难以回答,又不得不答的问题。面对这些五花八门的招聘"拷问",求职者只有巧妙而艺术地应对,才能心想事成。

三、求职口才的意义

良好的求职口才,是当下用人单位对人才提出的一个"入围"条件。据广州一家职业测评咨询机构的负责人介绍,用人单位在选拔人才时,越来越重视求职大学生的综合素质,特别是良好的沟通能力。

1. 成功"推销"自己

事业的成功与失败,往往取决于某一次谈话。从社会需求看,口才是衡量一个人思想水平高低的重要标准,也是检验一个人才干和人格魅力的标准。面试是求职者推销自己的良好机会,要让主考官在短暂的时间内认识和欣赏自己并非易事。求职者只有熟练地掌握求职的口才艺术,在"敢说、会说、巧说"上多做文章,才能在激烈的竞争中过关斩将,走向成功。

2. 获得有效信息

职业方向直接决定一个人的职业发展,所谓"男怕入错行,女怕嫁错郎"。选错了行业可能会错过自己本该有所作为的人生。在求职的过程中,招聘方与应聘者的关系是平等的。招聘方通过交谈了解应聘者是否适合岗位,应聘者也可以通过询问,了解应聘单位情况,以决定自己是否接受这一工作。

3. 顺利发展事业

口才是一项人才资本,是职业生涯中必须储备的能力,也是成为社会人的必要条件。拥有口才,可以获得更多的生存与发展空间。"讲话也是生产力",好口才是大学毕业生制胜的法宝,决定着事业的成败。好口才行遍天下,好口才改变人生,好口才赢得好人缘。求职者善于沟通,善于说服,可以让更多的人认同自己、接受自己、帮助自己。

四、求职面试应该注意的问题

规避求职风险,需要选准应答角度,运用正确方法。

1. 听清题意

口试的题目,许多是考官们准备好的,有题目卡片提供选择,也有的是即兴提问的。应试者首先必须听清题意或看清题意后,针对所问的题目"靠船下篙",不要偏离中心,让话语"信天游"。

2. 引发共鸣

优美的声音,全靠发音体之间适宜的振动共鸣;成功的推销,来源于求职者与招聘方之间高效的信息共鸣。一般来说,共鸣度越高,共鸣面越广,应聘成功的概率相应也就越大。求职者可以讲自己不同于常人的悲惨境遇,引起招聘者的同情;可以用幽默、风趣或自嘲的语言,来激发招聘者的笑神经;可以用具体的数据,提醒招聘者自己的知识、技能和素质对他们确实有用。

3. 展示亮点

亮点就是自己的优势,每个人几乎都有他人所不具备的优势。求职过程实际上就是一个自我展示的过程,亮点越多越好,亮点越耀眼越好。求职者可以用生动、精当的语言,陈述、表露自己的实际能力、特殊本领或今后的发展优势。例如,面试官说:"如今像我们这样好的单位不多,你运气真好,已经跨进了一只脚。"应聘者:"其实我不觉得贵公司条件有多么好,只是感到这个岗位比较适合我的专业,而且我觉得最后能否入选,关键在实力而不在运气。"

4. 化解两难

"如果录用你,你能长期工作,不跳槽吗?"如果回答"会跳槽",那么肯定不会录用你。

如果回答"我不会跳槽",不仅把自己给套住了,而且容易给人造成也许能力不强的错觉。在面试过程中,招聘方会提一些别出心裁的两难问题,有意让求职者经受极端的锻炼,以"察言观色"考察一个人的品质、创造性和自我控制能力。求职者,要"临难不惧",从容镇定,奉行无伤害原则,快速巧妙地跳出圈套,创造"柳暗花明又一村"的新境界。

第二节　求职面试的技巧

面试,是招聘者与求职者面对面地交流。在求职面试的过程中,既有智慧的较量,又有口才的角斗。求职者只有熟练地掌握求职面试的语言技巧,才能在求职面试中过关斩将,处变不惊,获得成功。

一、常见问题的回答技巧

尽管不同单位面试的程序和模式会有所不同,面试考官的风格各异,求职者的专业特长也不一,但是下面这些问题是考官们都比较喜欢问的,求职者不妨对这些面试中经常遇到的问题作一些分析。

1. 谈谈你自己吧

这个问题,往往是主考官对求职者提出的第一个问题。

主考官想通过这样的问题,了解求职者的学识、能力、性格、兴趣、特长等方面的情况,并以此产生的第一印象来决定是否录用。

因此,当你回答这个问题时,心中应该牢记如下要点:回答的重点应该放在工作业绩、专业水准、特殊技能、潜在能力和发展方向上;以实例证明你所说的并非泛泛而谈,尤其举出一些特殊的例子,并强调过去的成就;回答问题要中心突出,尽量使你的回答围绕并适合谋求该工作所需要的资格;言简意赅,一般不要超过三分钟;回答完之后,随即询问考官,是否还需要知道其他的事情。

2. 你有哪些主要的优点

该题测试求职者能否客观分析自己,并了解其表达与组织能力。

除个人说法外,适当加上亲友师长的观点,可增加说服力。回答问题时,应避免抽象的陈述,而应以具体的体验及自我反省为主,使内容更具吸引力。在面试之前,应了解自己拟应聘的岗位之职责和素质要求,有的岗位要求的素质是"独立工作能力强",有的是"具有团结协作的精神",有的是"成熟稳重",有的则是"具有开拓进取的精神"等。在回答时,就要视具体情况把你的优点告诉面试官。

3. 你有哪些主要的缺点

面对这样的问题,回答问题时的态度比回答的内容更重要。

对正要走向工作岗位的毕业生来说,有些普遍性的缺陷是无法掩盖的,如缺乏实践经验、社会阅历较浅等。对这些缺陷要坦然承认,实事求是地回答,并表示你弥补缺陷的决心。比如,面试官有时候会问:

> 你的成绩好像不太出众,你怎么证明自己的学习能力呢?

面对这种令人尴尬的问题,你应该很诚实地承认自己的缺点,可以这样回答:

> 除了学习,我还有其他社团活动、工作实习等。能证明人的学习能力的,不仅仅只有学习成绩。其实我的专业课都相当不错,如果您有疑问,现在就可以测试一下。

巧妙绕开学习成绩不理想的问题,将面试官的注意力引导到自己最拿手的专业知识上,这样可化不利为有利,提高求职成功率。

每个人都难免有这样或那样的个性方面的缺点和不足,面试者通过这个问题希望了解的是求职者是否对自己有一个正确的评价,对自己是否有足够的了解,心理是否足够成熟,以及是否有继续学习的愿望。用人单位不信任一个自称没有缺点的人,也不欣赏一个不敢承认自己缺点的人,因此对于此道必答题,应聘者不能说自己没缺点,也不可以把明显的优点说成缺点,如回答:

> 我的性子比较急,我总要把我的工作赶在第一时间完成。

这样做往往不能让对方满意。回答这样的问题时,应尽可能地讲一两个与你所求职位无妨碍的缺点,如:

> 在工作中,我有时常忽略一些小事,有时也有点固执,今后我将在领导和同事们的帮助下,努力克服这些缺点。

4. 你有什么业余爱好

这个问题看似简单,但往往有更深一层的意义,你的业余爱好是否有助于你的工作,你的娱乐活动是否会干扰你的正常工作。如果告诉对方没什么爱好,那么他可能认为你是缺乏情趣和格调的人。但过于沉溺于业余生活,也会有太爱吃喝玩乐、不务正业的嫌疑。

在回答这类问题时,既要显示自己的情调和修养,又能展现自己的事业心,以此为原则说明实际的情况,面试者可以这么回答:

> 我平时在课余时间打网球,疲劳时这是一种很好的放松方式。

5. 是否有过失败的经历

面试官提出关于"失败经历"的问题时,他在意的并不是结果,他想了解的是事情的过程、你处理问题的方法以及你的学习能力。此外,如果考官问及"你工作中最难忘的一件事""你在工作中遇到的最大困难"等问题时,通常都可以等同于这个问题。

在回答诸如此类的问题时,答案的具体事例也可以体现应聘者的专业程度,比如提到的困难是不是应聘岗位所不可避免的,所涉及的方法和使用的公司资源又是否恰当,这是一个非常专业的问题。因此,回答的重点应该在"经历"而非"失败"上,因为面试官并不想了解你对失败的态度,何况任何人都知道此时应该保持积极。由此看来,回答时应该具体说明的内容有:当时失败的背景和能够使用的资源;你处理事情的方法;失败后的总结和反思。细节越详细越可以体现你的专业程度,总结和反思则体现了你的学习能力。有自信有准备的话,可以就失败的经历"重来一次",提出新的解决方案。

6. 你为何想来本公司工作

如果回答"喜欢贵公司"是行不通的，尽管这可能是你的心里话。回答这个问题要紧紧围绕"公司提供的难得的机会最适合于自己的兴趣和经历"这一点。要让考官知道，你愿意效劳于他的公司有充分的理由，而不是随便找一份工作。

此时，你最好能够罗列出相当详细的资料，以表示出对该公司的关注程度。例如，公司涉及的专业、生产线、经营地点，公司最新取得的成果，公司的财务状况等。能够聪明地谈论公司情况，可以迅速地使你从求职者中脱颖而出。

7. 你如何规划未来的事业

这个问题是在考察你的工作动机，面试官想知道你的计划是否与公司的目标一致，你是否能把工作长久地干下去，而且干得很努力。

很多求职者为了表明自己的雄心壮志，回答"管理阶层"，这样的回答便落入了面试官的圈套。面试官接下来就会抛出一系列大多数应届毕业生无法回答的问题：管理阶层的定义是什么？一个经理的基本责任是什么？做什么领域的经理？

最好的回答，应该先说明你要发展或进取的专业方向，并表明你脚踏实地的工作态度，如：

> 我的事业计划是勇于进取，所做的事情必须是能够将我的精力与专业知识，融入我所在的行业与我的工作单位所需要的地方。因此，我希望在今后几年中，成为一名内行的专业人士，很清楚地理解自己的公司、行业、最大的挑战以及机会之所在。到那时，我未来的发展目标应该会清晰地显露出来。

类似于这样的应答，会使你的形象远远地高于你的同龄人。

二、解除困境的语言技巧

现在的用人单位，常常喜欢在面试中别出心裁地出一些富有挑战性的偏题、难题、怪题，有意"刁难"应聘者，通过"察言观色"考察一个人的品质、潜能、创造性、快速反应能力以及特殊情况下的应变能力等。因此，面临激烈的市场竞争，应聘者不仅要具有基本业务能力和一般的素质，还要能从容自如地面对各种困难，积极妥善地解决比较棘手的问题。

在面对这类问题时，应聘者最重要的是弄清出题者的本意，才能比较圆满地回答问题。下面就一些常见的刁难题目，做一些浅显的分析。

1. 明天去旅游，机票已订好，突然要你加班，怎么办

有不少求职者急于求得工作，肯定不假思索地回答：

> 明天，我肯定是去加班。

以此固然可以表达求职者对工作的认真负责，但这样的回答会让考官认为你是在喊口号，口号叫得越响，到时候跑得越快。最佳答案应该是根据具体情况作答：

> 我会先了解清楚明天的加班是不是非常重要，是不是对公司的业绩影响很大，是不是非得我去，其他同事可不可以代替，如果不可以，我只能将飞机票退了，去加班。

2. 如果录用你，你能长期工作，不跳槽吗

公司都喜欢稳定性的员工，如果回答"会跳槽"，那肯定不会录用你。如果回答"我不会跳槽"，不仅把自己给套住，而且易给人造成能力也许不强的错觉或不真实的感觉，应聘者不妨采取委婉的方式回答：

> 前几天我看到一篇文章，叫作"流行跳槽的时代，我不跳槽"。因为文章的主人公找到了自己满意的工作，有能发挥自己才能的环境和丰厚的收入，我很赞同他的看法。就我求职的愿望而言，我想找一份对口的、满意的工作，我将为它献上我全部的心血。

这样的回答，巧妙而得体。

3. 你学历太低，经历太单纯，不符合我们的要求

这些问题很可能是故意给你施加压力，看你的自我控制能力、你的情绪稳定性如何，看你是否有足够的自信。因此，遇到这类问题要顶住压力，迅速调整自己的心态，沉着、自信地回答面试考官。

对"你的经历太单纯，我们需要经验丰富的人"之类的问题，可以这么回答：

> 对于刚刚走出大学校门的我来说，在工作经验上的确欠缺，但是我的专业知识扎实，而且我相信我的勤奋一定会弥补这方面的不足。

对"你的学历层次太低，达不到我们的要求"之类的问题，可以这么回答："是的，但是……"然后把你在实践经验、专业技能等方面的优势展示给他，这样一来就可以把学历问题避开了，还可以告诉他你很愿意在该公司的支持下通过进修获得所需的学历。

4. 你学计算机的，肯定是专家，请谈谈计算机的发展趋势

其实这里就有一个"陷阱"。有的同学说"好的"，这等于承认自己是专家。讲得好，理所当然；讲得不好，就是故意卖弄。对于这种问题的回答，最好预设前提，可以这么说：

> 不，我不是专家，作为计算机专业的学生，对于这个问题我可以谈一点粗浅的认识……

这样回答，谈得不好，没很大关系；谈得好，反而让人觉得你很谦虚。

三、提问的语言技巧

据有关调查显示，90％的用人单位在面试时，希望求职者能提问，因为他们从提问中可以看出求职者的水平。因此，面试快要结束时，考官经常会问："你有什么问题要问吗？"不少求职者为了表示谦恭，会非常爽快地回答："没有"。其实，这种回答考官往往不太满意。

面试过程中，求职者绝不是一个被动的接受者，只能回答主考人员的问题，而是可以向主考人员提问的。求职者要珍惜提问的机会，不仅要敢于提问，还要善于提问，在提问时态度自然，不卑不亢。

例如，如果求职者对应聘的有关职务能力或有关情况不太清楚，可以通过提问进一步了解，如：

> 请问贵公司想请个什么样的人来担任此职务呢？

不知该职位对计算机和英语有什么要求?

类似的提问,一方面显示求职者对应聘工作的热情,另一方面又加深了考官对求职者的印象。但是,有些提问可能会引起主考人员的不快,如一见面就问:

这个职务,一个月薪水多少?

为此,求职者在提问时应把握以下基本原则。

1. 注意提问的范围

一般来说,所提问题要与求职有关,该职位所需人员的知识结构、能力结构与素质要求等都在可问之列。如:

这项工作的具体职责是什么?
您考虑这个职位的合适人选,应具备一些什么素质?
担任这份职位,我要进行培训吗?
为了做好这份工作,我还要做出哪些努力?

2. 注意提问的时间

在面试提问的过程中,有的问题可以在一开始就提出,有的可以在谈话进程中提出,有的则应在快结束时再提出。例如,待遇问题,录用情况,如果求职者想问,就不能操之过急。因此,要把不同的问题安排在面试谈话的不同阶段提出。否则,毫无目的地乱问,只会把面试搞得更糟。

3. 注意提问的方式和语气

有的问题,可以直截了当地提出来;有的问题,则应委婉、含蓄地提出。
如了解工资待遇等问题,如果直接就问:

你们打算给我开多少工资?

这样的语气就很不礼貌,好像是在谈判,很容易引起主考官的不快和敌视,而应婉转地说:

贵公司有什么奖惩规定?

或者根据自己的条件,如实说出你的期望值的上限。
在提问时,一定要注意语气,要给对方一种诚挚、受到尊重的感觉。

4. 注意提问的深度

考官希望求职者提问,以此考察提问者的知识水平、思维方式、价值观等。因此,求职者决不可信口开河,提出一些肤浅的、幼稚可笑的问题,而应提一些有水平、有深度的问题。

四、应聘时的语言忌讳

1. 忌打听招聘人数

有些人对自己没有信心,担心竞争对手太多,于是就直截了当地问如下之类的问题:

你们招几个人?

录取比例大概是多少?

你们要不要女的?

这样的提问,首先是给自己打了"折扣",是一种缺乏自信的表现。其实,求职者要考虑的不是招聘人数的问题,而是自己是否具有超强的竞争力的问题。

2. 忌过早打听待遇

你们的效益怎样? 年薪多少?

你们管吃住吗? 电话费、车费报不报销?

加班有没有额外补助?

有些应聘者一见面就急着问这些问题,这样做会让对方反感。谈论报酬待遇,是你的权利,无可厚非,关键是要看准时机。一般得在双方已有初步聘用意向时,求职者再委婉地提出来为好。

3. 忌打听熟人

有的求职者想走"后门",面试中急于套近乎,不顾场合地说:

我认识你们的经理。

我和你的××领导是老乡。

上述这种话,主考官听了会反感。如果你说的那个人是他的顶头上司,主考官会觉得你是在以势压人;如果主考官与你所说的那个人关系不怎么好,甚至有矛盾,那么面试的气氛会更加紧张,对你会更加不利。

4. 忌乱拍马屁

有的求职者为了跟考官套近乎,一见面就表现出很熟悉的样子,甚至对考官褒扬有加。这种溜须拍马的方式,不是面试考官所欣赏的。

5. 忌同考官较劲

求职者要尽量避免同面试官争论。有些考官为了考察应聘者的性格,故意制造一些争论问题,如考你一个知识性问题,即使你答对了,他仍说你错了,这时应聘者仍需表现得沉着冷静,避免争执和反驳。

五、女性求职如何回答敏感话题

用人单位在考虑聘用女职员时,常担心婚姻和家庭会影响工作,所以面试时往往提出许多与此相关的问题。因此,能否较好地回答这些问题,直接关系到女性求职者的求职是否成功。

1. 家庭和事业你觉得哪个更重要

这是一个老问题,也是一个难题。招聘单位自然非常希望女性应聘者以事业为重,但也很清楚你希望拥有一个幸福美满的家庭。

求职者直接回答事业与家庭之间存在难以调和的矛盾或根本不存在矛盾,都是不合适

的。你最好抱着工作至上的态度,可以这么回答:

> 我会结婚,但我认为女人最重要的是能够保持自己的活力,女性的最大目标都是要使自己活得有价值。

2. 你是否计划在近期内生育

面试官之所以提出这个问题,就是想知道你在工作和生育的关系问题上所持的态度。女性求职者为什么找工作普遍比较难,这就是主要的原因之一。

为了工作晚结婚、晚生育,当然是用人单位所希望的。但如果真的这样做了,又会让人产生疑惑:一个连孩子都不要的人,如果再有其他利益驱动,她会不会又抛弃一切,包括她曾经为之自豪的工作。

3. 面对上司的非分之想,你会怎么办

女性应聘者在应聘的时候,往往会被问到这种问题。

回答这种问题,最好委婉一些:

> 我非常感激你们提出这些问题,这说明贵单位的高层领导都是光明磊落的人。不瞒诸位说,我先前就是因为老板起了非分之想,我才愤而辞职的,而在当初他们招聘时恰恰没问到这个问题。相比之下,假若我能进入贵单位,就没必要有这种担忧了。

这位女士答得非常精妙。她没有直接回答"该怎么办",因为那是建立在上司"有"非分之想的基础上的。

4. 单位派你出差,你家人或恋人不同意,该怎么办

此类问题,考官是为了了解你的家人或者恋人对你的工作持何种态度。

不少年轻女性面对这个问题可能会马上回答:

> 我现在年轻,不会在家久待,工作才是最重要的,而且我特喜欢出差,一方面能为公司办事;另一方面又可以领略到美妙的自然风光。

出差顺便逛逛风景名胜本在情理之中,但这样的态度会让人觉得你玩心太重,面试官也会对你产生将出差与游览主次颠倒的感觉。你最好这样回答:

> 单位安排我出差,是因为工作上的需要,我和我的家人、恋人都是热爱工作和事业的人,相信他们会支持我。如果他们不同意,我也会想办法说服他们的。

第十章　谈　判　口　才

第一节　谈判口才基础知识

所谓谈判口才,就是在一定的时空条件下,谈判主体运用准确、得体、恰当、有力、生动、巧妙、有效的口语表达策略,同对手进行磋商,以达到特定的经济或政治目的,取得圆满的口语表达效果的艺术和技巧。要想成为一个谈判高手,必须强化谈判口才训练。

一、谈判口才的含义

谈判是什么? 广义地说,凡是生活中的讨价还价都是谈判。狭义地说,谈判是指有准备、有步骤地寻求意见、协调利益,通过口头协商,并以书面形式予以反映的磋商过程。

二、谈判口才的特征

谈判是"谈"出来的,离开了话语言谈,就不称其为谈判了。谈判与口才密不可分,一切谈判都要经过双方人员的口才较量,然后才能达成协议。谈判的过程就是口才的运用和发挥的过程。谈判口才具有以下四个方面的特征。

1. 目的的功利性

促使谈判的动力是人们的需要,谈判各方都是为了满足自己的需要而走到谈判桌前。因此,无论是个人间、组织间,还是国家间的谈判,都为着不同功利需要而在进行着言语交锋。

2. 话语的随机性

谈判必须根据不同的对象、内容、阶段、时机来随时调整自己话语的表达方式,包括不同的句型、语气、修辞,随机应变地运用口才技巧与对方周旋。

3. 策略的智巧性

谈判与论辩一样,既是口才的角逐,也是智力的较量:或言不由衷,微言大义;或旁敲侧击,循循暗示;或言必有中,一语道破;或快速激问,或絮语软磨……出色的谈判大师总是善于鼓动巧舌如簧,调动手中的筹码,而取得理想的成功。

4. 战术的实效性

谈判不同于朋友之间天南地北地聊天,也不同于情人之间的绵绵絮语,谈判注重效率,在战术上具有实效性的特征,这也是它独具的特征之一。谈判之初,参谈各方都有自己预定的谈判决策方案,其中包括准备谈判阶段所安排的内容、进度、目标,以及谈判的截止日期等。这种实效性特征也可以用作迫使对方让步的武器。

三、谈判的分类

谈判可以按不同的标准从不同的角度进行分类。不同类型的谈判,其准备工作、运作、应采用的策略是不尽相同的。了解谈判的类型有助于谈判成功,否则谈判将会是盲目的、无效益的。一般情况下,可以将谈判划分为以下几种类型。

（一）按谈判的性质划分

按照谈判的性质,可以将谈判分为一般性谈判、专门性谈判和外交性谈判。

1. 一般性谈判

一般性谈判指一般人际交往中的谈判,是随意的、非正式的,日常生活中几乎到处存在一般性谈判,双方无须做过多的准备。它具体包括:

（1）家庭场合的谈判。如家人协商周末度假计划;父母与子女协商零花钱的使用等;

（2）公共场合的谈判。如在电影院,观众之间协商调换座位;顾客与水果摊的老板讨价还价等。

2. 专门性谈判

专门性谈判是一种有准备的正式谈判,指各个专门领域中的谈判,包括教育领域中合作办学的谈判、金融领域中的信贷谈判、科技领域中的技术转让谈判、生产领域中的产品开发谈判、商业领域中的贸易谈判,等等。通过谈判,就某项技术交流、经济合作、经贸往来、资金融通、工贸往来等达成一个有利于双方或多方的一致性协议。

3. 外交性谈判

指国与国之间就政治、军事、经济、科技、文化等方面的问题或交流而进行的谈判。外交性谈判程序严谨,准备充分,效果明显,影响较大,谈判的结果对双方都有很大的制约性。

（二）按谈判的主题划分

按照谈判的主题,可以将谈判分为单一型谈判和统筹型谈判。

1. 单一型谈判

单一型谈判的主题只有一个。这种谈判,双方就某个确定的主题在一定的范围内进行磋商。例如,买卖双方针对价格进行谈判,卖方期望价格高,且愈高愈好;而买方则期望价格低,且越低越好。这种差异只能通过谈判来调节,以取得双方都能接受的价格。

单一型谈判的一般规律是首先要分析、掌握有关情况,然后确定对策。通常的做法是双方都会在谈判前确定一个能够接受的"底线",尽量争取好的结果。如果超出这一"底线",谈判将难成功。因此,单一型谈判具有较高的冲突性。

2. 统筹型谈判

统筹型谈判的主题由多个议题构成。这种谈判,双方已不再是"单一型谈判"中的激烈竞争对手,他们能一起合作,同时会得到较多的利益。例如,甲、乙双方围绕一批货物的交付时间和价格进行谈判。在时间问题上,甲方提出最早2个月才能交货,而乙方要求最晚不超过 1 个月交货,这样双方不存在达成协议的可能;而在价格问题上,甲方要求至少 5 万元才能成交,而乙方坚持最多只能考虑 4 万元,双方同样无法达成协议。在这种情形下,单一型谈判方式很难有结果,而用统筹型谈判协议就有可能达成。也就是说,如果乙方愿意在价格上接受 5 万元的成交价,那么甲方也愿意在交货时间上接受乙方不超过 1 个月的时间,双方彼此接受这个折中方法,各退一步,就可达成协议。

统筹型谈判是把双方所存在的两种或多种不同的交换值结合起来,为了得到某项利益,通过统筹考虑而甘愿放弃另一项利益去换取它。因此,在谈判时许多谈判者往往表现在一个问题上坚持自己的利益,而在另一个问题上接受对方的意见,因而双方的冲突性可随之减低。

（三）按谈判的方式来划分

按谈判的方式,可将谈判分为直接谈判和间接谈判。

1. **直接谈判**

直接谈判是指在谈判活动中,参加谈判的当事人双方不需加入任何中介组织或中介人进行的谈判。直接谈判在商务活动中应用非常广泛,包括面对面的口头谈判和利用信函、电话、电传等通信工具进行的书面谈判。

总的来看,直接谈判有以下突出的优点:

（1）及时、快速,不需中间人介入,免去了很多中间手续,使谈判更为高效;

（2）易于保守商业秘密,各方当事人直接参加谈判,保密性更强;

（3）节约谈判费用,不需支付中介费用。

2. **间接谈判**

间接谈判是相对于直接谈判而言的,它是指参加谈判的当事人双方或一方不直接出面参与商务谈判活动,而是通过中介人（委托人、代理人）进行的谈判。这种谈判形式,在谈判活动中应用较为广泛。

一般来说,间接谈判也有以下几个优点:

（1）中介人一般都是谈判一方所在地的代理人,熟悉当地的环境,熟知谈判对方的行为方式,便于找到合理地解决问题的办法;

（2）代理人身处代理的地位,与谈判人没有直接利益冲突,谈判不易陷入僵局;

（3）代理人在授权范围内进行谈判,不易损失被代理人的利益。

（四）按谈判顺序划分

按照议题的商谈顺序,可将谈判分为横向谈判和纵向谈判。

1. **横向谈判**

横向谈判是指在确定谈判所涉及的所有议题后,开始逐个讨论预先确定的议题,在某一议题上出现矛盾或分歧时,就把这一问题暂时放下,接着讨论其他问题,如此讨论下去,直到所有内容都谈妥。

这种谈判的优点在于:

（1）议程灵活,方法多样,多项问题同时讨论,有利于寻找解决问题的变通办法;

（2）有利于谈判人员创造力和想象力的发挥，便于谈判策略和技巧的使用；

（3）不容易形成谈判僵局等。

2. 纵向谈判

纵向谈判指在确定谈判的主要议题后，逐一讨论每一问题和条款，集中解决一个议题，只有在第一个讨论的问题得以解决后，才开始全面讨论第二个议题。

纵向谈判的优点在于：

（1）程序明确，把复杂问题简单化；

（2）每次只谈一个问题，讨论详尽，解决彻底；

（3）避免多头牵制、议而不决的弊病。

四、谈判的过程

（一）开局

谈判的开局对于谈判的结果至关重要，良好的开局等于成功的一半。

开局阶段，是指谈判双方见面后到进入具体实质性谈判之前的那段时间，主要包括建立谈判气氛、交换意见和开场陈述三个内容。

1. 建立谈判气氛

谈判气氛是在谈判一开始由双方谈判人员的相互介绍、寒暄形成的。随着谈判的进展，谈判气氛会发生变化，将对谈判的全过程甚至谈判的结果产生作用和影响。因此，在开局阶段，谈判人员的任务之一就是要为谈判建立一个合适的气氛，为以后各阶段的谈判打下良好的基础。

谈判内容、形式、地点的不同，其谈判气氛也各不相同。一般来说有如下几种情况：

（1）热烈的、积极的、友好的谈判气氛；

（2）冷淡的、对立的、紧张的谈判气氛；

（3）平静的、严肃的、严谨的谈判气氛；

（4）松垮的、节奏较慢的、持久的谈判气氛；

（5）介于上述四种谈判气氛之间的气氛。

一般来讲，通过谈判气氛，可以初步感受到对方谈判人员谈判的气质、个性、对本次谈判的态度以及采取的谈判方针。

2. 交换意见

谈判人员在谈判最初的几分钟，通过愉快的、非业务性的话题，建立了谋求一致的谈判气氛，接着双方将就本次谈判交换意见，这意味着谈判的正式开始。双方能否很好地交换意见，不仅直接影响到能否继续巩固和发展已经建立起来的谈判气氛，还决定着后续谈判能否顺利进行。

3. 开场陈述

开场陈述有两个目的：一是陈述各方立场，二是探测对方意图。因此，开场陈述应把握以下几点：陈述的内容、陈述的方式以及对方对建议的反应。

开场陈述的内容，是指谈判人员要巧妙地应用策略，明白无误地阐述己方的立场和观

点。这时,必须把彼此的观点向对方阐明。一般来说,开场陈述有以下内容:

（1）己方对问题的理解,即认为这次会谈应涉及的问题;

（2）己方的利益,即希望通过洽谈所取得的利益;

（3）己方的首要利益,即阐明哪些方面对己方来说是至关重要的;

（4）己方可向对方做出让步的事情,己方可以采取何种方式为双方获得共同利益做出贡献;

（5）己方的立场,包括双方以前合作的结果,己方在对方所享有的信誉,今后双方合作可能出现的机会和障碍。

（二）磋商

磋商是谈判的实质性阶段。这个阶段是谈判双方开始真正地根据对方在谈判中的言行来不断调整己方策略的过程,也是一个信息逐渐公开、筹码不断变化、障碍不断清除、努力走向成交彼岸的过程。

这个过程的实质,是通过对交易条件的讨价还价,从分歧、对立、差距到协调一致,包括对谈判双方分歧的分析、施加压力和抵御压力、提出要求与让步、形成僵局和打破僵局等复杂内容。因此,这一阶段的把握程度对达到预期的目标、取得谈判的成功起着决定性的作用。

（三）结束

当谈判到了快成交的阶段,为了使谈判圆满结束,选择结束谈判的方式至关重要。谈判的结束方式,包括每一场谈判的结束方式和整个谈判的结束方式。

整个洽谈的结束有两种可能:一种是洽谈破裂,一种是签订协议而成交。

1. 洽谈破裂

当谈判可能破裂时,在整个洽谈结束时,要充分注意洽谈的气氛和可能的转机。

当对方主谈人宣布其最后立场和观点后,己方主谈人应设身处地地为对方分析其立场的利弊,并言辞友好、态度诚恳,使对方感到己方的诚意,为以后复谈创造机会。

2. 签订协议

当谈判成交时,双方应及时握手以结束谈判。但是在握手时,主谈人首先应对所有达成一致的问题加以清理,以防止遗漏,为最后的签约做好准备。这时可以这样讲:

> 很高兴双方达成协议,使艰苦的洽谈得以结束。让我们双方梳理一下已达成的协议,以便形成文字。若有遗漏,允许补充。

> 我们很高兴与贵方达成协议,我们将向上级汇报我们的洽谈结果。若有什么问题再商量,请贵方原谅。

这样讲既能留有余地,又不失礼节。

最后,应将所有谈判的结果形成文字,包括技术附件和合同文本,并约定好签约的时间和方式等具体操作性问题。

五、谈判口才的心理素养

一位谈判高手曾说："自信使人心服。相信你在谈判论辩进程中的表现。如果做不到这一点，你就失去了机会。"的确，我们无法想象一个畏畏缩缩的人如何在谈判中获得成功。自信从哪里来？自信来源于谈判前的充分准备和谈判中的沉着与微笑。要使谈判顺利、有效地进行，必须具备以下心理素养。

1. 保持充分自信

谈判前的准备包括积极分析资源（如利我资源、利他资源、弊我资源、弊他资源等），搜集主题信息，丰富相关知识（包括谈判的技巧知识和谈判主题所涉及的各方面知识）。

2. 善于控制情绪

尽管谈判桌不是战场，但是对不同的观点进行论辩、妥协，总会出现许多情绪异常激动的场面。在这种情况下，你必须很好地控制自己的情绪，什么时候该收敛情绪，什么时候该释放情绪，都要根据谈判的进程而定，千万不要让情绪主宰了你，而使自己成了情绪的奴隶。

3. 注意认真倾听

心理学研究发现，在语言交流中，人们更愿意被倾听。因此，对于谈判者来说，不仅需要运用机智幽默的语言阐述自己的观点，同时还需要养成一个重要的优秀品质，那就是认真倾听对方的谈话。这一方面体现了你对对方的尊重，体现了自身良好的人格修养和人格魅力，给对方以威慑。

第二节　谈判中的语言表达

一、谈判开始时的入题语言

谈判双方在刚进入谈判场所时，难免会感到拘谨，尤其是谈判新手，在重要谈判中，往往会产生忐忑不安的心理。为此，必须讲求入题技巧，采用恰当的方法来轻松入题。

1. 从题外话入题

为避免谈判时双方单刀直入、过于直露，造成谈判气氛严肃紧张，谈判时可采用迂回入题的方法，具体可从以下几方面入手。

（1）谈论有关季节或天气情况的话题。

（2）谈论目前流行的有关社会新闻、旅游、艺术、社会名人等话题。

（3）谈论有关嗜好、兴趣的话题。

（4）谈论有关衣、食、住、行的话题。

（5）谈论有关健康的话题。

（6）谈论有关谈判己方人员的情况，可简略介绍自己一方人员的职务、学历、经历、年龄等，既打开了话题，消除了紧张气氛，又可以使对方了解己方谈判人员的基本情况，显示自己的谈判力量和阵容,在气势上占据优势。

2.从"自谦"开始入题

在谈判开局时,常常用到自谦。例如,对方在己方地点谈判,则可以谦虚地表示各方面照顾不周,向对方表示歉意;或者由主谈人介绍自己的经历,谦虚地说明自己缺乏谈判经验,希望通过谈判,学习经验,建立合作、友谊关系,也可称赞对方的到来使我处蓬荜生辉;或者从介绍自己一方的生产、经营、财务状况入题,先声夺人,在提供给对方一些必要资料的同时,又充分显示己方雄厚的财力、良好的信誉和优质价廉的产品等基本情况,从而坚定了对方谈判的信心。总之,迂回入题要从双方都熟悉的话题开始,做到新颖、巧妙、不落俗套。

3.先谈细节,后谈原则性问题

围绕谈判的主题,可先从洽谈细节问题入题,条分缕析,丝丝入扣,谈妥各项细节问题之后,也就可以自然而然地达成原则性的协议。

4.先谈一般原则,后谈细节问题

一些大型的经贸谈判,由于需要洽谈的问题千头万绪,双方高级谈判人员不应该也不可能介入全部谈判,往往要分成若干等级,进行多次谈判,这就需要采取先谈原则问题,再谈细节问题的方法入题。一旦双方就原则问题达成一致,也就可以洽谈细节问题了。

5.从具体议题入手

大型商务谈判,总是由具体的一次次谈判组成,在具体的每一次谈判会议上,双方可以首先确定本次会议的商谈议题,然后从这一具体议题入手进行洽谈。具体的议题宜小不宜大,一般可按单位时间考虑。但采用这种技巧要有统一的规划和安排,要避免形成"马拉松"式的局面。

6.让对方先开口

在商务谈判中,当你不是很了解市场情况或者产品的定价,或者当你尚未确定购买何种产品,或者你无权直接决定购买与否的时候,你一定要坚持让对方首先说明可提供何种产品,产品的性能如何,产品的价格如何等,然后,你再审慎地表达意见。有时即使你对市场态势和产品定价比较了解,也不妨让对方阐述利益要求、报价和介绍产品,然后,你在此基础上提出自己的要求,这种后发制人的方式,常能收到奇效。

7.以诚相待

谈判中应当提倡坦诚相见,不但将对方想知道的情况坦诚相告,而且可以适当透露我方的某些动机和想法。坦诚相见是获得对方同情和信赖的好方法,人们往往对坦率诚恳的人有好感。不过,应当注意,与对方坦诚相见,难免存在一定的风险。对方可能利用你的坦诚,逼迫你做出让步,你也可能因为坦诚而处于被动地位。因此,坦诚相见是有限度的,并不是将一切和盘托出,应以赢得对方信赖,又不使自己陷于被动为原则。

二、谈判中的提问技巧

（一）提问的分类

商务谈判中,提问是推动谈判层层深入的主要手段。提问时哪些问题该问,哪些问题不该问,为了达到某一目的应该怎样问,以及问的时机、场合、环境等,对一个谈判人员来讲是非常重要的。通常谈判可分为开放式提问、封闭式提问、婉转式提问和澄清式提问。

1. 开放式提问

开放式提问可以让谈判对手回答时不受约束,能畅所欲言。它常用于营造谈判氛围。如"请问您对我公司的印象如何","您对当前市场销售状况有什么看法"等。

2. 封闭式提问

封闭式提问语言直白,明确具体,它常用于具体业务内容的洽谈。如,"您是否认为售后服务没有改进的可能"等。

3. 婉转式提问

婉转式提问是采用婉转的语气或方法,在适当的场所或时机向对方提问。这种提问,既可避免被对方拒绝而出现难堪局面,又可以自然地探出对方的虚实,达到提问的目的。例如,谈判一方想把自己的产品推销出去,但他并不知道对方会不会接受,于是试探地问:"这种产品的功能还不错吧? 您能评价一下吗?"如果对方有意,他会接受。如果对方不满,他的拒绝也不会使问方难堪。

4. 澄清式提问

澄清式提问是针对对方的答复重新措辞,使对方证实或补充原先答复的一种提问。例如,"您刚才说,对目前正在进行的这宗生意可以取舍,这是不是说您拥有全权与我进行谈判?"这样不仅能确保谈判双方在同一语言层面上沟通,而且可以从对方那里进一步得到澄清、确认的反馈。采用这些提问的目的,是为了摸清对方的真实需要,掌握对方的心理状态,进而表达自己的意见和观点,将提问作为解决问题的重要手段。

(二)提问时的注意事项

1. 注意提问的内容

提出问题是我们获取信息、发现对方需要的一个有效手段,但并非任何问题都可以问,一般在谈判中不应提出以下问题。

(1)不应该问及有关对方个人生活、工作的问题。保持个人隐私对大多数国家与地区的人来讲是一种习惯。比如家庭情况、收入、太太年龄。

(2)不要提出含有敌意的问题。一旦问题含有敌意,就会损害双方的关系,最终影响交易的成功。

(3)不要提出有关对方品质的问题。如指责对方在某个问题上不够诚实等。事实上,谈判中双方真真假假,很难用诚实这一标准来评判谈判者的行为。如果要审查对方是否诚实,可通过其他的途径。当你发现对方在某些方面不诚实时,你可以把你所了解或掌握的真实情况陈述一下,对方会明白的。

(4)不要故意提出一些问题。不要提与谈判内容毫不相关的问题,以显示自己的"好问"。

2. 注意提问的时机

提问的时机很重要。掌握提问的时机,可以控制谈话的方向。可在以下几个时间来提问。

（1）在对方发言完毕之后提问。对方发言的时候，要认真倾听，一般不要急于提问，针对这些内容考虑成熟后再提问。因为打断别人发言是不礼貌的，容易引起别人的反感。即使发现对方的问题，很想立即提问，也不要打断对方，可先把想到的问题记下来，待对方发言完毕后再进行提问，并且一问就要问到点子上。

（2）在对方发言停顿、间歇时提问。在谈判中，如果对方发言冗长，或不得要领，或纠缠细节，或离题太远而影响了谈判的进程，你可以借他停顿、间歇时提问，这是掌握谈判进程，争取主动的必然要求，但同时又不要使对方感到拖沓、沉闷。例如，"您刚才说的意思是……""细节问题我们以后再谈，请谈谈您的主要观点好吗？""第一个问题我们听明白了，那第二个问题呢？"

（3）自己发言前后提问。在谈判中，当轮到自己发言时，可以在谈自己的观点之前，对对方的发言进行提问。这些提问，不必要求对方回答，而是自问自答。这样可以争取主动，防止对方接过话，影响自己的发言。例如，"您刚才的发言要说明什么问题呢？我的理解是……""针对这个问题，我谈几点看法""价格问题您讲得很清楚，但质量和售后服务怎样呢？我先谈谈我们的要求，然后请您答复。"在充分表达自己的观点之后，为了使谈判沿着自己的思路发展，牵着对方的鼻子走，通常要进一步提出要求，让对方回答。例如，"我们的基本立场和观点就是这样，您对此有何看法呢？"

三、谈判中的回答技巧

1. 回答问题之前，要给自己留有思考的时间

对于商务谈判中所提出的问题，必须经过慎重考虑后，才能回答。有人喜欢对方提问的语音刚落，就马上回答问题，这种做法很不科学。谈判者对问题答复的好坏与思考的时间成正比。在谈判过程中，绝不是回答问题的速度越快越好。人们通常认为，如果对方问话与我方回答之间所空的时间越长，就会让对方感觉我们对此问题欠准备，或以为我们几乎被问住了；如果回答得很迅速，就显示出我们已做好了充分的准备，也能显示出我方的实力。而谈判经验告诉我们，在对方提出问题甚至不断地催问时，作为答复者一定要保持清醒的头脑，沉着稳健，不追求"有问必答，对答如流"的虚荣，也不必顾忌对方的催问，而是应该坦率地告诉对方，你必须进行认真思考后才能回答。

2. 把握对方提问的目的和动机，针对提问者的真实心理答复

谈判者在谈判桌上提出问题的目的往往是多样的，动机也往往是复杂的。如果我们经过周密思考，准确判断对方的用意，便可做出一个恰如其分的回答。在一次宴会上，美国著名诗人艾伦·金斯伯格向中国作家提出一个怪谜，并请中国作家回答。这个怪谜是"把一只五斤重的鸡装进一个只能装一斤水的瓶子里，用什么方法把它拿出来？"中国作家回答说："您怎么放进去的，我就会怎么拿出来。您凭嘴说就把鸡装进了瓶子，那么，我就用语言这个工具再把鸡拿出来。"此可谓绝妙回答的典范。在商务谈判中，有时提问者为获取出奇效果，有意识地含糊其词，使所提问题模棱两可，此时，如果答复者没有摸清提问者的真实心理，就可能在答复中出现漏洞，使对方有机可乘。因此，答复者在遇到这种情况时，一

定要先进行认真分析,探明对方的真实心理,然后针对对方的心理作答,不可自作聪明,按自己的心理假设答复。例如,对方在谈判时询问我方的供货能力,这有可能是对方要大量订货,也有可能想了解我方的库存情况,还有可能要估算产品的成本。在没有摸清对方意图的情况下,不能贸然作答,等明确对方的真实心理后,再伺机回答。

3. 模糊答复,不要彻底地回答对方的提问

在商务谈判中,对方提出问题或是想了解我方的观点、立场和态度,或是想确认某些事情,对此,我们可视情况而定。对于应该让对方了解的,或者需要表明我方态度的问题要认真回答;对于那些可能会有损己方形象、泄密或无聊的问题,谈判者也不必为难,回答时可闪烁其词,不做明确的答复,留有较大的灵活性,有时不予理睬是最好的回答。当然,用外交活动中的"无可奉告"一语来拒绝回答,也是回答这类问题的好办法。我们回答问题时可以将对方问话的范围缩小,或不做正面回答,而对答复的前提加以修饰和说明。例如,对方询问我方产品质量如何,我方不必详细介绍产品所有的质量指标,只需回答其中主要的某几个指标,从而造成质量很好的印象即可。又例如,"这件事我们会尽快解决。"这里的"尽快"就很有弹性,具体时间到底是什么时候,并没有说清楚,有很大的回旋余地。

4. 不要确切回答对方的提问

有时,对方提出的某个问题我方可能很难直接从正面回答,但又不能以拒绝回答的方式来逃避问题。这时,谈判高手往往采用避正答偏的办法来回答,即在回答这类问题时,故意避开问题的实质,而将话题引向歧途,借以破解对方的进攻,通常这是应付对方的一个好办法。一位西方记者曾讽刺地问周恩来总理一个问题:"请问,中国人民银行有多少资金?"周总理深知对方在讥笑中国的贫困,如果实话实说,自然会使对方的计谋得逞,于是他答道:"中国人民银行货币资金嘛,有十八元八角八分。中国银行发行面额为十元、五元、二元、一元、五角、二角、一角、五分、二分、一分的主辅人民币,合计为十八元八角八分。"周总理巧妙地避开了对方的话锋,使对方无机可乘,被中国人民传为佳话。在商务谈判中既避开了提问者的锋芒,又给自己留下了一定的余地,实为一箭双雕之举。又如,当对方询问我方是否可将产品的价格再压低一些时,我方可答复:"价格确实是大家关心的问题,不过,我方产品的质量和我们的售后服务是第一流的。"也可以这样回答:"是的,我想您一定会提出这一问题,我会考虑您的建议,不过请允许我提一个问题……"

5. 对于不知道的问题不要回答

参与谈判的人不是全能全知的。谈判中尽管我们准备得很充分,也会经常遇到陌生难解的问题,这时,谈判者切不可为了维护自己的面子强做答复,因为这样不仅有可能损害自己的利益,而且对自己的面子也丝毫无补。有这样一个实例:我国某公司与美国公司谈判合资建厂事宜时,外商提出有关减免税收的请求。中方代表恰好对此不是很有研究,或者说是一知半解,可为了能够谈成,盲目地答复了,结果使己方陷入非常被动的局面。经验和教训一再告诫我们:谈判者对不懂的问题,应坦率地告诉对方不能回答,或暂不回答,以避免付出不应付出的代价。

6. 答非所问

有些问题可以通过答非所问的方式来给自己解围。经验丰富的谈判人员往往在谈判

中运用这个方法。表面上看讲话人似乎头脑糊涂、思维有问题，实则不然，这种人往往高明得很，对方也拿这种人毫无办法。答非所问在知识考试和学术研究中是不能给分的，然而从谈判技巧的角度来研究，却是一种对不能不答的问题的一种行之有效的答复方法。

例如，古代有一个较为精明的骗子，他从别人那里借来一匹马，便牵去与一个财主进行交换。财主问："你的马是从哪里来的?"，他回答道："我想要买马的念头已有两年了。"财主又问："为什么要换?"他回答道："这马比你的马跑得快。"这两句话的回答全是答非所问，换马的骗子就是用这样灵活的方式，回避了一个事实，即马是他人的，换马是想要骗走财主的马。结果此人的计谋得逞了。谈判中，我们并不主张像这个骗子一样在谈判中行骗，谈判必须建立在双方相互信赖的基础上，但是在双方利益相冲突时，如何巧妙地回答对方有关利益分割方面的问题，倒是应该从这一案例中得到一些启发。

7. 以问代答

商务谈判中有时可以以问代答。以问代答，顾名思义，就是当谈判中遇到一时难以回答的问题时，反问对方以代替自己作答。此方法如同把对方踢过来的球踢过去一样，请对方在自己的领域内反思后寻找答案。例如，在商务工作进展不是很顺利的情况下，其中一方问另一方："你对双方合作的前景怎样看待?"这个问题在此时可谓十分难回答的问题。善于处理这类问题的对方可以采取以问代答的方式："那么你对双方合作的前景又是怎么看待的呢?"这时双方自然会各自在自己的脑海中加以思考和重视，对于打破窘境起到良好的作用。商务谈判中运用以问代答的方法，对于应付一些不便回答的问题是非常有效的。

8. 恰当地运用"重申"和"打岔"

商务谈判时，要求对方再次阐明其所问的问题，实际上是为自己争取思考问题的时间的好办法。在对方再次阐述其问题时，我们可以根本不去听，而只是考虑如何做出回答。当然，这种心理不应让对手有所察觉，以防其加大进攻的力度。

另外，如果有人打岔也是件好事，因为这可以为我们赢得更多的时间来考虑。在商务谈判中，有些富有谈判经验的谈判人员，估计到谈判中会碰到某些自己一时难以回答而又必须回答的、出乎意料的棘手的问题，为了能够赢得更多的时间，就事先在本组内部安排好某个人，专门在关键时间打岔。打岔的方式是多种多样的，比如借口外面有某某先生的电话、有某某紧急的文件需要某某先生出来签个字等。有时，回答问题的人自己可以借口去洗手间方便一下，或去打个电话等来拖延时间。

谈判中的回答不以正确与否来评论，对对方的答复是为了实现己方的目的和利益。谈判中的回答应该是一种解释、证明、反驳或传递观点的过程。回答时不仅应当采取容易为人接受的方法，而且应当巧立新意、渲染观点、强化效果。此外，谈判中的回答也应在准备工作中就列入考虑，以便对对方可能提出的问题及早做好对策；在未搞清对方真正意图的情况下，千万不要随便作答；回答时一定要谨慎，把握回答的分寸、方式、态度等。

四、谈判中的说服技巧

说服是一种通过沟通使听话人自愿改变其信仰、态度或行为的活动。依靠理性的力量和情感的力量，通过自己的语言策略，令对方朝着对自己有利的方向改变。说服可以使他人改变初衷,心悦诚服地接受你的意见,它是谈判过程中双方沟通的重要组成部分。能否有效地说服对方接受自己的观点,对于谈判过程中双方之间的关系以及最终达成的协议有着重要的作用。有效的说服能够使双方尽快接受有关意见,避免双方在谈判过程中不必要的对抗,大大地缩短磋商过程,提高谈判效率,加快谈判进程。

谈判的说服技巧是丰富多彩、千变万化的。在运用各种说服技巧的过程中,有些要领必须掌握。

1. 先易后难,步步为营

谈判应当按"先易后难"的原则去安排。当谈判双方利害冲突不大时,更容易取得初步成效,并使双方从一开始就显示出合作的诚意和彼此的信任,从而为谈判的进展创造了更加友好的气氛。

2. 先直言利,后婉言弊

在说服对方时,为了满足对方对谈判结果的心理需求,不仅要对己方的主张晓之以理,而且更应侧重言之以利。但只言利而不言弊的单方面论据往往会引起对方的猜疑,因为,人们不会相信你的提议纯粹是为了让他们一方得到好处。因此,要成功地说服对方免不了要兼言利与弊两个方面,把好与坏的信息全部传递给对方。在陈述过程中,一般的原则是先言有利的一面,然后再以委婉的口气陈述弊的一面。为了迎合对方的需求,示之以利,就有助于激发对方的兴趣与热情。而且,这种"先入为主"的思维定式往往会使对方更注重他得到的第一个信息。这样,当我们委婉地讲到关于弊的第二个信息时,不但不会削弱第一个信息的印象,相反,我方还会给对方留下坦率、真诚的良好印象,从而使对方接受这个利大于弊的方案。

3. 强调互利,激发认同

谈判中交织着冲突与合作的双重因素,没有冲突就不需谈判,而没有合作,谈判中各执一端,冲突就无法解决。谈判的成功与否取决于合作与冲突的强弱。强调利益的一致性比强调利益的差异性更容易提高对方的认同程度和接纳的可能性。因此,在谈判中,我们应当更多地强调双方利益的一致性与互惠的可能性,这样就有助于激发对方在认同自身利益的基础上接受你的建议。谈论共同之处可引起对方的兴趣,随着谈话的进一步深入,还可增强彼此的亲近感和信任感。在说话时,要避免那种盛气凌人、我行我素的态度。

4. 恩威并施,刚柔相济

由于谈判中双方难免会产生各种对立的意见分歧,作为谈判的双方既要维护自己的应得利益,又要满足对方的必要需求。有经验的谈判者应当根据己方的合理需求和对方的必要利益,凭借自己的实力、经验和技巧,做到恩威并施,刚柔相济。在涉及我方应得的必要利益的问题时,应凭借我方的实力与优势,施展强攻的心理战与语言对策,显示"刚"的威力,迫使对方在这些问题上做出让步;而在涉及对方应得的必要利益问题上,则应理解对方的实际需求,做出必要的退让。这样,"刚"的威力在"推"着对方;"柔"的吸引力在"拉"着对方,说服的成功就有了双重的保证,达成的协议也体现了利益均沾的互惠性。

5. 投其所好,取我急需

谈判的任何一方都是以满足自己的需要为主要目标的,但在现实谈判中,双方都不可能全面满足自己的所有需求,而任何一方的各种需求也不是没有主次之分的。因此,需要在说服过程中尽量去发现对方的迫切需要或第一位需要。如果我们发现了对方的迫切需要与我方的第一需求并不重合,那么我们就可以比较容易地提出一个"投其所好,取己所需"的方案,从而达到一拍即合的良好效果。而如果双方的第一需要是重合的,那么就要求双方在第一需要的问题上各自做出相应的退让,找出一个合适的接合点,或对第二级、第三级需要做出相应的调整,这样的提议,也是有可能说服对方的。

6. 设身处地,动之以利

在谈判桌上,人们无时无刻不在计算自己一方获利的多少。因此,一个谈判高手知道,利益是说服对方改变想法的重要杠杆。谈判者对谈判成功的欲望,往往与他们从成交方案中获利的大小成正比。因此,我们要说服对方,应及时、适当而有的放矢地强调某一提议的实施对双方的好处,特别要强调切中对方第一需要的各项条件,从而影响对方去思考权衡,进而影响谈判的结果。另外,在阐之以利的过程中,还要注意一个立足点的问题,即把思维与表述的立足点从己方转到对方的立场,设身处地地阐明建议对满足对方需求的好处。这样做的好处在于它能使说服者的立场、角度与对方相一致,无形中缩小了与对方的心理距离,使对方对我方产生一种"理解我并为我着想"的印象,自然就会对我方的说服产生较强的认同感。

7. 多言成果,淡化争议

为了更好地说服对方,我们应十分珍惜和充分运用已取得的谈判成果,应当重点、反复强调已解决的问题,赞扬双方前阶段谈判的真诚意向和良好合作气氛,而不应单纯去强调未解决的有争议的问题。这样有助于增强对方合作的信心和决心,鼓励和说服对方始终以积极的态度互相理解,互相体谅,以不断淡化争议,扩大战果,直至达成协议。

8. 兼听为先,后发制人

当谈判进入关键阶段,关键问题上的分歧逐步显露,争议也会越来越激烈。这时候不宜操之过急,强加于人。争议已进入了关键性的讨价还价阶段,要说服对方,关键不在于你先强调了什么、多说了什么,而在于你能让对方相信什么。所以,这时候不应急于发表意见,不应迫不及待地反驳对方,而应冷静地倾听谈判桌上的各种意见,从中找出双方利益冲突的关键所在,找到双方可求之同与应存之异,然后再提出更全面、更成熟、更易于为双方接受的方案。这样的方案常常更具有说服力。

9. 多言事实,少说空话

事实是人们可以凭借感官和经验予以验证的东西。在谈判中,有的人喜欢用空话、大话来炫耀自己的产品,什么"质量上乘""人见人爱""誉满全球""领导时代新潮流"等,这除了给人以自吹自擂的感觉外,是不能说服对方的。为了说服对方,应力戒"肥皂泡"式的空话,而注意多用确凿的事实,用有代表性的典型事例说话,让对方凭借自己的实践经验和独立思考来获取结论。

随着当今社会经济的发展,人们越来越多地参与到了商务谈判中,为了达到互惠互利的目的,巧妙地采用一些说服手段是必不可少的。说服技巧变化万千,所适用的场合也绝不仅仅限于上述情况。虽然说服技巧不能盲目地应用于各种场合,但只要谈判者抓住机会,晓之以理,动之以情,真诚地为双方的共同利益着想,定会有助于取得理想的谈判效果,达到预期的目的。

五、谈判中的倾听技巧

1. 要耐心专注地倾听

倾听对方讲话,必须集中注意力,同时,还要开动脑筋,进行分析思考。对方的话还没有说完,听话者大都理解了,思想稍一疏忽,也许恰在这时,对方传递了一个至关重要的信息,听话者就错过了,当然再后悔也没有用了。因此,听者要尽量做到耐心专注地围绕对方的发言进行思考,使自己的注意力始终集中在对方发言的内容上。首先要了解你在听别人讲话方面有哪些不好的习惯,你是否经常对别人的话匆忙做出判断?是否经常打断别人的话?是否经常制造交往的障碍?了解自己听的习惯是正确运用听的技巧的前提。美国的朱迪·皮尔逊博士把"听"分为两种形式,即积极的听与消极的听。积极的听,就是在重要的交谈中,听者全神贯注,充分调动自己的知识、经验储备及感情等,使大脑处于紧张状态,以便在接收信号后立即进行识别、归类、解码,并做出相应反应,比如表示理解或疑惑、支持或反对、愉快或难过等。消极的听,就是指在一般的交谈中,听者处于比较松弛的状态,即在一种随意状态中接受信息。比如,平时家庭中的闲谈或者非正式场合下的交谈等。积极的听既有对语言信息的接收,也有对语言信息的反馈。

2. 要有鉴别地倾听

在专心倾听的基础上,为了达到良好的倾听效果,可采取有鉴别的方法来倾听对手发言。通常情况下,人们说话时边说边想,来不及整理。有时表达一个意思要绕着弯子讲许多内容,从表面上听,根本谈不上什么重点突出。因此,听话者就需要在用心倾听的基础上,鉴别信息的真伪,去粗取精、去伪存真。这样才能抓住重点,收到良好的听的效果。

3. 要积极主动地倾听

谈判双方一旦坐在谈判桌前,就要想方设法摸清对方的底细,发现对方的需要,同时,还必须准备及时做出反应。在谈判中积极主动的倾听不等于只听不说。要学会倾听,善于倾听,要克服以下几种带有偏见的听。

(1)自己先把别人要说的话做个标准或价值上的估计,再去听别人的话。当对方正在讲话时,这种有偏见的听讲者往往会在心里判断,对方接下来要说的是不重要的、没有吸引力的、太复杂的和老生常谈的内容,于是,他便一边听一边希望对方赶紧把话题转入重点或者结束讲话。有偏见的听讲者常常会按自己的好恶对别人的话进行曲解,常常根据自己过去的经验把对方的话限制在自己所设的某种条件中。也就是说,常常自以为是地把某些话附加上自己的意义。这样就不能真正理解对方的话。

(2)因为讨厌对方的语音语调而拒绝听对方讲话的内容。即使对方的话很重要或者有许多值得注意的地方,也会因为讨厌其语音语调而不想听其讲话的内容,故不能从其中获得确实有用的信息。

(3)有些谈判者尽管心里明明在想别的事情,却为了使讲话者高兴而假装自己很注意听。伪装实际上也是一种偏见。伪装的听者往往有一个共同的特征,就是双眼直愣愣地盯着讲话者,做出一副洗耳恭听的样子。因为他们把注意力都集中在伪装的姿态上,所以根本没有余力去专心倾听讲话内容。还有一种伪装者喜欢试着去记住别人的每一句话,却把话题的主要意义忽视了。这种伪装者常使讲话者以为他们的确是在专心倾听。因此,这种伪装的倾听很容易使双方产生误会,影响沟通。

4. 要克服先入为主的倾听

先入为主地倾听,往往会扭曲说话者的本意,忽视或拒绝与自己心愿不符的意见。这种做法是错误的,因为听话者不是从谈话者的立场出发来分析对方的讲话,而是按照自己的主观来听取对方的谈话,其结果往往是将听到的信息变形地反映到自己的脑中,导致己方接受的信息不准确、判断失误,从而造成行为选择上的失误。将讲话者的意思听全、听细是倾听的关键。

5. 要给自己创造倾听的机会

一般人往往认为在谈判中,讲话多的一方占上风,最后一定会取得谈判的成功,其实不然。如果谈判中有一方说话滔滔不绝,垄断了大部分时间,那也就没有谈判可言了。因而应适当地给自己创造倾听的机会,尽量多给对方说话的机会。也就是说倾听者要采取一些策略方法,促使讲话者保持积极的讲话状态,主要有三种形式。

(1)鼓励。面对讲话者,尤其是没有经验、不善演讲的谈话者,需要用微笑、目光、点头等赞赏的形式表示呼应,显示出对谈话的兴趣,促使对方继续讲下去。谈判中,只听对方所述的事实是不够的,还要善于抓住背后隐喻着的主题需要。在这里,关键不在于对方说什么,而在于他怎么说。一个合格的谈判者应该是观察人的行家,要有敏锐的洞察力。在谈判中,对方的措辞、表达方式、语气甚至声调,都能为自己提供线索,要善于发现对方一言一行背后隐藏的含义,从客观实际出发,合理客观地分析对方的言行。

(2)理解。谈判过程中谈判人员不仅要耐心认真地听,而且要不时地做出反馈性的表示,例如欠身、点头、摇头、摆手、微笑或重复一些较为重要的句子,或提出几个能够启发对方思路的问题,从而使对方产生被重视感,有利于谈判气氛的融洽,这也是对讲话者的积极呼应。

(3)激励。适当地运用反驳和沉默,也可以激励谈话。这里的反驳不是指轻易打断对方讲话或插话。当对方征求你的意见或停顿时,反驳才是适宜的。沉默不等于承认或忽视,它可以表示你在思考,是重视对方的意见,也可能是在暗示对方转变话题。通常在简明地表达自己的意见以后,加上一句"我很想听听贵方的高见。"或"请问您的意见如何?"从而把发言的机会让给对方。

6. 要创造良好的谈判环境

人们都有这样一种心理,即在自己所属的领域里交谈,无须分心于熟悉环境或适应环境。而在自己不熟悉的环境中交谈,则往往容易变得无所适从,导致发生正常情况下不该发生的错误。可见,有利于己方的谈判环境,能够增强自己的谈判地位和谈判能力。事实上,美国心理学家泰勒尔和他的助手兰尼俄做过一次有趣的试验,证明了许多人在自己客厅里谈话,比在他人客厅里谈话更能说服对方这一观点。因此,对于一些关系重大的商务谈判工作,如果能够进行主场谈判是最为理想的。因为这种环境下会有利于己方谈判人员发挥出较好的谈判水平。如果不能争取到主场谈判,至少也应选择一个双方都不十分熟悉的中性场所,这样也可避免由于场地优势给对方带来便利而给己方带来不便。

7. 倾听时要做好必要的记录

俗话说"好记性不如烂笔头"。谈判中,由于人人都处在高度的紧张之中,想仅凭脑子记下对方所谈的全部内容根本是不可能的。因此,做一定的记录是必要的,甚至可以进行录音。记笔记的好处在于,一方面,笔记可以帮助自己记忆和回忆,而且也有助于在对方发言完毕之后,就某些问题向对方提出质询,同时,还可以帮助自己进行充分的分析,理解对方讲话的确切含义与精神实质;另一方面,通过记笔记,可以给讲话者留下重视其讲话内容的印象。当停笔抬头看讲话者时,又会对其产生一种鼓励作用。对于商务谈判这种信息量较大较为重要的活动来讲,一定要动笔做记录。过于相信自己的记忆力而很少动笔做记录的做法对谈判来讲是不利的。因为谈判过程中,人的思维在高速运转,大脑需要接受和处理大量的信息,加上谈判现场的气氛又很紧张,同时对每个议题都必须认真对待,仅仅靠记忆是办不到的。实践证明,即便一个人记忆力再好也只能记住谈话的大概内容,有的人干脆忘得干干净净。因此,记笔记是必不可少的。

第三节 谈判的技巧

一、确定谈判态度

在商业活动中,人们面对的谈判对象多种多样,不能拿同样的态度对待所有谈判。人们需要根据谈判对象与谈判结果的重要程度,来决定谈判时所要采取的态度。

如果谈判对象对己方很重要,比如长期合作的大客户,而此次谈判的内容与结果对己方并非很重要,那么就可以抱着让步的心态进行谈判,即在己方没有太大损失与影响的情况下满足对方,这样做对于以后的合作会更加有利。

如果谈判对象对己方很重要,而谈判的结果对己方同样重要,那么就抱持一种友好合作的心态谈判,尽可能达到双赢,将双方的矛盾转向第三方,比如市场区域的划分出现矛盾,那么可以建议双方一起或协助对方去开发新的市场,扩大区域面积,将谈判的对立竞争转化为携手合作。

如果谈判对象对己方不重要,但谈判结果对己方非常重要,那么就以积极竞争的态度参与谈判,不用考虑谈判对手,完全以最佳谈判结果为导向。

如果谈判对象对己方不重要,谈判结果对己方也无足轻重,那么就可以轻装上阵,不要把太多精力消耗在这样的谈判上,甚至可以取消这样的谈判。

二、充分了解对手

"知彼知己,百战不殆",在商务谈判中这一点尤为重要。对对方的了解越多,越能把握谈判的主动权,就好像我们预先知道了招标的底价一样,自然成本最低,成功的概率最高。

了解对手时,不仅要了解对方的谈判目的、心理底线等,还要了解对方公司的经营情况、行业情况、谈判人员的性格、对方公司的文化、谈判对手的习惯与禁忌等，这样可以避免因文化、生活习惯等方面的矛盾，对谈判产生额外的障碍。

此外，需要了解并掌握其他竞争对手的情况。比如，一场采购谈判，己方作为供货商，要了解可能和我们谈判的对方进行合作的其他供货商的情况，有可能和自己合作的其他采购商的情况，这样就可以适时给出较其他供货商略微优惠的合作方式，那将很容易达成协议。如果对方提出更加苛刻的要求，就可以把其他采购商的信息拿出来，让对方知道我们是知道底细的，同时暗示我们有很多合作的选择。反之，作为采购商，也可以采用同样的反向策略。

三、准备多套方案

谈判双方最初各自拿出的方案都是对自己非常有利的，而双方又都希望通过谈判获得更多的利益。因此，谈判结果肯定不会是双方最初拿出的那套方案，而是经过双方协商、妥协、变通后的结果。

在双方你推我拉的过程中，常常容易迷失最初的意愿，或被对方带入误区，此时最好的办法就是多准备几套谈判方案，先拿出最有利的方案，没达成协议就拿出其次的方案，还没有达成协议就拿出再次一等的方案。即使我们不主动拿出这些方案，但也可以做到心中有数，知道向对方妥协是否偏离了最初自己设定的框架，这样就可以在谈判结束后，让自己的让步控制在预计承受的范围内。

四、建立融洽气氛

在谈判之初，最好先找到一些双方观点一致的地方并表述出来，给对方留下彼此更像合作伙伴的印象。这样，接下来的谈判容易朝着一个达成共识的方向发展。当遇到僵持状况时，也可以拿出双方的共识来增强彼此的信心，化解分歧。

同时，也可以向对方提供一些其感兴趣的商业信息，或对一些不是很重要的问题进行简单的探讨。达成共识后，对方的心理就会发生奇妙的改变。

五、设定谈判禁区

谈判是一种很敏感的交流，所以谈判语言要简练，避免出现不该说的话，但在艰难的、长时间的谈判过程中，也难免出错，最好的方法就是提前设定好哪些是谈判中的禁语、哪些话题是危险的、哪些行为是不能做的、谈判的心理底线等。这样，就可以在谈判中避免落入对方设下的陷阱。

六、语言表述简练

在商务谈判中，忌讳语言松散或像拉家常一样的语言方式，尽可能让自己的语言变得简练。否则，你的关键词语很可能会被淹没在拖拉冗长、毫无意义的语言中。

因此，谈判时语言要简练、针对性强，争取让对方大脑处在最佳接收信息状态时表述清自己的信息。如果要表达的是内容很多的信息，如合同书、计划书等，那么需要说话语气有高、低、轻、重的变化。比如，重要的地方提高声音，放慢速度，也可以穿插一些问句，引起对方的主动思考,吸引对方的注意力。

在重要的谈判前,应该进行一下模拟演练,训练语言的表述、突发问题的应对等。

在谈判中切忌模糊、啰唆的语言,这样不仅无法有效表达自己的意图,更可能使对方产生疑惑、反感情绪。

七、曲线进攻

在谈判过程中,应该通过引导对方的思想,把对方的思维引导到自己的包围圈中。比如,通过提问的方式,让对方主动替你说出你想听到的答案。反之,越急切地想达到目的,越有可能暴露自己的意图,被对方所利用。

八、善于倾听

在谈判中往往容易陷入一个误区,那就是一种主动进攻的思维意识,总是在不停地说,总想把对方的话压下去,总想多给对方灌输一些自己的思想,以为这样可以取得谈判主动权,其实不然。

在这种竞争性环境中,你说的话越多,对方会越排斥,能入耳的很少,能入心的更少,而且你的话多了就挤占了总的谈话时间,对方也有一肚子话想说,被压抑下的结果则是对方很难妥协或达成协议。

反之,让对方把想说的都说出来,当其把压抑心底的话都说出来后,就会像一个泄了气的皮球一样,锐气会减退,接下来你再反击,对方丧失了还手之力。

更为关键的是,善于倾听可以从对方的话语中发现对方的真正意图,甚至是破绽。

九、掌控谈判主动权

谈判活动表面看来没有主持人,实则有一个隐形的主持人存在着,不是你就是你的对手。因此,要主动争取把握谈判节奏、方向,甚至是趋势。

谈判过程中的主持人所应该具备的特质是:语言虽不多,但是招招中的,直击要害;气势虽不凌人,但运筹帷幄,从容不迫;不是用语言把对手逼到悬崖边,而是用语言把对手引领到崖边。同时,想做谈判桌上的主持人,就要体现出你的公平,即客观地面对问题。

十、舍小求大

春秋时期,宋国有一个饲养猴子的高手,他养了一大群猴子,他能理解猴子所表达的思想,猴子也懂得他的心意。这个人家境越来越贫困,已经买不起那么多的食物给猴子吃。于是,他打算减少猴子每餐橡子的数量,但又怕猴子不顺从自己,就先欺骗猴子说:"给你们早上三个橡子晚上四个橡子,够吃了吗?"猴子一听,大声地叫嚷,以示反对。过了一会儿,他又说:"唉,没办法,早上给你们四个橡子,晚上三个橡子,这该够吃了吧?"猴子们一听,个个手舞足蹈,非常高兴。

这个小故事人们非常熟悉,就是成语"朝三暮四"中的典故。这个故事,看似荒唐可笑,其实在谈判中真实地存在着这种"朝三暮四"的现象。

这通常体现在双方在某个重要问题上僵持的时候,一方退后一步,抛出其他小利作为补偿,把僵局打破,并用小利换来大利;或把整个方案调换一下顺序,蒙蔽了对方的思维。所以,谈判方首先要能跳出像脑筋急转弯一样的思维陷阱,然后要善于施小利,博大利,学会以退为进。

在谈判中,一个最大的学问就是学会适时的让步。只有这样,才可能使谈判顺利进行,因为谈判的结果毕竟是以双赢为最终目的的。

十一、以退为进

在谈判中,己方可以适时提出一两个很高的要求,对方必然无法同意。在经历一番讨价还价后,可以进行让步,把要求降低或改为其他要求。这些高要求,我们本来就没打算达成协议,即使让步也没损失,却可以让对方有一种成就感,觉得占了便宜。这时,我们其他的、比这种高要求要低的要求就容易被对方接受,但切忌提出太离谱、过分的要求,否则对方可能觉得我们没有诚意,甚至激怒对方。先抛出高要求,也可以有效降低对手对于谈判利益的预期,挫伤对手的锐气。

其实,谈判的关键就是如何达成谈判双方的心理平衡。达成协议,就是双方心理都达到了平衡点。有时,谈判中的这种平衡和利益关系并不大,所以在谈判中只要赢得利益,就可以在表面上做出让步,失掉一些利益,给对手一种攻城略地的快感,实则是撒了遍地的芝麻让对手乐颠颠地去捡,自己却偷偷抱走了对手的西瓜。

参考文献

[1] 纳尔逊,皮尔逊,蒂茨沃思.演讲圣经[M].伍惠琼,张轶,译.北京:中国人民大学出版社,2010.

[2] 鲍日新.社交形象与礼仪[M].上海:上海浦江教育出版社,2012.

[3] 董乃群,刘庆军.社交礼仪实训教程[M].北京:清华大学出版社,北京交通大学出版社,2012.

[4] 方其.商务谈判:理途、技巧、案例[M].北京:中国人民大学出版社,2011.

[5] 付微微.乔·吉拉德销售智慧大全集[M].北京:人民邮电出版社,2013.

[6] 胡伟,邹秋珍.演讲与口才[M].北京:清华大学出版社,2013.

[7] 华平生.30天掌握一流公关口才[M].北京:中国经济出版社,2013.

[8] 蒋楠.公关沟通艺术[M].北京:中国传媒大学出版社,2011.

[9] 金和.实用口才知识全集[M].北京:中国纺织出版社,2009.

[10] 黎娜.最精彩的演讲词[M].北京:中国华侨出版社,2010.

[11] 李智慧,何静.演讲与口才[M].北京:经济科学出版社,2010.

[12] 柳建营,赵国山.商务礼仪[M].北京:中国传媒大学出版社,2013.

[13] 刘在英,蔡丽.演讲与口才[M].北京:北京交通大学出版社,2010.

[14] 卢新华,康娜.社交礼仪[M].北京:北京大学出版社,2012.

[15] 马克.舌行天下[M].北京:北京大学出版社,2013.

[16] 毛锦华,周晓.商务沟通与礼仪实务教程[M].北京:电子工业出版社,2013.

[17] 宋洪洁.影响你一生的北大演讲[M].上海:立信会计出版社,2011.

[18] 王非,霍维佳.大学生口才与演讲训练[M].北京:清华大学出版社,2010.

[19] 汪建民.瞬间掌握管理口才[M].北京:北京工业大学出版社,2011.

[20] 王炎,杨晶.商务礼仪——情景·项目·训练[M].北京:电子工业出版社,2014.

[21] 文天行.面试学[M].北京:中国华侨出版社,2011.

[22] 吴新红.实用礼仪教程[M].北京:化学工业出版社,2010.

[23] 许宝良,应颖.商务礼仪[M].北京:高等教育出版社,2013.

[24] 严谨.公共关系礼仪[M].重庆:重庆大学出版社,2011.

[25] 颜永平,杨赛.演讲与口才教程[M].上海:华东师范大学出版社,2012.

[26] 永星.职场沟通术[M].贵阳:贵州人民出版社,2012.

[27] 张文静.世界上最伟大的演讲词[M].长春:吉林出版集团有限责任公司,2012.

[28] 赵国忠.中国名校长演讲录[M].南京:南京大学出版社,2011.

[29] 周彬琳.实用口才艺术[M].大连:东北财经大学出版社,2010.

[30] 周文慧,沙彦明.青少年演讲口才[M].哈尔滨:哈尔滨出版社,2011.

[31] 周志刚.销售做单训练手册[M].北京:中国铁道出版社,2013.